区域新兴产业发展研究丛书
主编/唐晓东

发展与创新
苏州服务外包产业的成长实践与转型突破

王颖 著

苏州大学出版社

图书在版编目(CIP)数据

发展与创新:苏州服务外包产业的成长实践与转型突破/王颖著. —苏州:苏州大学出版社,2014.12
(2015.8重印)

(区域新兴产业发展研究/唐晓东主编)

ISBN 978-7-5672-1164-3

Ⅰ.①发… Ⅱ.①王… Ⅲ.①服务业-对外承包-产业发展-研究-苏州市 Ⅳ.①F719

中国版本图书馆 CIP 数据核字(2014)第 288139 号

发展与创新:苏州服务外包产业的成长实践与转型突破
王 颖 著
责任编辑 薛华强

苏州大学出版社出版发行
(地址:苏州市十梓街1号 邮编:215006)
苏州工业园区美柯乐制版印务有限责任公司印装
(地址:苏州工业园区娄葑镇东兴路7-1号 邮编:215021)

开本 700 mm×1 000 mm 1/16 印张 15 字数 254 千
2014 年 12 月第 1 版 2015 年 8 月第 3 次印刷
ISBN 978-7-5672-1164-3 定价: 38.00 元

苏州大学版图书若有印装错误,本社负责调换
苏州大学出版社营销部 电话:0512-65225020
苏州大学出版社网址 http://www.sudapress.com

编委会

主　编：唐晓东
副主编：管爱琴
委　员：以姓氏笔画为序
　　　　　王　颖　王侃钰　乔桂明
　　　　　李　晶　李　勇　李　伟
　　　　　张　杨　唐晓东　盛逸仙
　　　　　童　惠　管爱琴　蔡荣蓉

序 言

20世纪80年代以来,中国通过承接国际制造业转移,利用了国际生产外包机遇,成就了全球最大的"加工制造中心"。但近年来,我们已经明显感觉到,由于资源、环境与技术等因素对经济持续发展的制约,中国经济要实现稳定、全面、协调的可持续发展,就不能只是依靠现有的"世界加工制造中心"地位,必须找到新的突破口。党的十八大报告明确提出:加快形成新的经济发展方式,把推动发展的立足点转到提高质量和效益上来,把经济结构战略性调整作为加快转变经济发展方式的主攻方向。评价各国在全球经济中的地位,人们常常这样描述:欧美国家是"世界董事会",中国是"世界工厂",印度是"世界办公室"。中国作为世界制造中心,是从承接国际生产外包开始的,而中国要成为世界办公中心、世界服务中心,那么必须从承接国际服务外包入手,这是中国经济社会转型升级的必由之路。

国际服务外包对于全球是一个巨大的经济变量,这对中国既是机遇也是挑战。2012年全球服务外包合同总金额达到9 910亿美元,其中传统服务外包领域合同金额为6 620亿美元,新开拓的服务外包领域合同金额为3 290亿美元。随着世界性经济危机的趋稳和经济复苏,未来几年全球服务外包市场仍将保持30%以上的增长速度。令人高兴的是,服务外包作为我国服务业发展的一个重要标志,在我国已经呈现出加速发展的态势。我国已成为全球第二大离岸服务外包承接国。2013年,我国服务外包合同额954.9亿美元,同比增长55.8%。苏州作为江苏省经济发展的排头兵,由于对现代经济发展趋势的正确把握,服务外包产业起步较早并呈现出跨越式发展趋势。2013年,苏州市服务外包企业高达2 438家,接包合同额和离岸接包执行额分别达到86.4亿美元和46.2亿美元,分别增长54.3%和51.4%,分列江苏省的第三、第二位,已形成软件开发、设计研发、金融后台服务、动漫创意、生物医药研发及物流与供应链管理六大外包产业集群。苏州市服务外包产业发展已由小到大、由弱变强、由点到面、量增质升,呈现出跨越发展态势,对现代服务业的整体发展和经济增长模式的转变等做出了巨大贡献。

虽然全球产业转移为我国服务外包产业发展提供了前所未有的新机遇,但是我国也面临着服务外包产业转型升级的严峻挑战。当前世界正处于以"大、物、移、云"(大数据、物联网、移动互联网和云计算)为标志的信息技术第三次革命浪潮的开端,新技术的发展和应用推动着虚拟和真实世界的融合,把物理世界融合进互联网,形成物联网;终端和连接的移动化即是移动互联;将云计算作为一个平台相当于人体中枢神经的作用;海量数据则被视为新"石油",成为沟通制造业和服务业的关键资源。在新技术的推动下,基于云平台和云模式的外包服务已经出现,并日趋成为服务外包产业发展的主流和趋势,并带动服务外包产业进入以"大、物、云、移"等新兴技术普及、应用和变革为标志的3.0时代。在3.0时代,服务成为流动性商品,企业无需自行构建IT系统,只要按需使用相关的软件和平台即可,外包客户也可以在任意位置通过各种终端获取服务。在3.0时代,企业的经营更加依赖于网络和外部资源的整合,并促使企业业务流程、组织结构和业务模式发生颠覆性革命。在3.0时代,产业交易模式、交付模式、服务模式和定价模式将发生根本性变化,服务外包将与大数据、物联网、云计算、移动互联等技术融合,与互联网、IT、电子商务等产业融合,与制造业、金融业等垂直行业相融合。因此,中国服务外包应该深入研究服务外包产业的新特征、新内容和发展的新趋势,紧紧抓住这个千载难逢的对服务外包产业具有颠覆性影响的发展机遇,实现我国服务外包产业发展的创新与突破。

苏州市商务局和苏州工业园区服务外包职业学院联合研究的《发展与创新:苏州服务外包产业成长与转型突破》一书的出版恰逢其时。

本研究的重要贡献在于:

(1)通过深度的调查分析,反映了苏州服务外包产业的发展现状、阶段性演进及趋势特征,总结并揭示了苏州服务外包产业的发展成就、成功经验及其面临的问题与挑战。

(2)应用科学的研究方法,首次对苏州服务外包产业的综合竞争力进行了实证分析,反映了服务外包产业在服务经济为典型特征的城市经济中的地位及其对社会经济发展的贡献度。

(3) 清晰地给出了在服务外包 3.0 时代的新形势下，苏州服务外包产业转型升级与发展创新的思路、路径选择以及相应的对策和建议，为苏州乃至全省、全国服务外包产业和整体服务经济的发展提供启示与指引。

(4) 典型的案例研究，为 ITO、BPO、KPO 各领域服务外包企业提供了成长启示、经验借鉴和发展目标及途径的引领。

本研究的特色在于：

(1) 理论性和实践性。本书全面系统地反映了国内外服务外包研究在一定发展阶段的理论概况和重要的学术观点，并注意了理论与实践的紧密结合，以苏州为研究视角，对服务外包的实践经验与发展问题进行了深度的总结与分析研究。

(2) 历史性和客观性。用历史的观点和客观的事实，对服务外包进行了理论脉络和实践发展轨迹的分析和历史总结，让我们看到服务外包的产业演进、社会贡献及发展趋势特征。

(3) 前瞻性和现实性。本书对服务外包的理论综述、发展中的问题和瓶颈分析、产业发展的国内外环境研判、3.0 时代的变革特征揭示等方面都体现出一定的前瞻性和分析深度，而在对发展现状、产业地位、转型突破的路径与对策的研究上则体现出现实的针对性，这对从事服务外包的决策者和实际工作者具有很好的指导性。

可以相信，本书的出版，对促进苏州服务外包产业在新形势条件下的可持续发展，对做好苏州服务外包产业的科学规划和战略调整，对推动苏州乃至全省、全国服务外包产业的转型突破和发展创新，对实现苏州经济发展模式的根本性转变等都将起到积极的影响作用。

课题从立项研究到付梓出版，凝聚着苏州市商务局和苏州工业园区服务外包职业学院王颖等同志的辛勤汗水，我对此表示由衷的敬意和祝贺。

以此为序。

苏州工业园区服务外包职业学院院长

苏州大学博士生导师

前 言

当前世界经济形态和格局正在发生悄然变化,服务经济的潮流席卷全球,服务业已然成为全球产业结构的主体。自 2006 年中国政府推出"千百十工程"以来,我国服务外包产业快速成长并发展起来,截至 2013 年,我国服务外包执行金额 638.5 亿美元,同比增长 37.1%,稳居世界第二。苏州作为国家服务外包示范城市,服务外包产业起步较早,已实现由小到大、由弱变强、由点到面、量增质升的变化,对苏州现代服务业的整体发展和经济增长模式的转变等做出了重大贡献。

当前服务外包产业已进入以"大、物、移、云"等新兴技术的普及、应用和变革为标志的 3.0 时代,服务外包的交易模式、交付模式、服务模式和定价模式发生根本性变化,服务外包将与大数据、物联网、云计算、移动互联等技术融合,与互联网、IT、电子商务等产业融合,与制造业、金融业等垂直行业融合。因此无论是中国服务外包产业还是苏州服务外包产业都必须深度挖掘服务外包产业的新特征、新内容和新趋势。在这一背景下,如何实现服务外包产业转型突破,继续保持快速增长态势,推动我国经济转型升级,实现中国由"世界工厂"向"世界办公室"的转变,是服务外包企业、行业协会、政府主管部门共同面临的现实课题。

正是基于对服务外包产业中长期发展的重视和思考,我们立足苏州,对产业发展研究课题"发展与创新:苏州服务外包产业的成长实践与转型突破"进行系统分析,希望能够厘清苏州服务外包产业发展的路径轨迹,明晰各发展阶段的基本特征,总结苏州服务外包产业的发展模式与创新思路;从理论角度研究在 3.0 时代服务外包产业的发展趋势,探寻苏州服务外包产业转型突破的路径,推动苏州服务外包产业实现跨越式发展。一年来课题组深入苏州各种类型的服务外包企业调研服务外包产业实际经营情况,走访商务部、中国服务外包研究中心、江苏省商务厅及国家服务外包示范城市商务局等部门了解服务外包产业运行情况,搜集相关数据信息,并且对46家服务外包企业进行了走访、调研和深度访谈。在对行业充分调研和把握理论界相关研究现状的基础上,课题组主要研究了以下内容:

一是苏州服务外包产业发展历程和模式。苏州服务外包前期发展取得了很大成绩,也形成了成熟的发展模式,积累了很多成功的经验,这是今后转型突破的基点。

二是苏州服务外包产业发展对地方经济增长的贡献度和优化产业结构的影响。实证研究发现服务外包合同执行金额每增加1个百分点,苏州地区生产总值增加0.146 1个百分点,且相较于第一、第二和第三产业,服务外包产业对经济增长的贡献度更强。同时服务外包产业对税收、就业、优化产业结构都有明显的促进作用。

三是对典型的服务外包示范城市的综合竞争力进行了比较研究,结果显示苏州服务外包产业综合竞争力排名处于较好水平,但在人才储备和服务外包企业规模方面明显不足,制约了苏州服务外包产业的进一步发展。

四是苏州服务外包业转型突破与可持续发展研究,从创建产业新环境、增添产业新动力、提升产业新高度、形成产业新格局、拓展产业新空间、注入产业新血液等六个方面提出苏州服务外包转型突破的战略思路。

五是苏州服务外包典型企业的案例研究,从ITO、BPO、KPO三大领域选取了苏州市20家颇具特色的服务外包企业进行深入剖析,充分展示了它们的服务外包实践经验、业务特色及核心竞争力,以期让更多的服务外包企业得以借鉴,更好地促进苏州服务外包产业的发展。

在研究即将结题、成果付诸出版之即,国务院总理李克强主持召开国务院常务会议,部署加快发展服务外包产业,我国服务外包产业将迎来新一轮发展高潮,成为经济"新常态"中的新亮点。希望苏州服务外包产业在前期研究的基础上能够率先发力,顺利实现服务外包产业的转型突破,打造苏州经济升级版。

本书的研究和出版工作得到了多方支持和帮助,感谢商务部、江苏省商务厅、南京等服务外包示范城市商务局等部门的大力支持。本书的部分资料参考了相关专家和中国服务外包研究中心等研究机构的研究成果,在此一并表示衷心感谢。感谢课题组成员乔桂明教授及张杨、李勇、宋翠玲、童惠、王侃钰、李伟在课题研究中辛勤付出,感谢苏州大学出版社薛华强主任为本书出版提供的帮助。

服务外包产业数据的统计口径尚未完全统一,外部信息披露较少,难以获取产业内部的详尽数据和资料。而且本课题的部分研究没有先例可循,加之课题组成员的理论水平和时间有限,本书不足之处恳请行业专家和读者批评指正!

目 录

上 篇

第一章 绪论 /2
- 第一节 研究背景和意义 /2
- 第二节 研究现状 /6
- 第三节 研究方法、思路与本书框架结构 /11

第二章 苏州服务外包产业发展现状与问题分析 /14
- 第一节 苏州服务外包产业发展历程 /14
- 第二节 苏州服务外包产业发展现状 /28
- 第三节 苏州服务外包产业发展中面临的问题分析 /47

第三章 苏州服务外包产业的模式选择与发展创新 /55
- 第一节 苏州服务外包产业发展模式与路径分析 /55
- 第二节 苏州服务外包产业的成长实践与经验 /65
- 第三节 服务外包产业发展创新对苏州经济转型的影响 /70

第四章 苏州服务外包产业综合竞争力比较研究 /84
- 第一节 方法与模型选择 /84
- 第二节 变量选取与数据来源说明 /88
- 第三节 运用因子分析法进行分析 /97
- 第四节 运用熵值法进行分析 /105
- 第五节 总体评价 /112

第五章 苏州服务外包产业转型突破与可持续发展 /114

- 第一节 服务外包产业面临的新挑战 /114
- 第二节 苏州服务外包产业发展的战略调整思路 /129
- 第三节 苏州服务外包产业转型突破的策略 /139

下 篇

服务外包企业案例 /156

服务外包企业之ITO篇 /159

- 专注金融IT研发，致力高端信息服务
  ——凌志软件股份有限公司 /159
- 创新与科技双轮驱动，提升客户核心价值
  ——新电信息科技(苏州)有限公司 /164
- 内培外引合力创新，引领电子政务外包
  ——江苏国泰新点软件有限公司 /168
- 转型发展提升价值，精细管理赢得信赖
  ——新宇软件(苏州工业园区)有限公司 /171
- 打造智慧电商平台，全程服务中小企业
  ——仕德伟网络科技股份有限公司 /174
- 专注对日IT外包，严格管理成就品质
  ——苏州大宇宙信息创造有限公司 /178

服务外包企业之BPO篇 /181

- 模式创新赢得发展，流程优化提升价值
  ——苏州萨瑟兰信息咨询有限公司 /181
- 按需定制解决方案，成就HR外包品牌
  ——汇思集团 /183
- 实施精细化客户管理，打造智能化呼叫中心
  ——思隽(苏州)信息咨询有限公司 /186

- 优化供应链全程服务,引领液化品物流管理
  ——张家港孚宝仓储有限公司 /189
- 动态对接行业需求,彰显金融服务优势
  ——苏州市银雁数据处理有限公司 /192

服务外包企业之KPO篇 /196

- 前瞻设计刨行业先河,数据挖掘做智能管家
  ——天可电讯软件服务(昆山)有限公司 /196
- 贯通数媒产业链,缔造网游"中国梦"
  ——苏州蜗牛数字科技股份有限公司 /199
- 应用BI优化服务,提升餐饮管理水平
  ——苏州客凯易科技有限公司 /202
- 创意思维贯通全程,"五感触合"引领风尚
  ——华硕科技(苏州)有限公司 /206
- PDX模型彰显创新优势,"冠科模式"开启双赢序幕
  ——中美冠科生物技术(太仓)有限公司 /208
- 解读基因之奥妙,书写DNA之传奇
  ——苏州金唯智生物科技有限公司 /212
- 致力药物安全评价,助力中国药企发展
  ——苏州药明康德新药开发有限公司 /215
- 引领制药工艺研发,倡导绿色化学理念
  ——苏州诺华化学工艺及分析研发中心 /217
- 卓越的电器检测技术,一流的公共服务平台
  ——苏州电器科学研究院股份有限公司 /219

参考文献 /222

上 篇

第一章

绪 论

第一节 研究背景和意义

在经济全球化和信息技术高速发展的浪潮中,全球产业发展已经步入全新阶段,产业转移从制造业向服务业延伸,服务业已然成为全球产业结构的主体,由此引发的全球分工变革为服务外包产业发展带来了前所未有的新机遇,全球现代服务业的转移和服务外包几乎同时发生,服务外包日趋成为服务业转移的主要形式。

就全球范围来看,受金融危机影响,全球服务业由发达国家向发展中国家转移的步伐进一步加快;尽管全球离岸市场增长相对乏力,但业界普遍认为最艰难的时期已经过去,目前全球服务外包产业已经逐步摆脱了经济危机对其产生的消极影响。2012年全球服务外包合同总金额达到9 910亿美元,传统服务外包领域合同金额为6 620亿美元,新开拓的服务外包领域合同金额为3 290亿美元。在全球服务外包市场中,欧洲、中东及非洲的服务外包总金额为4 860亿美元,美洲地区的服务外包总金额为3 750亿美元,与2011年相比基本维持不变,而与此相对的是2012年亚太地区服务外包合同总金额为1 300亿美元,与2011年相比增长31%[1],呈现出快速增长趋势。尽管所占份额仍相对较低,但亚太地区已经开始成为全球服务外包的重要市场。

就中国范围来看,目前我国已成为全球第二大离岸服务外包承接国,2013年,我国共签订承接服务外包合同167 424份,接包合同额954.9亿美元,同比增长55.8%;离岸执行额454.1亿美元,同比增长35%;中国服务

---

[1]《2013全球服务外包发展报告》。

外包企业共计24 818家,从业人员536.1万人,其中大学(含大专)以上学历355.9万人,占就业总数的66.4%。[1]我国现阶段经济发展的瓶颈是传统产业缺乏核心竞争力、资源紧张、能耗过高,亟须改变传统经济增长方式,推动产业结构战略性升级,而服务外包产业作为现代高端服务业的重要组成部分,具有优化产业结构、构建经济增长新支点、信息技术承载度高、资源消耗低、吸纳就业能力强等特点,因此大力发展服务外包产业是我国经济稳增长、调结构、促就业和惠民生的必然选择。从国内发展层面来看,上海自贸区的成立为我国服务外包产业,尤其是离岸外包提供了新契机,自贸区将在领域拓展、发展途径、商业模式、制度和政策体系创新、配套支持体系发展、监管手段和监管模式变革等领域引领服务外包产业的发展。自贸区的设立将为我国离岸外包业务的发展提供新动力,并将在未来推动我国新一轮离岸市场业务的增长。

就苏州地区来看,由于苏州市对现代城市经济发展趋势的正确把握,苏州服务外包产业起步较早并呈现出跨越式发展趋势。苏州服务外包企业数量从2008年末的357家,增至2013年的2 438家,企业数增长了近六倍;从业人数由3.6万人增至20多万人,年均增长45%;接包合同额从6.3亿美元增至86.4亿美元,年均增长55%。截至2013年,苏州通过CMM/CMMI国际认证的企业数量达96家,其中CMMI5国际认证的企业数量有7家,有153家服务外包企业被认定为技术先进型服务企业,服务外包从业人数超过23万人,接包合同额和离岸执行额分别达到86.4亿美元和46.2亿美元,分别增长54.3%和51.4%,分列江苏省第3位和第2位。同时,苏州服务外包产业的业态结构进一步优化,离岸业务的ITO、BPO、KPO[2]比例约为3.7:1.34:4.96,已形成软件开发、设计研发、金融后台服务、动漫创意、生物医药研发及物流与供应链管理六大外包产业集群。目前苏州与83个国家(地区)有服务外包业务往来,其中来自美国的合同数量最多,其次是日

---

[1] 数据来源:商务部2014年1月16日例行发布会。
[2] ITO(Information Technology Outsourcing),信息技术外包,指服务外包发包商委托服务外包提供商向企业提供部分或全部信息技术服务功能,主要包括信息技术的系统、应用管理及技术支持的服务。BPO(Business Process Outsourcing),业务流程外包,指服务外包发包商将一个或多个原本企业内部的职能外包给外部服务提供商,主要包括企业的需求管理、内部管理及业务运作服务、供应链管理等。KPO (Knowledge Process Outsourcing),知识流程外包,指服务外包提供商通过多种途径来获取信息,经过分析、判断和研究解释,并提出建议,将报告呈现给客户,为客户提供解决方案和决策依据。

本和中国台湾地区。苏州服务外包产业已由小到大、由弱变强、由点到面、量增质升,呈现出跨越发展的态势,对现代服务业的整体发展和经济增长模式的转变等做出了重大贡献。2007年,苏州工业园区被认定为全国唯一的中国服务外包示范基地;2009年,苏州市又被国务院批准为中国服务外包示范城市;同时,苏州高新区、花桥经济开发区、常熟高新区等9家开发区分别被认定为省级国际服务外包示范基地和示范区;2010年,昆山花桥国际商务城和常熟高新区分别入选"2010年度中国服务外包最佳示范园区十强"。目前,苏州服务外包产业已形成"1+2+9"的发展框架(即1个国家级示范基地、2个省级示范城市和9个省级示范区)。服务外包产业的迅速发展对苏州服务业的整体发展和城市经济发展及产业转型升级起到了促进作用,加快服务外包产业发展成为促进苏州经济转型、结构调整,转变发展方式的重要途径之一。因此,顺应产业发展趋势,深入研究和关注服务外包产业发展的新动向,深化发展苏州服务外包产业,是苏州的必然选择。

虽然全球产业转移为我国服务外包产业发展提供了前所未有的新机遇,但我国也面临着服务外包产业转型升级的严峻挑战。当前,世界正处于以"大、物、移、云"(大数据、物联网、移动互联网和云计算)为标志的信息技术第三次革命浪潮的开端,新技术的发展和应用推动着虚拟和真实世界的融合,把物理世界融合进互联网,形成物联网;终端和连接的移动化即是移动互联;将云计算作为一个平台相当于人体中枢神经的作用;海量数据则被视为新"石油",成为沟通制造业和服务业的关键资源。服务外包是信息技术和互联网双重技术发展下的产物,其发展必然会依赖于信息技术的变革和进步。在新技术的推动下,基于云平台和云模式的外包服务已经出现,并日趋成为服务外包产业发展的主流和趋势,带动服务外包产业进入3.0时代。所谓的服务外包3.0时代是相较于前两次服务外包产业升级而言的。服务外包1.0时代,印度称之为ITES(IT Enabled Service),起源于20世纪60年代,是随着以计算机为代表的IT技术革命的兴起而同步进入商业领域的。1.0时代服务外包的核心诉求来自于降低成本,企业为了更好地专注于其核心竞争力业务并降低软件项目成本,将全部或部分非核心业务发包给提供外包服务的企业来完成。服务外包2.0时代,印度称之为IT-BPO,发生在20世纪90年代,标志性事件是1989年柯达外包事件,其交易金额高达10亿美金,时间跨度长达5年,并突破了单个项目限制,实现了整体数据中心的管理外包。2.0时代的重要特征是离岸外包在全球的蓬勃发展,发达国家的公司将非核心的软件项目和业务流程工作通过外包的形式交给人力资源成本相对较低的国家的公司开发。在服务外包2.0时代,不仅地域限制被逐渐打破,外包也由传统的ITO、BPO扩展到KPO,同时成本优势已不再是最重要的因素,技术和人才成为关键竞争因素。服务外包3.0时代,印度称之为IT-BPM,开始于2010年前后,其中云计算和移动互联网成为3.0时代的关键驱动力,其标志性事件是亚马孙推出弹性云计算服务。在云服务模式下,服务成为流动性商品,企业无须自行构建IT系统,只要按需使用相关的软件和平台即可,外包客户也可以在任意位置通过各种终端获取服务。云外包模式下企业的经营更加依赖于网络和外部资源的整合,并促使企业业务流程、组织结构和业务模式发生颠覆性变化。以"大、物、移、云"等新兴技术的普及、应用和变革为标志的服务外包3.0时代的来袭会导致产业交易模式、交付模式、服务模式和定价模式发生根本性变化,服务外包将与大数据、物联网、云计算、移动互联等技术融合;与互联网、IT、电子商务等产业融合;与制造业、金融业等垂直行业融合。因此中国服务外包产业应该深度挖掘服务外包产业的新特征、新内容和新趋势,以便抓住这个千载难逢的、对服务外包产业具有颠覆性革命的发展机遇。

全球服务外包产业正在发生重大变革,美国离岸服务外包业务开始回流并萎缩,日元持续贬值,对日外包利润空间被压缩,人力资源及运营成本快速上升,"大、物、移、云"等新兴技术革命初见端倪,以及人才缺口、价格竞争白热化等原因使服务外包产业发展面临重大挑战,服务外包逐渐向跨界融合趋势发展,服务外包的内涵及外延将进一步被拓展以及重新定义,服务模式、交易模式、商业模式都将呈现重大变革。随着我国离岸外包市场趋于稳定,十八大之后的政府改革又为产业注入了一针强心剂,我国服务外包产业迎来了新的历史机遇。面对新的机遇与挑战,深入研究与分析苏州服务外包产业的发展路径轨迹、各发展阶段的特点、未来的发展趋势、服务外包产业发展对其他服务业发展的影响以及在新形势下苏州服务外包产业如何加快自身的转型升级,融入"大服务",实现创新与突破等问题,具有重要意义。

基于以上背景,本研究将深入分析苏州服务外包产业发展的路径与轨迹,正确认识苏州服务外包产业的发展经验及存在问题;系统总结苏州服务外包产业的发展模式与创新思路;充分强调苏州服务外包产业发展正处于大有作为的重要战略机遇期,加快苏州服务外包产业在新形势下的转型升级,对苏州服务外包产业可持续发展、提高就业率、降低能源消耗和保护环境等方面具有重要意义。本研究对推动苏州服务外包产业的更好发展,实现苏州经济发展模式的根本性转变等都具有重要价值。

第二节　研究现状

一、国外服务外包产业研究现状

国外对服务外包的研究从20世纪90年代就开始了,研究的焦点主要集中在服务外包的内涵、企业选择服务外包的动因以及服务外包对企业的影响等几个角度。

(一)服务外包的含义及实质

外包的概念最初是由Hamel G.和Prahalad C. K.在《企业的核心竞争力》一文中提出的,该文发表在1990年的《哈佛商业评论》上。外包的英文是"outsourcing",是外部资源利用"outside source using"的缩写,是指企业在内部资源有限的条件下,将其重要的但非核心的业务通过合同方式分包给其他企业承担,利用企业外部资源为企业内部生产和经营服务,自己则专注于核心业务的发展,把企业内部的资源集中于那些具有竞争优势的核心业务上,以维持组织竞争核心能力。外包的实质是一种资源整合的管理模式,将企业的非核心业务委托给外部的专业公司,从而达到降低营运成本、提高效率、为顾客提供最大的价值和满意度、充分发挥自身核心竞争力和增强企业对环境的迅速应变能力的目的。

目前,国际上比较认可的服务外包的定义分别来自3家公司:高德纳咨询公司(Gartner)、IDC市场研究公司和毕博管理咨询公司(Bearing Point)。Gartner和IDC认为服务外包由信息技术外包(ITO)和业务流程外包(BPO)构成,但二者对于ITO和BPO的界定有所差异,Gartner认为服务外包是IT服务市场的一部分,可细分为ITO和BPO;IDC认为服务外包市场包括IT服务市场和业务服务市场,其中IT服务市场中外包的部分被定义为ITO,业务服务市场中外包的部分被定义为BPO。Bearing Point则认为服务外包是一种服务模式,企业通过服务外包将有限的资源专注于核心竞争力,将非核心业务发包给外部专业服务商,以提高企业效率、降低营运成本并提升应对市场环境的灵活性。

(二)服务外包的发展动因

交易成本由科斯(Ronald Coase)在1937年发表的《企业的性质》一文

中首次提出。科斯指出,交易活动的稀缺性导致作为一种制度安排的市场运行是有成本的,即市场交易成本;而管理活动的稀缺性导致企业运行也有一定的管理成本,即企业内部交易成本。市场和企业被视为可相互替代的两种资源配置手段,对企业和市场的选择取决于市场交易成本和企业内部交易成本的权衡;当市场的边际交易费用等于企业内部的边际交易费用时,企业边界处于平衡状态。威廉姆森(Oliver Williamson)分别在1971年、1973年、1979年、1981年和1988年发表一系列论文,对交易成本理论进行了系统完善并最终形成交易成本理论(transaction cost economics)。威廉姆森在《交易费用经济学:契约关系的规则》中提出,如果交易重复频率高,而使用到的资产专用性程度较低时,企业应该优先选择外包方式。长期良好的外包关系,可以促使双方在多变的市场环境里加强合作,降低外包过程的不确定性带来的风险,提高共同抵御风险的能力。交易成本理论指出,企业可以通过纵向合并和纵向一体化降低市场交易费用,但企业规模扩张导致内部交易费用膨胀,此时应由市场替代企业,进行外包合作就是最好的选择。

大卫·李嘉图在《政治经济学及赋税原理》中以英国和葡萄牙进行贸易为例,提出了国际分工和贸易理论——比较优势理论。该理论认为国际贸易的基础是生产技术及生产成本的相对差别,每个国家都应集中生产并出口具有"比较优势"的产品,进口具有"比较劣势"的产品。换而言之,即使一国所有商品劳动生产率都比另一国的高仍可进行国际贸易,可出口劳动生产率相对较高的商品而进口劳动生产率相对较低的商品。根据比较优势理论的观点,尽管服务外包发包企业在业务效率上具有绝对优势,但服务外包承接地区具有劳动成本等方面的相对优势,因此发包企业应将这些非核心的业务剥离给承接企业来执行,从而实现整体利益最大化。例如,印度是世界上承接离岸服务外包最多的国家,关键就在于其IT行业人力成本明显低于发达国家。

(三) 服务外包对企业绩效的影响

Quinn和Hilmer(1994)指出,外包对企业的绩效有一定影响,影响的一方面来自于减少企业外围业务,企业可以集中资源专注核心业务的发展;另一方面,企业可以降低成本,把外围业务外包给具有比较优势的外部供应商以提高业务完成质量。[1] Jones,Grossman和Helpman(2004)的研究表

---

[1] Quinn, J. B. and Hilmer, F. F. (1994). Strategic Outsourcing. Sloan Management Review, 35(4), 43—55.

明:如果承接国基础设施相对完善、法律相对完备、拥有良好的设施、能较好适应外包方需求,即使工资成本较高也能够吸引外包,反之则会削弱甚至抵消低工资产生的低成本优势。[1] Kierzkowski 和 Chen(2005)指出,发展中国家虽然在最终产品上没有竞争力,但通过承接外包业务可以在某些生产环节上发挥优势。Kierzkowski 认为通过外包可以使企业的成本——产出曲线斜率不断向下倾斜,即产生规模收益递增效应;同时 Kierzkowski 也认识到外包过程中的风险,随着外包程度的加深可能带来产品过于标准化,从而导致消费者的个性化需求被抹杀。[2]

国外对服务外包的研究主要基于发包方的视角,从经济学和管理学等理论的角度出发,研究发包企业进行服务外包的动力及其对企业绩效产生的影响,认为服务外包本质上是一种企业经营战略的选择,能够在一定程度上降低发包方企业的成本,提高其核心业务的竞争力,但同时也存在一定的外包风险。

二、国内服务外包产业研究现状

近些年,伴随"外包"一词的持续走热,国内学界也开始关注起服务外包产业的发展。国内对服务外包的研究主要分为两个层次:对我国服务外包产业发展的整体研究和对我国主要服务外包城市的相关研究。

(一)对中国整体服务外包产业的研究

毕博管理咨询有限公司出具的《中国服务外包报告》提出,中国的服务外包产业起步较晚,英语水平也与印度有较大差距,但中国有印度不能比拟的内需优势。这也意味着我国很难依靠完全复制印度服务外包产业的发展道路,而是应该发展有中国特色的服务外包产业模式。例如,推动"一个中国"战略,各地域进行错位竞争;推行阶段性产业发展战略;加大政府对产业发展的支持;等等。天津鼎韬服务外包研究院出版的《鼎韬观点》阐述了服务外包产业的最新发展动态并结合中国服务外包产业的未来发展趋势做出预测,鼎韬预计在新兴技术革命的影响下,服务外包产业将正式迎来大变革时代;鼎韬对服务外包产业发展趋势进行预测并提出跨行业融合趋势日渐明显、市场和创新将取代人才成为关键要素和驱动力、本土外包市场增速发

---

[1] Grossman, G. M. and Helpman, E. (2005). Outsourcing in a Global Economy. Review of Economic Studies, 72(1): 135—159.

[2] Jones, R., Kierzkowski, H. and Chen, L. (2005). What Does Evidence Tell Us about Fragmentation and Outsourcing? International Review of Economics and Finance, 14(3): 305—316.

展及产业面临变革升级等观点。朱晓明(2006)指出,承接国际服务业转移是发展我国服务外包产业的重要目标,但创新才是更高目标,我国要坚持创新,把握服务外包发展新机遇,积极转变外贸增长方式,推进加工贸易转型升级;借助承接服务外包的实践,使企业在保留核心业务的同时成为服务外包的转移方,将非核心业务外包出去,降低企业总成本,自觉地应用市场手段提高企业自身的核心竞争力,走出一条有中国特色的承接服务外包转移的新路。李志群(2012)指出发展服务外包产业对推动我国产业升级、促进经济结构调整、吸纳大学生就业等方面都具有重要作用。我国在发展离岸外包业务的同时也应积极拓展在岸服务外包市场业务,通过创新鼓励政策、加强人才培养等措施,支持服务外包产业加快发展、提高整体竞争水平。

对我国服务外包产业的整体研究普遍表明我国具备大力发展服务外包产业的动力和基础,发展服务外包产业对促进我国的经济增长、产业升级及社会进步都具有重要意义。

(二) 对国内服务外包重点城市的研究

基于国内研究机构以及相关学者对我国主要服务外包城市的研究,我们不难发现我国服务外包重点城市的发展各具特色,北京利用政治中心的天然优势发展服务外包产业,服务外包企业竞争力较强,产业聚集效应显现,外包种类齐全,ITO居主导地位。大连服务外包产业的主要特征是对日软件出口和外包业务,基于区位优势,大连大力开拓日韩市场并形成ITO、BPO和研发中心三大产业类型为核心的服务外包产业体系,服务外包产业链相对完整。深圳目前已形成包括金融、物流、保险、电信、信息技术服务、生物医药、动漫设计等领域在内的服务外包体系,服务外包业务多样化发展。成都在服务外包产业发展过程中充分利用政府推动作用,目前成都服务外包体系及集群已基本形成,且规模不断扩大,人才聚集效应明显,发展形势良好。但我国服务外包重点城市在产业发展过程中也面临困境或遭遇瓶颈,共性的问题主要为经营成本日渐上升;服务外包企业总体规模较小;高端人才储备不足;承接高端服务外包业务的能力不强等。上述因素在很大程度上制约了我国主要服务外包城市的产业发展,导致我国服务外包重点城市无论在产业环境、外包实力,还是在外包收益等方面都还无法与印度的班加罗尔等世界服务外包代表城市相媲美。

对我国服务外包重点城市的研究主要是分析各城市在服务外包产业上的发展现状,找出各自的发展特色和存在的问题,并提出相应的发展思路。

(三) 对苏州市服务外包产业的研究

蒋红、瞿高粤等学者各自从不同的角度对苏州服务外包产业进行研究，并指出苏州应采用区位优势的发展模式，积极与上海接轨，以嵌入式软件、研发设计、金融服务外包等领域为发展重心，通过为上海做分包和配套，扩大总量和规模，提升能级和水平，使苏州成为以上海为中心的长三角服务外包承接地；基础设施建设规模、市场规模、人力资本禀赋以及劳动力成本是影响苏州承接国际服务外包业务发展最为显著的四个因素，苏州应积极承接国际服务外包的产业转移并提高自身参与服务业的国际竞争力，实现从"苏州制造"到"苏州服务"的产业转变；苏州服务外包产业总体发展形势较好，但必须在人才储备、企业规模以及保障能力等方面进行长足发展，同时积极挖掘苏州在服务外包产业上的特色，以形成自身独特的品牌形象。

对苏州服务外包产业的研究主要是从发展模式、发展优势等角度出发，主要是理论探索和分析，尚未进行完善的实证研究。

三、对文献的总体评价

从回顾的现有研究成果来看，国内外的研究主要是基于经济学理论和管理学理论对服务外包进行理论解释，研究侧重的是理论变量之间关系的概念性研究。早期的研究缺乏实证分析，并未对企业服务外包具体运作层面问题进行探究，因此实践指导意义十分有限。近年来，国内外文献对于具体运作层面问题的研究有所深入，有的采用理论推演的研究方法，有的采用案例分析和市场调查相结合的研究方法，有的采用计量研究的方法，但总体而言，这些研究不够系统全面。国外学者的研究视角较为多样化，但是这些研究主要聚焦于发达国家且大多是从发包商的立场进行研究，对发展中国家服务外包产业一般性规律的深入研究和探讨以及对服务外包承接方的研究却相对缺乏。国内学者的研究视角则主要集中在国家层面或典型区域，往往是在国外研究基础上的扩展，但对诸如苏州等典型城市的研究相对不足，且缺乏实证方面的研究。国内文献的主题主要分布在服务外包的发展动因和发展模式上，缺乏对行业发展动向的研究，特别是缺少对"大、物、云、移"时代所带来的服务外包产业和服务外包重点城市的变革性影响进行探索。在服务外包3.0时代到来之时，以服务外包典型城市苏州为研究样本，从服务外包承接方的视角来研究问题恰恰是一项极具理论意义与应用价值的研究。

第三节 研究方法、思路与本书框架结构

一、研究方法

（一）理论研究和实证研究相结合

实践是理论的基础，理论为实践做指导。本研究系统研究服务外包产业的发展机理，并将理论研究应用到实践中，通过模型设定、指标选取、数据采集，采取计量分析方法来验证服务外包产业对苏州经济转型发展的影响并对服务外包重点示范城市竞争力状况进行比较研究，以使理论推理和实际验证相互支持。

（二）定性分析与定量分析相结合

定性分析就是对研究对象进行"质"的方面的分析，其目的是认识事物本质，揭示内在规律。定量分析是分析一个被研究对象所包含成分的数量关系或所具备性质间的数量关系，其功能在于揭示和描述社会现象的相互作用和发展趋势。本研究运用定性与定量分析相结合的方法对苏州服务外包产业进行研究，通过构建评价指标体系、定量测评和研究以及横向与纵向比较，分析苏州服务外包产业的着力点和突破点。

（三）实证分析与规范分析相结合

实证分析是分析经济问题"是什么"，侧重于研究经济体系如何运行，总结和分析经济现象的内在规律；规范分析是研究经济运行"应该怎样"，提出分析和处理问题的标准，研究经济活动如何达到或者符合这些标准。本研究通过对苏州服务外包产业竞争力的测度回答苏州服务外包产业的成长水平和竞争能力问题；通过对苏州服务外包产业和经济转型发展的实证研究回答苏州服务外包产业的发展对地方经济的支撑影响问题；在回答了"是什么"的基础之上，提出苏州服务外包产业"应该怎样"转型突破的对策建议。

（四）系统研究和个案研究相结合

系统是指由两个或两个以上的相互影响、相互作用的部分组成的有机整体；系统研究方法是把要解决的问题作为一个有机整体，对系统要素进行综合分析研究的方法。个案又称为案例，是指具有某种代表意义及特定范围的具体对象。个案研究着重于典型事例的研究，通过广泛搜集典型个例资料，全面了解典型个例现状及发展历程，对单一研究对象的典型特征进行深入而缜密的分析研究。本研究将苏州服务外包产业作为一个有机体系进

行综合研究,以总结整个产业的成长实践和规律;而通过对典型的服务外包企业个案进行分析研究,以总结出企业的发展模式和实践经验;最后将一般经验和典型特征相结合,对苏州服务外包产业的发展提出具有前瞻性的战略与对策建议。

二、研究思路

本研究以企业核心竞争力理论、价值链理论、人力资源理论等经典理论为基础,借鉴和吸收国内外有关服务外包和相关研究的先进成果,在对苏州服务外包产业发展状况、阶段性演进、趋势特征等问题进行调查研究的基础上,重点分析苏州服务外包产业的模式选择并总结苏州服务外包产业发展创新的成就和经验;对苏州服务外包产业的综合竞争力进行实证分析,以反映其在服务经济为典型特征的重点城市中的地位和对社会经济发展、转型的贡献度;并以此分析在新形势下苏州服务外包产业发展与创新的思路、路径选择以及对策和建议;最后以苏州服务外包产业的发展与创新为借鉴,对其他服务业的发展提出启示与指引。

三、本书框架结构

本研究分为上、下两篇,其中上篇为苏州服务外包产业的发展与创新,共计五章。第一章是绪论部分,首先阐述了研究背景与意义以及对相关文献进行综述,并在此基础上给出了研究思路、研究方法、研究框架和可能的创新点。第二章是苏州服务外包产业发展现状与问题分析,包括对苏州服务外包产业发展概况、发展历程以及对发展过程中面临的问题进行探究。第三章是苏州服务外包产业的模式选择与发展创新,包括分析苏州服务外包产业发展模式,总结苏州服务外包产业的成长实践与经验,并通过实证分析方法研究服务外包产业的发展创新对苏州经济发展和转型的影响。第四章是苏州服务外包产业综合竞争力比较研究,在对服务外包产业竞争力进行概念界定的基础上构建服务外包产业竞争力评价体系,对我国服务外包典型城市进行实证研究;同时重点对苏州服务外包产业竞争力进行定量分析和城际间的横向比较,以探究苏州服务外包产业的发展水平和竞争能力究竟处于什么位置。第五章是对苏州服务外包产业转型突破与可持续发展的研究,包括分析苏州服务外包产业面临的新挑战、对苏州服务外包产业发展进行重新定位并提出苏州服务外包产业转型突破的策略。下篇为苏州服务外包企业的经典案例研究。我们从2010—2013年在苏州的全国服务外包百强企业以及落户苏州的全球服务外包企业中,选出具有典型意义的技术性先进型服务外包企业、世界五百强在苏共享和研发中心及产值较高的服务外包企业,如萨瑟兰全球服务公司、新电信息科技(苏州)有限公司等20家企业作为案例,所选择的案例企业业务范围覆盖ITO、BPO和KPO领域,区域涵盖工业园区、高新区、昆山、张家港、太仓、常熟和吴中开发区。案例研究从企业基本情况、服务外包业务的实践经验和模式选择、企业特色、优势及核心竞争力、企业面临的新挑战与前瞻性战略选择等方面进行深入剖析,为服务外包企业的成长与发展提供启示与借鉴。

第二章
苏州服务外包产业发展现状与问题分析

随着全球产业发展步入全新阶段,产业转移从制造业向服务业延伸,服务外包日趋成为全球服务业转移的主要形式。目前,我国已成为全球第二大离岸服务外包承接国。服务外包产业的迅速发展将对服务业的整体发展、经济和产业转型升级起到重要作用。

苏州对现代经济发展趋势有着正确的把握,苏州服务外包产业起步较早并呈现出跨越式蓬勃发展的趋势。对苏州服务外包产业发展现状及趋势的正确把握将有利于顺应产业发展动向,促进产业进一步健康发展。

本章将着重分析苏州服务外包产业的发展历程、发展现状,探究目前苏州服务外包产业发展存在的问题,从而为苏州服务外包产业发展模式的总结以及苏州服务外包产业转型突破的探讨奠定基础。

第一节 苏州服务外包产业发展历程

中国政府从战略意义上高度重视服务外包产业的发展。为了促进我国服务外包产业的发展,2006年10月,商务部发布了《关于实施服务外包"千百十工程"的通知》,决定组织实施服务外包产业的"千百十工程"。"千百十工程"的主要目标是:"十一五"期间(2006—2010),在全国建设10个具有一定国际竞争力的服务外包基地城市,推动100家世界著名跨国公司将其服务外包业务转移到中国,培育1 000家取得国际资质的大中型服务外包企业,创造有利条件,全方位承接国际(离岸)服务外包业务,并不断提升服务价值,实现2010年服务外包出口额在2005年基础上翻两番。

中央部委相继出台了一系列政策,国务院办公厅于2009年在《关于促进服务外包产业发展问题的复函》(国办函[2009]9号文)中,确定了北京、上海、苏州等20个城市为"中国服务外包示范城市";2010年,厦门也正式成为第21个"中国服务外包示范城市"。

"千百十工程"实施以来,各地方政府积极响应,出台一系列政策大力促进服务外包产业的发展,同时也得到了服务外包企业的普遍欢迎,中国服务外包产业开始得到加速发展。苏州市借助"千百十工程"的推进,调整和优化经济结构,通过一系列先试先行的优惠政策,激励企业积极承接服务外包业务,提升服务业发展水平,推进服务外包产业发展。

苏州服务外包产业起步较早,2001年就开始启动了"苏州软件园"建设。2004年,"苏州软件园"被科技部批准为建设国家火炬计划软件产业基地。

2007年,苏州工业园区成为全国唯一的"服务外包示范基地"。2009年,苏州成为"中国服务外包示范城市",进一步促进了苏州服务外包产业的发展。2009年6月,苏州市政府印发了第一个"三年计划"——《苏州市服务外包产业跨越发展计划》(2009—2011)。2011年4月,苏州市政府又颁发了服务外包产业第二个三年计划——《苏州市服务外包产业新三年跨越发展计划》(2011—2013)。在政策的指引下,苏州服务外包产业发展数量及质量齐升,展现了产业繁荣发展的可喜局面。以下分三个阶段阐述苏州服务外包产业的发展历程。

一、2005年之前,服务外包产业的萌芽和探索期

自20世纪90年代开始,伴随着高达计算机技术有限公司、新电信息科技有限公司等一批软件外包企业在苏州的落户,苏州服务外包产业开始了萌芽与探索期。服务外包产业最初的业态为信息技术外包,服务外包产业的发展主要体现在软件园的建设、专业软件外包公司的兴起等。

2001年,苏州启动了"苏州软件园"建设。2004年,苏州软件园被科技部正式批准为"国家火炬计划软件产业基地",跻身国家级软件园行列。苏州政府专门制定出台了《关于促进软件产业发展的若干意见》,设立支持软件产业发展的专项基金,并将苏州软件园建设项目列入"建设国际新兴科技城市十大工程"全力推进。苏州软件园采取"一园多区"的发展模式,苏州工业园区软件园、苏州高新区软件园、昆山软件园建设齐头并进,初步形成了以应用软件为主,重点发展嵌入式软件和软件外包的特色,构筑起了IC设计中心、公共软件开发与测试、人才培训服务、软件出口等资源共享型公共技术平台。

苏州软件园园内优越的环境、完善的设施、优惠的政策吸引了软件公司的进驻,开展软件服务外包业务。2001年是软件园建设的第一年,苏州软件园的入驻企业即达到106家,软件产品认定达55个。苏州软件园发展至2003年,入驻的软件企业从2001年的106家增长至250家,增长了42%;软件产品认定从2001年的55个增长至177个,增长了31%;2003年,苏州软件产业收入达10亿人民币,苏州软件园被列为"中国软件欧美出口工程"试点基地。到2005年,苏州软件园入驻企业达到400家,其中产值超5 000万人民币的企业达到10家,软件开发人员达到15 000人,软件产品产值达到30亿人民币。

经过几年的发展,苏州软件园集聚涌现了一批骨干企业:捷讯软件和联创国际被认定为中国欧美软件出口工程试点企业;高达计算机技术苏州有限公司于2004年在苏州地区首家获得CMM3认证;苏州国芯科技有限公司所研制的"中国芯"被列为"863"中的重点项目;北大方正、中科院计算所等纷纷建立研发中心和工程中心;摩托罗拉、佳能、三星等国际知名公司也入驻软件园。

由此可见,从20世纪90年代至21世纪初期,苏州服务外包产业发展已经有了良好的开端,尤其是软件外包已经形成了一定的产业规模,拥有了具有一定实力的典型企业,积淀了一定的产业实力,为后期服务外包产业的迅速发展奠定了良好的基础。

二、2006年至2008年,服务外包产业的加速发展期

为了促进我国服务外包产业的发展,2006年10月,商务部发布了《关于实施服务外包"千百十工程"的通知》,苏州在打造先进制造业基地的同时,借助"千百十工程"的推进,积极调整和优化经济结构,通过承接以信息技术外包(ITO)为重点的服务外包业务,推进服务外包产业发展。

(一)产业规模

自2006年开始实施"千百十工程"以来,苏州服务外包产业整体规模显示出快速增长的趋势。2007年,全市服务外包接包合同额达5.28亿美元,离岸执行额为3.16亿美元。2008年,全市服务外包接包合同额为6.32亿美元,离岸执行额为4.5亿美元。[1] 见图2-1。

---

〔1〕除另有注明之外,本章中引用的有关苏州服务外包产业的企业数量、人员数量、接包合同额、合同执行额、离岸执行额等数据均来源于苏州市商务局的统计。

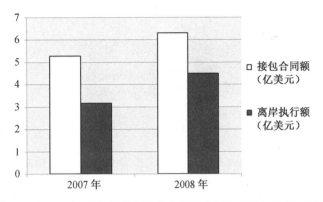

图 2-1 2007—2008 年苏州服务外包接包合同额及离岸执行额情况

在产业总量迅速增加的同时,服务外包企业数量、从业人员数量也相应快速增长。2007 年,服务外包从业人员达 2.2 万人,新增从业人员 1.4 万人,主要从事软件、动漫、第三方物流、金融会计、人力资源等外包业务。2008 年,全市各类服务外包企业达 400 余家,服务外包从业人员达 4.26 万人,新增服务外包从业人员 2.06 万人,其中大专学历的从业人员占总人数的 77%。见图 2-2。

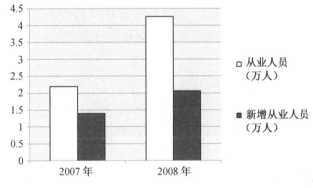

图 2-2 2007—2008 年苏州服务外包从业人员情况

(二)产业结构

自 2006 年以后,信息技术外包(ITO)是苏州服务外包产业发展最早也是规模最大、发展最成熟的行业。2008 年,ITO 离岸执行额占全市离岸执行额的 44%,占据了服务外包产业的主导地位。业务流程外包(BPO)离岸执行额占全市离岸执行额的 38%。工业设计、动漫创意、研发等知识流程外包(KPO)的离岸执行额约占全市离岸执行额的 18%。见图 2-3。

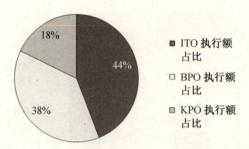

图 2-3 2008 年苏州 ITO、BPO、KPO 执行金额占比情况

由此可见,苏州市服务外包产业结构日趋优化,开始呈现出以信息服务外包(ITO)为主的国际服务外包快速发展、业务流程外包(BPO)领域不断拓展、知识流程外包(KPO)迅速提升的发展态势,苏州服务外包产业整体呈现出 ITO、BPO、KPO 协同发展、多样发展的良好态势。

服务外包发包市场来源方面,美、欧、日等主要发包国(地区)市场占据主要位置,苏州 2008 年承接美国、欧洲、日本等国(地区)的服务外包业务离岸执行额占全市离岸业务总额的 70% 以上。

(三) 服务外包企业

服务外包产业的发展促进了服务外包企业的发展,在企业数量增长的同时,企业质量也加速提升,尤其在国际服务外包产业具有代表性的认证方面发展迅速。

2007 年,苏州市各类服务外包企业中通过 CMM/CMMI 国际认证的企业有 18 家,占全省通过该认证的企业数量的 30%,其中,新电信息于 2006 年通过了 CMMI－5 级认证,是苏州市首家通过 CMMI－5 级认证的企业。2008 年,全市通过 CMM/CMMI3 级以上国际认证的企业达到 28 家,获得 ISO27001 认证的企业数量从 2007 年的空白,迅速上升至 9 家。见图 2-4。

苏州服务外包企业业务承接能力同时在稳步提升。新宇软件在 2007 年度、2008 年度蝉联"全球 IT 服务 100 强",并入选"2008 中国领先 IT 外包企业"排行榜。2007 年,新宇软件、欧索软件、捷迅软件等 9 家企业被认定为中国软件出口工程(COSEP)试点企业,占当年全省总量的 50%。宏智科技、凌志软件入选"2007 中国软件出口和中国软件外包 20 强"。2007 年,新宇软件、新电信息等 21 家企业被认定为首批"江苏省国际服务外包重点企业",占全省总量的 26%;2008 年,方正软件、江苏远洋、药明康德等 7 家企业被认定为第二批"江苏省国际服务外包重点企业"。新宇、飞思卡尔等软

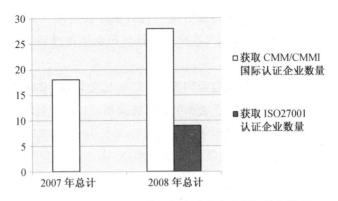

图 2-4 2007—2008年苏州服务外包企业国际认证情况

件外包重点企业分别与IBM、西门子、花旗等世界500强公司建立了长期合作关系,形成了稳定的软件外包业务渠道和市场份额。

总之,自2006年"千百十工程"实施以后,苏州服务外包产业在具备良好开端的前提下,在推进市场开拓、提升产业层次、加快形成产业集聚上取得了明显的成效,产业得到长足的发展。

三、2009年至2013年,服务外包产业的蓬勃发展期

2009年,是苏州成为中国服务外包示范城市的起步之年,也是深入开展促进服务外包产业发展试点的关键之年。为了在全球金融危机的局面下培育新的经济增长点,2009年6月,苏州市政府印发了《苏州市服务外包产业跨越发展计划》(2009—2011),即"第一个三年计划"。2011年4月,苏州市政府印发了服务外包产业第二个三年计划——《苏州市服务外包产业新三年跨越发展计划》(2011—2013),提出苏州服务外包产业发展到2013年的具体目标:扩大产业规模,服务外包总接包合同额达到80亿美元,离岸执行额达到45亿美元,从业人员达到23万人;扩大企业数量,千人以上规模的大型服务外包企业数量达到60家;建设特色载体,打造苏州创造品牌。

由于政府政策的持续推动,市场环境不断改善,企业人才不断聚集,即使遭遇了国际金融危机,苏州服务外包产业的发展在2009年至2013年依然呈现出稳定增长之势。这一时期,不仅是苏州服务外包产业实现跨越发展的时期,也是其取得成效最为显著的阶段。

(一)产业规模

2009年至2013年,苏州服务外包产业的业务总量得到飞速发展,无论

在接包合同额还是在离岸执行额方面均得到长足的进步。尤其是在2009年全球爆发金融危机的形势下，苏州服务外包产业还是得到了难能可贵的发展。

2009年全市服务外包接包合同额为13.98亿美元，离岸执行额为8.71亿美元。苏州服务外包产业经过4年的迅速发展，2013年全市服务外包接包合同额达86.39亿美元，离岸执行额达46.24亿美元。2009年至2013年期间，苏州服务外包接包合同额年均增长率达57.7%，离岸执行额年均增长率达51.8%。见图2-5。

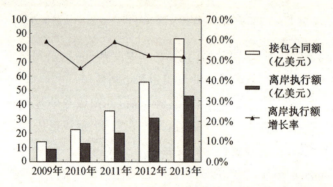

图2-5　2009—2013年苏州服务外包接包合同额及离岸执行额情况

由图2-5可见，苏州服务外包离岸执行额在2009年取得了较高的增长率之后，因全国服务外包产业统计口径的调整及国际金融危机的影响，导致苏州服务外包离岸执行额增长率在2010年的增长幅度有所下降。从2011年开始，苏州服务外包产业进入了快速发展的通道，2011年至2013年期间，苏州服务外包产业主要指标（接包合同额及离岸执行额）的增长率连续三年均达到50%以上的增幅，苏州服务外包产业进入了快速、稳定的增长时期。

产业的迅速发展，吸引了更多的企业、人员投入到服务外包产业，服务外包产业的企业、从业人员的总体规模也得到迅速增长。2009年，苏州市共有服务外包企业793家，到2013年，共有服务外包企业2438家。见图2-6。从2009年至2013年，全市服务外包企业数量处于稳步增长的趋势，企业数量达到了3倍的增长。

服务外包产业从业人员数量也处于迅猛的扩张时期，由2009年的8.87万人增长到2013年的23万人。见图2-7。

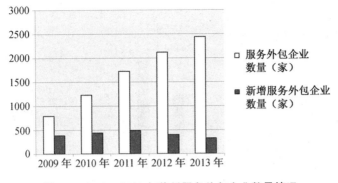

图 2-6　2009—2013 年苏州服务外包企业数量情况

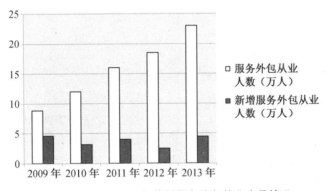

图 2-7　2009—2013 年苏州服务外包从业人员情况

（二）市场类别

2009 年至 2013 年的产业发展期间，苏州服务外包离岸业务实现快速增长的同时，在岸业务也呈现扩张的趋势。

2009 年全市服务外包离岸执行额为 8.71 亿美元，从 2011 年开始，苏州服务外包离岸业务一直处于持续稳定增长阶段，每年的离岸执行额增长率均在 50％以上。2013 年，全市服务外包离岸执行额达到 46.24 亿美元。从 2009 年至 2013 年期间，离岸执行额年均增长幅度达 51.8％。见图 2-8。

在离岸外包业务迅速增长的同时，在岸业务也显现了加速发展的态势。2009 年，苏州服务外包在岸执行额仅为 1.76 亿美元，经过 2010 年至 2013 年四年的稳步发展，2013 年在岸执行额达 16.45 亿美元。从 2010 年至 2013 年，在岸执行额年均增长率达到 74.8％，高于离岸执行额的年均增长率，苏州服务外包在岸业务正在迅速扩张。见图 2-9。

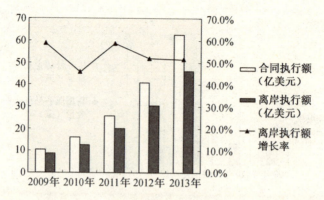

图 2-8 2009—2013 年苏州服务外包合同执行额及离岸执行额情况

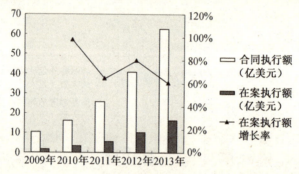

图 2-9 2009—2013 年苏州服务外包合同执行额及在岸执行额情况

2009 年至 2013 年期间,离岸服务外包业务仍然占据服务外包市场的主导。2009 年离岸执行额占据服务外包执行金额总量的 83.2%,2013 年离岸执行额占据服务外包执行金额总量的 73.8%。离岸服务外包占比已经显现逐年下降的情形,在岸服务外包所占比重不断提高,在岸服务外包执行额占服务外包执行额总量的比重由 2009 年的 16.8% 上升至 26.2%,提高了近十个百分点。见图 2-10。

由此可见,潜力巨大的国内市场正在逐步成长,并逐步成为推动服务外包产业发展的重要引擎,在岸服务外包逐渐凸显其发展潜力,服务外包产业将逐渐呈现离岸外包与在岸外包协调发展的趋势。

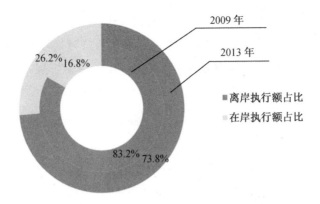

图 2-10　2009 年、2013 年苏州离岸执行额及在岸执行额占比情况

（三）产业结构

随着服务外包产业的发展,在 2009 年至 2013 年期间,苏州服务外包产业呈现信息技术外包快速发展、业务流程外包稳步前进、知识流程外包迅猛发展的态势,产业结构得到进一步的优化。

信息技术外包(ITO)是苏州服务外包产业发展最早、最为成熟的产业,随着产业的发展,执行金额总量逐年提升,2009 年 ITO 离岸执行额达到 3.93 亿美元,占服务外包产业总量的 45.1%,占据了产业的主导位置。2011 年,ITO 发展迅猛,离岸执行额相比 2010 年,达到了 90.8% 的增长幅度。经过 2011 年的快速增长之后,ITO 进入了稳健的发展时期,2013 年 ITO 离岸执行额达到 17.13 亿美元,占服务外包产业总量的 37%。2009 年至 2013 年 ITO 离岸执行额情况见图 2-11。

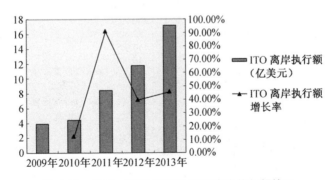

图 2-11　2009—2013 年苏州 ITO 离岸执行额情况

业务流程外包（BPO）一直是苏州服务外包产业中发展稳健的产业。2009 年至 2010 年,BPO 产业得到了快速发展,2010 年 BPO 离岸执行额达

到 4.23 亿美元,占产业总量的 33%。经过 2011 年度 BPO 离岸执行额下滑之后,2012 年、2013 年 BPO 产业开始了平稳的发展时期,2013 年 BPO 离岸执行额达到 6.19 亿美元,因同时期 ITO、KPO 的快速发展,BPO 占服务外包产业总量的比例大幅度下降,仅为 13.4%。见图 2-12。

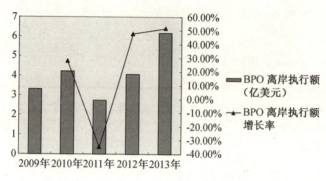

图 2-12　2009—2013 年苏州 BPO 离岸执行额情况

知识流程外包(KPO)是近年来苏州服务外包产业中迅猛发展的产业。2009 年至 2013 年,产业发展一直保持快速发展的水平,2010 年至 2013 年期间,KPO 离岸执行额年均增长率高达 98.8%。2009 年 KPO 离岸执行额仅为 1.47 亿美元,占服务外包产业总量的 16.8%。经过 2 年的发展,2011 年 KPO 离岸执行额即达到 8.96 亿美元,占服务外包产业总量的 44.5%。接下来的两年,KPO 产业再接再厉,继续突飞猛进,2013 年 KPO 离岸执行额达到 22.92 亿美元,占服务外包产业总量的 49.6%。见图 2-13。

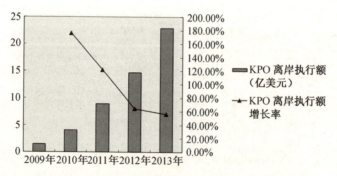

图 2-13　2009—2013 年苏州 KPO 离岸执行额情况

随着服务外包产业的发展,苏州服务外包产业结构出现了较大的变化。2009 年至 2013 年期间,信息技术外包(ITO)凭借前期发展具备的产业积淀,继续保持了良好的发展趋势。业务流程外包(BPO)依然局限在物流与供应链外包、企业内部运营管理外包等领域,缺乏新业务领域的开拓;同时,尚处在人力资源密集、附加值低的低端环节,导致业务流程外包一直处于低速徘徊发展阶段,难以实现快速突破的发展局面。而与此同时,生物医药外包、动漫创意、技术研发等产业得到迅猛发展,使得知识流程外包(KPO)产业异军突起,产业份额迅速提升,很快占据了服务外包产业的重要地位,打破了以前服务外包产业以ITO产业为主导的整体格局。2013年年底,ITO、BPO、KPO离岸执行额占比为37：13.4：49.6,KPO成为服务外包产业规模最为庞大、发展势头最迅猛的产业。见图2-14。

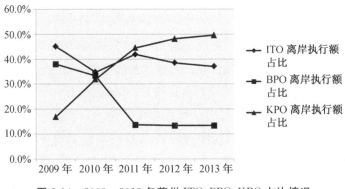

图2-14 2009—2013年苏州ITO、BPO、KPO占比情况

由此可见,苏州服务外包产业由发展初级阶段的ITO产业(尤其是软件技术外包)占据主导,经过ITO、BPO、KPO协同发展阶段,到至今KPO占服务外包产业半壁江山。知识流程外包的发展,展现了苏州服务外包产业技术含金量上升、高端产业发展加速的趋势,企业所承接的外包业务由最初的软件代码编写、软硬件测试等低端、低附加值的业务逐步向行业应用服务、研发设计和咨询服务等高端领域拓展,苏州服务外包产业的业务层次全面提升,产业结构逐步优化。

(四)服务外包企业

苏州服务外包企业积极参与国际分工,不断积累行业经验,通过开展服务外包国际认证,大幅提升承接、交付和管理流程能力。

苏州服务外包企业国际认证大幅增加。至2009年年底,通过CMM/CMMI3及以上国际资质认证企业数达63家,其中有3家企业通过CMMI5认证,通过信息安全认证(ISO27001)企业39家。至2013年,通过CMM/

CMMI3 及以上国际资质认证企业数达 96 家,其中有 7 家企业通过 CMMI5 认证,通过信息安全认证(ISO27001)企业快速增加到 158 家。见图 2-15。

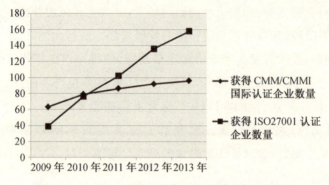

图 2-15　2009—2013 年苏州企业获得国际认证情况

技术先进型服务外包企业数量增加。2009 年,苏州市 36 家服务外包企业通过了省级评审,被认定为第一批技术先进型服务企业,约占全省总数的三分之二,通过认定企业数位居全省第一。2012 年全市累计认定技术先进型服务企业 142 家,获认证企业数位居全省第一。2013 年,再新增技术先进型服务企业 11 家,至 2013 年年底苏州技术先进型服务外包企业共计发展到 153 家。见图 2-16。

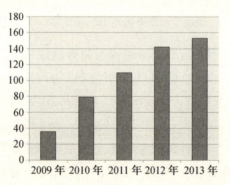

图 2-16　2009—2013 年苏州技术先进型服务外包企业数量情况

苏州服务外包企业能力继续提升,"2010 年中国服务外包成长型企业"有新宇软件、新电信息、江苏欧索、江苏仕德伟、华道数据、宏智软件、凌志软件等 7 家企业入选,入选企业数在省内位居第二;"2011 年中国服务外包成长型企业"有新宇软件、万国数据、凌志软件、江苏欧索等 4 家企业入选;"2012 年中国服务外包成长型企业"有新宇软件、凌志软件、万国数据、华硕科技等 4 家企业入选;"2013 年中国服务外包成长型企业"有新电信息、凌志软件、新世基科技、梅思安研发等4家企业入选。新宇软件连续入选2011年、2012年"IAOP全球外包100强";方正国际连续获评2012、2013"中国服务外包十大领军企业"。

苏州服务外包产业的发展带动了知名企业的入驻,重量级企业纷至沓来。强生财务共享中心、三星半导体分拨中心、博世IT服务中心、耐克物流中心、卡特彼勒物流中心等世界500强企业将其区域外包中心落户苏州。继强生财务共享服务中心落户苏州工业园区之后,泰科电子财务共享中心、百得共享服务中心、捷安特研发中心等知名跨国公司共享服务中心项目相继落户苏州,共享服务中心正成为苏州服务外包的新热点。苏州还引进了IBM、思舞、惠普、富士通、大宇宙、凯捷以及药明康德、万国数据、中金数据、华道数据、方正国际等一批国内外知名服务外包企业。截至2013年,共有29家世界500强公司、全球外包百强企业和国内十大外包领军企业在苏州市投资了服务外包企业或分支机构。

2009年至2013年,是苏州市服务外包实施两个三年跨越计划的重要五年,经过此期间的发展,2013年苏州服务外包产业规模超越了两个三年跨越发展计划中提出的合同金额80亿美元、离岸执行额45亿美元的目标;但服务外包企业发展规模没有达到计划中提出的千人规模企业数量达60家的目标,凸显了苏州服务外包产业整体蓬勃发展,但相对而言,规模企业偏少的问题。

通过2009年至2013年的发展,苏州服务外包产业总体规模得到迅速提升。苏州服务外包企业数量由793余家增至2 438家,企业数量增长了3倍;服务外包产业从业人数由8.87万人增至23万人;苏州服务外包接包合同额从2009年的13.98亿美元,增至2013年的86.39亿美元,年均增长率达到57.7%;服务外包离岸执行额从2009年的8.71亿美元,增至2013年的46.24亿美元,年均增长率达到51.8%。在产业结构方面,苏州服务外包产业在发展初期,主要以ITO为主导,软件园的建设使得信息技术外包在整个服务外包产业中占据了举足轻重的地位。在服务外包产业持续的发展过程中,ITO、BPO得到稳健发展的同时,KPO得到了飞速的上升,苏州服务外包产业正逐步向服务外包产业高端行业方向发展,产业结构得到了逐步优化。

综上所述,苏州服务外包产业起步较早且增长快速,与服务外包产业发展相关的接包合同额、离岸执行额、从业人数等相关指标均保持了高速增长,苏州服务外包产业呈现出了规模加速扩张,业态日趋优化,服务外包企业规模、资质显著提升的良好发展态势。

第二节 苏州服务外包产业发展现状

苏州服务外包产业夯实基础,接包能力持续增强,产业结构逐步优化,实现了产业的跨越式发展,成为全市开放型经济的一大亮点,对加快苏州产业结构调整、转型升级发挥了积极的助推作用。以下主要从产业布局、重点产业、产业政策、公共服务平台等方面阐述苏州服务外包产业发展现状,分析苏州在全国服务外包产业发展中的地位。

一、苏州服务外包产业布局

产业的良好发展,很大程度上依赖于对产业高瞻远瞩的规划布局,苏州市以骨干产业带为主轴,以南北多点产业布局为两翼,形成"一轴两翼"的服务外包空间布局框架。"一轴"贯穿苏州高新区、古城区、苏州工业园区和昆山市,是苏州服务外包产业的"能级提升、创新引领"轴;"两翼"分为"北翼"与"南翼","北翼"地区包括张家港、常熟、太仓、相城区,"南翼"地区包括吴中区和吴江市。同时,苏州以"国家级服务外包示范基地+省级服务外包示范城市+省级服务外包示范区"为基本架构,形成全市服务外包产业的合理布局。苏州工业园区是全国唯一的"服务外包示范基地",昆山、太仓为"江苏省国际服务外包城市"。昆山花桥经济开发区、昆山软件园、苏州国家高新技术产业开发区、吴中经济开发区、张家港经济开发区、常熟高新区(原东南经济开发区)、吴江汾湖经济开发区、苏州太湖科技产业园和太仓经济开发区等9个开发区获批成为"江苏省国际服务外包示范区"。苏州服务外包产业"一轴两翼"布局见图2-17。

经过多年的发展,苏州服务外包产业布局日趋完备,初步形成了苏州工业园区——"中国模式服务外包产业第一园"、昆山花桥经济开发区——"中国金融BPO示范区"、苏州国家高新技术产业开发区——"华东地区软件服务外包中心"、吴中经济开发区——"生物医药研发高地"等载体品牌效应。苏州服务外包专业功能载体建筑面积在2010年就突破500万平方米,苏州已经成为国内服务外包载体最为集中、功能最为完善的城市之一。

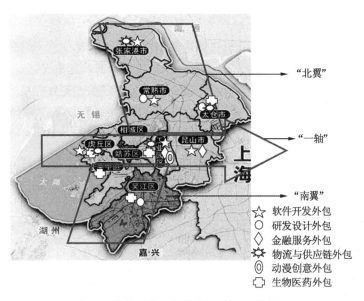

图 2-17 苏州服务外包产业"一轴两翼"布局图

（一）"一轴"地区：能量提升、创新引领

1. 苏州工业园区："中国模式服务外包第一园"

苏州工业园区于1994年2月经国务院批准设立，是中国和新加坡两国政府的合作项目。园区连续多年名列"中国城市最具竞争力开发区"排序榜首，综合发展指数位居国家级开发区第二位。

2007年，苏州工业园区被认定为全国唯一的中国服务外包示范基地，国家制定的一系列服务外包相关政策在园区先行先试。截至2013年，园区服务外包企业以及有服务外包业务的制造业企业超过1 500家。2013年苏州工业园区服务外包接包合同额达39.20亿美元，离岸执行额达26.06亿美元。2011年至2013年，苏州工业园区服务外包离岸执行额连续三年增幅均超过45%，成为园区经济发展的亮点；2013年，苏州工业园区服务外包离岸执行额占苏州全市总离岸执行额的56%，由此可见苏州工业园区服务外包产业的发展对苏州全市服务外包产业的发展有着举足轻重的地位。

园区根据不同产业的特殊需求，精心打造各类服务外包载体，现已形成以国际科技园、创意产业园、腾飞苏州创新园为依托的信息技术外包集聚区；以生物产业园为依托的生物医药外包集聚区；以生态科技智能产业园为依托的生态科技研发外包集聚区；以中国电信苏州呼叫中心产业基地为依托的呼叫中心集聚区；以国际商务区为依托的商贸及供应链管理外包集聚区；以CBD为依托的金融财务外包集聚区；以创意泵站为依托的动漫游戏外包集聚区；以科教创新区为依托的教育及公共服务外包集聚区；以2.5产业园为依托的研发及生产性服务外包集聚区；以街道分园为依托的业务流程外包集聚区，一区多园的服务外包载体格局初具规模。

园区充分利用自身的国际化优势和产业与人才基础，引进及培育了以IBM、惠普、微软、华为、新宇软件、新电信息、大宇宙信息创造为代表的一流高科技信息技术领域企业，以Stream（思睿）信息咨询、萨瑟兰全球服务公司为代表的全球领先的业务流程领域企业；以金维智生物信息、信达生物制药为代表的生物医药研发企业；已入驻的凌志软件、方正国际、万国数据等企业逐步成为总部或职能性总部；同时，三星半导体（中国）研究开发有限公司、强生亚太财务共享中心、博世技术中心、泰科电子财务共享中心等众多跨国公司共享中心的进驻表明园区将逐步成为职能型总部集聚地。

园区服务外包产业将围绕信息技术、现代物流、金融财务、医药研发、生物纳米、动漫创意、云计算和物联网等重点领域加快发展和创新突破，以"制造与服务联动发展、离岸与在岸同步开拓、政府与企业共同推进"的"中国模式"引领园区发展模式创新，加快推进园区转型升级。

2. 苏州高新区："华东地区软件服务外包中心"

苏州国家高新技术产业开发区（以下简称苏州高新区）始建于1990年，2008年，高新区被江苏省商务厅认定为"江苏省国际服务外包示范区"。2011年，苏州高新区与苏州工业园区、花桥经济开发区一起被确定为国家高技术服务产业发展基地核心区。

截至2013年7月，高新区服务外包企业超300家，企业主要分布在软件开发、工业设计、生物医药等多个领域。2013年区内服务外包接包合同额达16.97亿美元，同比增长52.8%；服务外包离岸执行额达8.49亿美元，同比增长59.6%。2013年高新区服务外包离岸执行额占苏州全市总离岸执行额的18%，凸显了高新区服务外包产业的发展在苏州全市服务外包产业发展中的重要地位。

高新区陆续引进了易程科技、软通动力等一批规模型和潜力型服务外包企业。同时培育了一批以华硕科技、江苏富士通等为代表的信息技术研发外包企业，以欧索软件、仕德伟网络为代表的软件信息技术外包企业，以新宁物流、华伟仓储等为代表的企业供应链服务外包企业。

高新区载体日趋完备,功能不断完善。苏州科技城作为全国首家部、省、市共建的大型创新基地,已累计投入120亿人民币,建成200万平方米的创新载体,建有集成电路设计测试平台和大型数据中心,吸引了近百家科研院所、研发机构和服务外包企业入驻,其中苏高新软件园是华东地区最专业的软件与服务外包中心。

高新区将重点发展软件及信息服务外包产业,电子信息及汽车装备制造研发、生物医药研发、医疗器件研发、新能源科技研发外包等知识型服务外包产业,苏州服务外包发展规划将高新区的发展定位于"全球智造第一区",这已经为高新区重点发展高技术含量服务外包产业定下了基调。

3. 昆山市:"中国金融硅谷"

昆山市于2007年获批成为"江苏省国际服务外包示范基地城市",昆山市引导服务外包产业向花桥经济开发区、昆山软件园等省级国际服务外包示范区聚集,重点培育发展金融服务、软件研发等产业。2013年昆山市服务外包接包合同额达12.69亿美元,离岸执行额达3.9亿美元。2013年昆山服务外包离岸执行额占苏州全市总离岸执行额的8.4%。

(1)花桥经济开发区:"中国金融BPO示范区"。花桥经济开发区是江苏省"十一五"、"十二五"重点发展的现代服务业项目,也是江苏省唯一以现代服务业为主导产业的省级开发区。2009年被评为中国最佳金融服务外包基地和中国十大最佳服务外包园区,2010年荣获"最具投资价值金融服务外包基地奖",同时被江苏省委组织部认定为"江苏省高层次人才创新创业基地"。

为了推进金融服务外包产业的发展,花桥经济开发区设立了国内首个金融BPO基金,总规模达10亿人民币,首期投资2亿人民币,用于引导境内外资金进入BPO领域,促进金融BPO产业优质或有潜力企业的发展。同时,还成立了国内首家金融外包研究中心,专门从事金融服务外包的发展研究。

花桥经济开发区初步形成了以金融外包为特色的服务外包产业体系,形成了比较完整的金融服务外包产业链。法国凯捷、柯莱特科技、巅峰软件、华道数据、远洋数据、中金数据、万国数据等一批国内外知名金融服务外包供应商入驻花桥,花桥已成为目前国内集聚度最高、产业链最完善、影响力最大的金融服务外包产业园,将大力发展金融BPO业务,创造条件发展金融KPO业务,带动昆山崛起成为长三角地区金融服务外包的市场高地。

(2) 昆山软件园：海峡两岸服务外包第一高地。昆山软件园于2001年奠基，规划面积为6平方公里，设有服务外包、动漫数字、教育实训三大产业基地。昆山软件园成为昆山市第二个江苏省国际服务外包示范区，先后荣获"国家火炬计划软件产业基地"、"江苏省软件和信息服务产业园示范园区"、"江苏省海峡两岸软件服务外包产业园"等称号，尤其是"江苏省海峡两岸软件服务外包产业园"称号的获得，填补了国内没有对台软件服务外包基地的空白，昆山软件园着力打造海峡两岸服务外包第一高地，通过两岸全面和深入的合作，提升服务外包产业发展水平。

截至2013年7月，昆山软件园已成功引进中创软件、昆山浦东软件园、山猫卡通、玉麟麟文化、杰普科技等项目共248个，拥有省高新技术企业12家，省软件企业36家。昆山软件园充分发挥中创软件带头作用，重点发展软件产品和软件服务，突破一批影响产业发展的关键技术，支持具有自主知识产权的软件产品产业化，提高软件服务水平。

(二)"两翼"地区：突出特色、创新支撑

1. 太仓："中国创意工厂"

太仓市于2007年获批成为"江苏省国际服务外包示范基地城市"，2012年，太仓经济开发区成为"江苏省国际服务外包示范区"，服务外包产业发展规模呈现蓬勃发展态势。太仓通过创新发展理念和发展政策，发展以工业设计和生物医药研发为主的服务外包KPO产业，发展特色凸显。

2013年太仓市服务外包接包合同额达6.94亿美元，同比增长72%；离岸执行额达2.93亿美元，同比增长58%。2013年太仓服务外包离岸执行额占苏州全市总离岸执行额的6.3%。

截至2012年，太仓市有各类服务外包企业200余家，初步形成了以生物医药外包和工业设计外包为特色的产业格局。太仓LOFT工业设计园是江苏省首个工业设计创新与孵化基地，被授予"江苏省中小企业工业产品设计中心"称号。LOFT工业设计园为入驻企业提供产业链高端增值服务，形成江苏及长三角区域最具特色的高端化、专业化的工业设计外包服务基地与产业集群。同时，太仓市着力打造生物医药外包领域，2010年，太仓投资三千万人民币打造太仓市生物技术公共服务平台，建立了从药物研发上游的早期筛选到临床药物候选物研发的一站式研发服务外包平台。一批龙头型知名企业如中美冠科、昭衍新药研究中心、太仓灵狮创意公司、安软科技等的落户，带动了太仓在生物医药、文化创意和信息技术领域的项目聚集。

太仓市错位规划载体发展特色,太仓软件园重点发展信息技术外包,科技创业园重点发展医药研发外包,太仓LOFT工业设计园重点发展文化创意产业。太仓市将进一步依托太仓LOFT工业设计园的品牌优势,努力打响"中国创意工厂"品牌。

2. 张家港市:"大宗商品交易服务外包港"

2008年,张家港经济技术开发区被省商务厅认定为江苏省国际服务外包示范区。张家港服务外包产业逐步发展,优势逐渐显现。2013年张家港市服务外包接包合同额达3.06亿美元,同比增长51%;离岸执行额达1.42亿美元,同比增长36%。

张家港保税区于1992年10月经国务院批准设立,是全国首家内河港型保税区。经过多年的开发建设,已形成了物流、化工、机电、粮油和纺织五大支柱产业。张家港保税区实行高端制造业与现代服务业齐头并进。张家港服务外包产业重点发展物流服务外包,首先依托张家港保税港区区位和政策优势,发挥在钢铁、纺织原料、化工产品等大宗商品信息、物流和交易方面的优势,打造中国大宗商品交易服务外包港。

张家港经济技术开发区为张家港服务外包产业发展的又一主力。截至2013年7月,张家港经济技术开发区已集聚了新点软件、东汇网络等服务外包企业共50多家。2012年完成接包合同额6 074万美元,离岸执行额1 336万美元。[1] 辖区内的张家港软件(动漫)产业园是正在建设的重点产业载体之一,将打造成国际服务外包产业基地。

3. 常熟:"汽车研发外包之都"

2008年,常熟高新区(原东南经济开发区)被认定为"江苏省国际服务外包示范区",常熟的服务外包产业随之呈现出快速发展的势态。2013年常熟市服务外包接包合同额达2.80亿美元,同比增长38.8%;离岸执行额达1.38亿美元,同比增长33.4%。

常熟高新区发展迅速,2011年,常熟高新区被授予"国家高技术服务产业基地核心区"称号。2012年,常熟高新区服务外包接包合同额达到9 968万美元,离岸执行额达到6 966万美元[2],已经发展了以日本丰田汽车研发中心、龙创汽车设计为代表的汽车研发外包,以网路神、博达信息为代表

---

[1] 数据来源于《苏州市服务外包重点载体简介》,《中国服务外包》,2013年7月。
[2] 数据来源于《苏州市服务外包重点载体简介》,《中国服务外包》,2013年7月。

的软件外包等产业领域,连续三届入围中国外包网评选的"中国服务外包十强园区"。

常熟服务外包产业发展,将依托常熟汽车制造产业的优势,借力丰田汽车研发中心建设,集聚国内外汽车设计和研发企业,提升产业能级,带动产业发展。

4. 吴中区:"世界一流医药研发服务外包基地"

吴中区拥有2个"江苏省国际服务外包示范区":苏州吴中经济技术开发区和苏州太湖科技产业园。吴中区服务外包产业发展迅速,特色明显。2013年吴中区服务外包接包合同额达3.14亿美元,同比增长51.3%;离岸执行额达1.21亿美元,同比增长48.5%。

吴中区着力打造"世界一流医药研发服务外包基地"。吴中区建设了以生物医药为主的科技创业园、中科院吴中生物医药研发园、药明康德安评中心等多个外包载体,亚洲最大GLP药物安全评价中心、国家非人灵长类实验动物种子中心等多个医药研发技术平台,集聚了辉瑞制药、东瑞制药、吴中医药、药明康德等知名的生物医药外包企业,为打造世界一流医药研发服务外包基地奠定了基础。2012年,全区生物医药研发接包合同额达5 619万美元,同比增长30%。

吴中区在服务外包产业布局上进行优化调整,吴中区经济技术开发区科技园重点发展生物医药研发外包和检测外包,吴中区生命科学园重点发展生命科技研发外包,苏州太湖科技产业园以软件产业为发展方向,打造集科技研发、创新创意、商务服务、生活配套等于一体的创新型生态式高端示范园区。

5. 吴江区:"长三角研发设计外包产业基地"

吴江区工业基础雄厚,具备了承接国际服务外包的基础,吴江区将依托制造业发展优势,着力打造"长三角研发设计外包产业基地"。近年来,吴江区服务外包产业正逐步发展。2013年吴江区服务外包接包合同额达1.25亿美元,同比增长15.4%;离岸执行额0.71亿美元,同比增长16.9%。

吴江汾湖高新技术产业开发区成为"江苏省国际服务外包示范区",为吴江发展服务外包产业奠定了基础。2008年以来,开发区已引入了以永鼎泰富为代表的服务外包企业60余家,2012年示范区内企业服务外包接包合同额达到6 000万美元,执行额达到4 500万美元。[1]在产业布局上,汾

---

〔1〕 数据来源于《苏州市服务外包重点载体简介》,《中国服务外包》,2013年7月。

湖开发区重点发展工业设计和动漫创意产业,吴江经济开发区重点发展软件研发和医药研发。

综上所述,苏州服务外包产业的"一轴"地区依托核心载体,集聚服务外包企业,形成国际接包、发包和服务外包要素配置的枢纽;依托现有基础,大力发展软件开发、研发设计、物流外包、医药研发、金融外包等服务外包产业,将不断驱动和引领苏州服务外包产业在创新中谋发展。苏州服务外包的"两翼"地区虽然其产业发展基础尚不坚实,但地区服务外包产业增速较快,产业特色基本显现,将成为苏州服务外包产业特色化发展区域和服务外包产业创新体系建设的新的支撑。

二、苏州服务外包重点产业

苏州服务外包产业经过多年的发展,现今已形成软件开发、设计研发、金融后台服务、动漫创意、生物医药研发和物流与供应链管理等六大服务外包产业集群,实现了ITO、BPO、KPO领域的全覆盖。六大产业主要集中在苏州工业园区、苏州高新区、昆山市、太仓市和吴中区等服务外包重点集聚区。

(一)软件开发

软件开发外包是苏州服务外包产业中发展最早、产业规模较大的服务外包产业。苏州软件产业自2001年苏州软件园的建设开始,经过多年发展,苏州软件开发外包产业已逐步成熟。

苏州软件开发外包集聚了一批知名的专业软件企业,主要集中在苏州工业园区、高新区和昆山等地的软件园中。微软、华为、惠普、甲骨文等500强跨国公司的软件研发机构,中软国际、新电(NCS)、益进等"全球服务外包百强"企业以及新宇软件、微创软件、大宇宙信息创造等一批软件外包旗舰型企业均集聚在苏州工业园区国际科技园(2013年,国际科技园软件离岸外包产值达到2.6亿美元,业务涉及欧美、日本和新加坡等地区);欧索软件、明基逐鹿软件等专业软件开发公司落户在高新区软件园;中创软件等落户在昆山软件园。

2013年,苏州软件开发外包离岸执行额达6.76亿美元,同比增长4.03%;2013年苏州服务外包产业总离岸执行额同比增长率为51.4%。2013年软件开发外包离岸执行额占信息技术外包(ITO)离岸执行额的41%,占2013年苏州服务外包产业离岸总执行额的14%。

由此可见,软件外包产业发展基础雄厚,并保持了持续增长,虽相对于服务外包产业的整体来说,发展速度有所放缓,但仍然是服务外包产业重要的支柱型产业。

(二) 设计研发

苏州设计研发产业以苏州成熟的工业经济为基础,随着苏州服务外包产业向高附加值的知识流程外包的发展而逐步兴起。

太仓 LOFT 工业设计园聚集了一批知名工业设计企业,截至 2011 年,LOFT 工业设计园已进驻了来自德国及中国香港、深圳、上海及苏州地区的中外知名国际设计大师和品牌设计企业 40 多家,包括德国巴斯克设计、香港叶智荣设计、深圳嘉兰图设计、上海木马设计等工业设计领军企业。2013 年上半年,太仓工业设计园对接服务制造企业 300 余单,创造设计产值 5 000 万人民币,拉动经济增长近 8 亿人民币。苏州汽车设计研发外包产业主要集聚在常熟高新区,依托常熟汽车制造产业的优势,集聚了以日本丰田汽车研发中心、龙创汽车设计为代表的国内外汽车设计和研发企业。

2013 年,苏州设计研发离岸执行额达 8.56 亿美元,占 2013 年苏州服务外包产业离岸执行额的 19%。设计研发产业占据了苏州服务外包产业五分之一的产值,充分显示了设计研发产业在苏州服务外包产业发展中的重要地位。

(三) 金融后台服务

苏州利用上海国际金融中心的区位优势,大力发展金融后台服务外包,其触角已向高端金融服务外包领域延伸,涉及金融数据分析、金融衍生品研发咨询、金融理财咨询等高端业务。

苏州金融服务外包产业主要集聚在昆山花桥,2008 年,昆山花桥国际商务城成立,是全国首家金融服务外包基地。截至 2012 年年底,花桥国际商务城已累计引进金融服务外包企业 106 家。

苏州金融服务外包产业已经集聚了法国凯捷、柯莱特科技、巅峰软件、华道数据、远洋数据、中金数据、万国数据、东南融通等一批国内外知名的金融服务外包供应商。形成了以法国凯捷为代表的金融 KPO 企业,以中银商务为代表的金融 BPO 企业,以万国数据为代表的金融 IT 服务企业,初步形成了企业集群、产业集聚的格局。苏州金融服务外包已初步形成了专业化的产业发展载体、完整的金融外包产业价值链。

昆山花桥将成为具有国际影响力的外资金融密集区、国内外各类金融机构的最佳集聚地和金融服务外包供应商及买家的最佳选择地,打响中国金融"硅谷"品牌。在昆山花桥创建中国金融外包品牌的同时,苏州工业园区近年来也开始着重发展金融外包产业,金融外包产业在苏州将进一步多区域繁荣发展。

(四)动漫创意

苏州动漫业起步较早,早在20世纪80年代中期,苏州就出现了一批动漫公司,主要从事国内外动漫原片绘制。2005年,苏州工业园区国际科技园正式揭牌成为"国家动画产业基地";2007年,苏州动漫产业重要载体——"创意泵站"竣工,开始接纳企业入驻,苏州动漫创意产业开始进一步发展,逐步形成一定的产业规模。

截至2011年,国家动画产业基地集聚动漫企业达47家,包括泰山动画、神游科技等在业内有一定知名度和实力的动漫企业,有动漫产业相关的文化传媒、发行中介、新媒体动漫等企业8家,总从业人数达3 000人。2010年国家动画产业基地内企业总产值达3亿人民币,利税额达2 000万人民币。

创意泵站投入运营之后,发展迅速,截至2013年年底,创意泵站已入驻动漫创作、网络游戏、广告创意、工业设计等创意产业企业31家,其中,动画漫画和游戏类企业7家。知名创意动漫企业包括国内最早从事3D网络游戏开发的企业——蜗牛电子,国内顶尖的3D电脑动画制作公司——士奥动画等。

自2005年苏州被授予"国家动画产业基地"称号以来,经过8年的精心培育,苏州动漫产业呈现出快速发展的态势,动漫企业不断做大做强。2013年上半年度,动漫游戏的产业总产值达3.14亿人民币,同比增长50.67%。2013年,苏州动漫创意外包离岸执行额达1 221万美元,苏州动漫创意外包产业正处于蓬勃发展时期。

(五)生物医药研发

苏州生物医药研发业务涉及新药临床试验、药物安全性评价、医疗器械设计研发等。苏州生物医药服务外包产业主要集聚在苏州工业园区、吴中区、太仓市等区域。苏州生物医药产业发展迅速,2013年苏州生物医药研发离岸执行额达1.49亿美元。

苏州生物医药研发产业拥有众多优质载体:工业园区2007年6月成立

了生物产业园(Biobay),经过6年的发展,吸引超过350家具有自主知识产权和品牌的创新创业公司入驻,现已成为国家级生物医药孵化器和特色基地。吴中医药产业基地主体包括:12万平方米以生物医药为主的科技创业园,占地近400亩的"江苏吴中生命科学园",以及中科院吴中生物医药研发园、药明康德安评中心等重要载体。吴中区初步建成亚洲最大GLP药物安全评价中心、国家非人灵长类实验动物种子中心等生物医药平台。太仓市昭衍医药建成亚洲最大的新药研究中心。苏州生物医药服务外包形成了完整的从研发、中试、测评、生产到成药的产业链。

苏州生物医药产业的发展,吸引了众多著名公司入驻:礼来、葛兰素、卫材、强生、百特、碧迪、飞利浦等相继入驻工业园区并不断扩大规模;吴中区以江苏吴中医药集团有限公司为产业发展龙头;太仓以昭衍、冠科为医药研发产业重点企业。

苏州工业园区、吴中区和太仓市重点发展生物医药外包,拥有众多全球知名的生物医药研发企业和国内领先的动物实验平台,生物医药产业已经初具规模。

(六)物流与供应链管理

苏州在发展物流与供应链管理外包过程中,凭借优越的航运港口优势,利用国际先进技术,为客户提供物流规划组织、物流方案制定、物流信息管理、供应链管理的整体解决方案。苏州在工业园区、张家港、昆山、太仓、常熟等地均建有物流园。工业园区、张家港物流园均位于综保区(保税区)内,发挥海关特殊监管区在生产、制造、物流、信息等各方面的优势,大力发展物流外包产业。截至2012年6月,张家港保税区内共有各类物流企业133家,2011年保税区物流产业的营业收入为59亿人民币。[1]2013年,苏州物流与供应链管理产业离岸执行额达3.02亿美元,同比增长34%,占业务流程外包(BPO)离岸执行额的49%,占服务外包产业离岸执行额的7%。可见,物流与供应链管理产业在业务流程外包产业中具有举足轻重的地位,同时,在整个服务外包产业中也占据了重要一席。

综上所述,随着服务外包新兴行业的发展,服务外包产业的发展将聚焦关键业务,着力培育代表未来服务外包发展方向的新兴领域,苏州服务外包产业将从低端业务领域向高端业务领域拓展延伸,产业咨询、软件与信息系

---

〔1〕 数据来源于《2012年张家港保税区物流企业调查报告》。

统架构设计、研发服务外包等高附加值、高技术含量的业务比重不断上升，以金融服务外包、通信服务外包、研发外包、生物医药外包等为重点的高端领域将成为苏州服务外包产业发展重点。

三、苏州服务外包产业政策和公共服务平台建设

（一）苏州服务外包产业政策

服务外包产业的发展离不开产业政策的支持与激励，务实而有效的产业政策能够聚焦服务外包产业动态、助力服务外包载体及配套建设、扶持服务外包重点企业成长，从而推动服务外包产业繁荣发展。

苏州市高度重视服务外包产业的发展，2010年，苏州成立以市长为组长、三位副市长为副组长的推进服务外包领导小组，定期召开领导小组会议，制定产业政策，推进产业发展。从2007年至2013年，苏州市政府先后出台一系列服务外包产业政策，政策涵盖宏观层面的方针政策及相关具体措施，涉及服务外包产业发展环境、服务外包企业扶持政策、服务外包人才培养及知识产权保护等方面。除了市政府层面的规划和布局外，苏州各地区也都根据市政府的部署，结合本地区实际情况，相继出台和修订促进服务外包发展的政策意见和具体措施。

1. 宏观产业政策

2007年8月，苏州市政府出台了《苏州市促进服务外包发展的若干意见》，昆山市、太仓市、吴江区、工业园区、高新区等地相继出台了促进服务外包发展的政策意见，并专门设立了一定规模的服务外包引导资金。

2011年编制了《苏州市服务外包产业"十二五"发展规划》，并将此规划列为全市"十二五"规划的专项规划之一，凸显了对服务外包产业发展的重视。

2009年6月，苏州市政府出台《苏州市服务外包产业跨越发展计划（2009—2011）》，并专门出台了配套文件《关于促进服务外包跨越发展的实施意见》，提出了25条具体的举措，明确各部门职责、任务，从而达到举全市之力，齐心协力，共同推进服务外包产业跨越式发展的目标。2011年4月，又出台《苏州市服务外包产业新三年跨越发展计划（2011—2013）》和《关于促进服务外包跨越发展的若干政策》，进一步明确了近三年全市服务外包的发展目标，加大对苏州服务外包产业发展的扶持力度。两个三年计划的出台，进一步完善了促进服务外包产业发展的政策和措施，增强政策吸引力，营造服务外包产业发展的环境，为苏州服务外包产业的跨越式发展提供了政策保障。

2. 财政资金政策

2009年3月,苏州市制定了《苏州市对中央财政服务外包专项扶持资金进行配套的实施细则》,明确地方财政按1∶2的比例对中央财政服务外包专项扶持资金进行配套,有效地加大了对服务外包企业的资金支持力度,2012年,苏州全市获得中央财政、省级财政扶持资金分别为2 762.9万元人民币和2 127.15万元人民币。2012年,苏州按照新修订的《关于促进服务外包跨越发展的若干政策》,及时兑现了相关扶持政策,市级财政仅在鼓励服务外包企业离岸业务补贴一项就兑现了资金1 687万元人民币,各区级财政也按分级承担比例进行了配套补贴。

服务外包专项扶持资金对鼓励企业承接国际服务外包业务、增强服务外包企业吸纳就业能力、加快服务外包人才培训以及公共平台建设均发挥了积极的作用。

3. 税收优惠政策

2010年,苏州市制定了《苏州市技术先进型服务企业认定办法(试行)》,推进了技术先进型服务企业的认定与发展,扩大了服务外包企业税收优惠的范围。2013年,根据国家现行出台的政策,苏州市开展"营改增"试点工作。随着"营改增"试点工作的推进,赋予离岸服务外包业务零税率或免税的政策效应将进一步显现。2013年,全市技术先进型服务企业按15%低税率(减免所得税为6 593.45万人民币,服务外包企业实际享受营业额/增值税优惠金额为5.11亿元人民币)。

4. 金融支持政策

在金融政策方面,苏州出台了《关于苏州市金融支持经济加快转型升级的指导意见(2010—2012)》,加大金融在服务外包等领域的支持力度,引导银行机构调整优化信贷结构,创新适合中小企业特点的金融产品,开展联贷联保、应收账款质押、知识产权质押融资担保方式,提高服务外包企业贷款可得性,在一定程度上缓解了服务外包企业的融资困难。

5. 人才培养政策

2009年,苏州市政府出台了《关于加快服务外包人才培养的若干意见》,成立了市服务外包人才培训工作领导小组,认定了49家市级服务外包人才培养培训基地(其中有11家外包人才培训基地被认定为省级服务外包人才培训基地),推进了人才强市战略。人才培养政策的实施,加强了苏州服务外包人才队伍建设,为苏州服务外包产业发展提供了人才保障。

6. 知识产权保护政策

苏州市制定了《苏州市加强服务外包产业知识产权保护的指导意见》，建立健全服务外包知识产权保护工作信息通报和交流制度。2012年，设立了苏州市知识产权行政执法支队，全面加强知识产权行政执法能力，也为完善服务外包领域知识产权保护创造了有利条件。

（二）苏州公共服务平台建设

苏州市各级政府和示范园区重视公共服务平台建设，已建或在建一大批高标准、高效率、低价格的公共服务平台，对苏州的服务外包产业效益带动明显。到2013年，苏州已建或在建的公共平台已达到59家。纵观所有公共服务平台，可以分为技术类公共服务平台、服务类公共服务平台、人才类服务平台三大类别。

1. 技术类公共平台

技术类公共服务平台为服务外包企业提供专业技术服务，帮助服务外包企业排除发展中的技术障碍。截至2013年年底，苏州市认定的公共服务平台有苏州国科数据中心、太仓市公共信息（云计算）服务平台、张家港市生物医药公共技术服务平台等近30家技术型公共平台，承担起苏州服务外包产业的技术服务责任。以苏州国科数据中心为例。

苏州国科数据中心（简称SISDC）是苏州工业园区为科技创新和产业转型重点打造的公共技术服务平台，于2010年10月正式运作，是亚洲唯一获得T4认证的最高等级数据中心，符合国际最高标准TierIV（容错级数据中心标准），是华东地区规模最大、最重要的数据平台之一。该中心专注于数据管理、高性能运算和系统集成等增值服务，建筑面积4.2万平方米，拥有4000多机柜，由苏州工业园区投资8.4亿人民币建设，是华东地区最大的第三方数据中心。

苏州国科数据中心与国际一流公司合作，采用最先进的咨询技术、方法体系、方案标准及行业最佳实践，旨在为国内外高科技研发企业、现代服务业企业、新兴互联网服务供应商等提供国际一流的网络通信、信息安全、数据灾备、高性能运算及系统集成管理等专业数据服务，致力于打造江苏省乃至华东地区最大的灾备中心、云服务中心和IT外包服务中心。

2. 服务类公共平台

服务类公共服务平台为服务外包企业提供各类基础服务，帮助服务外包企业解除发展中的后顾之忧。截至2013年年底，苏州市认定的公共服务平台中有苏州工业园综合保税区现代物流公共信息平台、苏州高新区知识产权信息公共服务外包平台、软件基础设施公共平台等20余家服务类公共平台，承担起苏州服务外包产业的公共服务职责。以苏州工业园区综合保税区现代物流公共信息平台为例。

苏州工业园区综合保税区现代物流公共信息平台于2007年3月投入试运营，同年12月，综合保税区内32家物流企业全面上线。2008年2月22日，国家信息产业部批复同意将苏州工业园区综合保税区现代物流公共信息平台列为国家区域性现代物流公共信息平台建设试点。

该信息平台充分发挥了区域辐射优势，以资源整合为基础，建立科学管理模式，以苏州工业园区综合保税区为聚集区，以虚拟口岸为依托，以商贸和物流两大产业为支柱，是面向国际国内市场的现代物流公共信息平台；构建了新一代开放数据网络，实现与国内外物流信息系统的衔接，并开放与国内外其他物流信息系统的接口，将政府数据信息释放出来，并鼓励企业进行信息共享；全面提供高品质电子数据，以及综合信息服务、企业供应链管理、中小企业应用托管、专业交易市场和公共数据交换等五大基本服务体系。信息平台的良好运作对促进区域经济健康、快速发展起到了巨大的推动作用，使得苏州工业园区综合保税区成为全国海关特殊监管区域中信息化程度高、功能强大的一个特殊区域。

3. 人才培养类公共平台

服务外包人才的数量与质量将制约产业的发展。苏州市高度重视服务外包产业人才的培养，在出台人才培养相关政策的同时，大力搭建人才培养平台。2009年，苏州市认定了49家市级服务外包人才培养培训基地，其中11家外包人才培训基地被认定为省级服务外包人才培训基地。2010年5月，依托苏州工业园区服务外包职业学院成立了"苏州市服务外包人才培养实训中心"，履行协调苏州市所有服务外包人才培训基地、统领苏州服务外包人才培养的功能。

截至2013年年底，苏州市认定的公共服务平台中有苏州市服务外包人才培养实训中心、中兴通讯亚太区实训总部、常熟市南大苏富特人才培训中心、高博软件培训中心中高端复合型服务外包人才培训平台、苏州科技城软件与信息服务技术人才培训平台等近10家人才培训服务平台，承担起苏州服务外包产业人才培训的重任。以苏州市服务外包人才培养实训中心为例。

苏州市服务外包人才培养实训中心于2010年5月成立,致力于通过实训形式来对接行业和企业的需求,整合苏州市及周边区域教育资源,建立服务外包人才资源供需体系,在苏州大市范围内提供服务外包人才培训、师资培养、研究咨询、技能鉴定和人才资讯等服务。实训中心拥有苏州一流的产业环境和"先行先试"的政策优势,共建设了近6 000平方米实训场地、30余间各类培训教室专用于实训,拥有雄厚的专业师资力量。目前实训中心已与30多家国内知名服务外包企业达成了紧密合作,实现资源共享,互惠共赢。截至2013年年底,实训中心共进行实训28 557人次,14 880课时。通过长期的努力与探索,实训中心力争成为长三角地区最具规模、最有影响力的服务外包人才实训平台。

四、苏州在全国服务外包产业发展中的地位分析

(一)服务外包产业发展规模与速度概况

从2009年至2013年,全国服务外包产业整体规模不断上升,2009年全国服务外包离岸执行额为100.9亿美元,2009年苏州服务外包离岸执行额为8.71亿美元,占全国服务外包总市场量的8.6%。2013年全国服务外包离岸执行额为454.1亿美元,2013年苏州服务外包离岸执行额为46.24亿美元,占全国服务外包总市场量的10.2%。见图2-18。

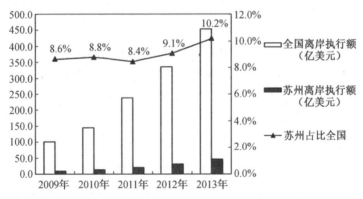

图2-18 2009—2013年全国和苏州服务外包离岸执行额情况

2009年至2013年,苏州服务外包产业跟随全国服务外包产业的整体发展水平,保持了快速的增长势头。苏州服务外包离岸执行额占据全国服务外包离岸执行额的比重呈现上升趋势,2009年至2011年,苏州服务外包离岸执行额占据全国离岸执行额的比重一直稳健地保持在8%左右,2012年上升至9.1%,2013年上升至10.2%。全国拥有21个服务外包示范城

市,苏州作为其中之一,占据了全国 10.2%的市场比重,由此可见,苏州服务外包产业规模位居全国前列,占据了非常重要的位置。

在服务外包产业增长速度方面,全国服务外包市场从 2009 年开始迅速发展,2009 年全国服务外包离岸执行额同比增长 152%。从 2010 年开始,全国服务外包产业规模增长速度开始放缓,2010 年至 2013 年,全国离岸执行额年均增长率为 46.5%。苏州 2009 年服务外包离岸执行额同比增长 58.7%,从 2010 年至 2013 年,苏州离岸执行额年均增长率为 53.9%。见图 2-19。

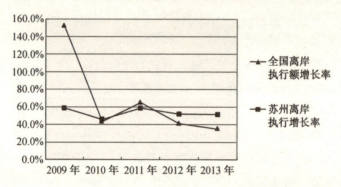

图 2-19　2009—2013 年全国和苏州服务外包离岸执行额增长情况

苏州 2009 年服务外包离岸执行额同比增长速度低于全国的增长速度。但在 2010 年和 2011 年,苏州服务外包产业的增长速度与全国的增长速度基本一致,并在 2012 年和 2013 年,离岸执行额增长率均高出全国增长率十个百分点以上,大幅度超越了全国服务外包产业的增长速度,这表明在此期间苏州服务外包产业的发展对全国服务外包产业的发展做出了贡献。

(二)服务外包企业及从业人员情况

随着服务外包产业的发展,2009 年至 2013 年,全国服务外包企业数量呈现出迅速增长的趋势,2009 年全国共有服务外包企业 8 945 家,2013 年全国服务外包企业数量达到 24 818 家。苏州服务外包企业数量由 2009 年的 793 家,上升至 2013 年的 2 438 家。见图 2-20。

苏州服务外包企业数量在产业发展的推动之下,逐年稳健增长,从 2009 年至 2013 年,苏州服务外包企业数量占全国服务外包企业数量的比例一直稳定保持在 10%左右,苏州服务外包企业数量的增幅与全国企业数量增幅基本保持一致。

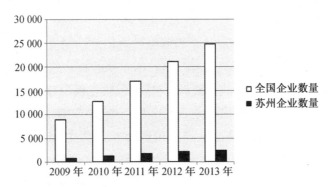

图 2-20　2009—2013 年全国和苏州服务外包产业企业数量情况

服务外包产业从业人员数量随着产业的发展而迅速增加。2009 年全国服务外包从业人员共计 154.7 万人，苏州则为 8.87 万人，苏州从业人员数量占全国从业人员数量的 5.7%。2013 年，全国服务外包从业人员共计 536.1 万人，苏州服务外包产业从业人员共计 23 万人，苏州从业人员数量占全国从业人员数量的 4.3%。2009 年至 2013 年全国、苏州服务外包产业从业人员数量情况见图 2-21。

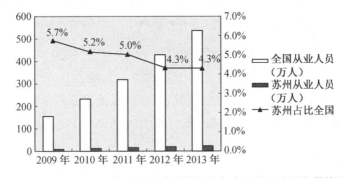

图 2-21　2009—2013 年全国和苏州服务外包产业从业人员数量情况

从图 2-21 可以看出：苏州服务外包从业人员数量与全国总从业人员数量相比逐年降低，由 2009 年的 5.7%，下降至 2010 年、2011 年的 5% 左右，至 2012 年、2013 年的 4.3%。

进一步分析可以发现，在苏州服务外包产业产值占全国总产值比例逐年上升(2009 年为 8%，2013 年为 10.2%)的前提之下，从业人员占比的逐年下降表明苏州服务外包产业人均创造价值相比全国人均产值在逐年提升，这表明苏州服务外包产业正逐步地向高附加值、高技术含量的产业升级转型。

（三）产业结构

随着服务外包产业的发展，全国服务外包产业结构呈现了逐渐优化的趋势。2009年全国ITO（信息技术外包）离岸执行额占服务外包产业总离岸执行额的63.3%；BPO（业务流程外包）离岸执行额占产业总离岸执行额的24.6%；KPO（知识流程外包）离岸执行额占产业总离岸执行额的12.1%。2013年，全国服务外包产业仍然以ITO为主，ITO占比54.6%；BPO占比14%；KPO占比31.4%。全国服务外包产业中的KPO业务增长迅速，占比大幅提升。见图2-22。

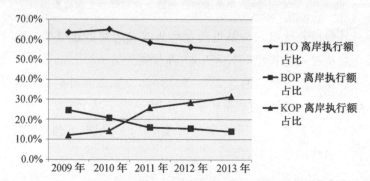

图2-22 2009—2013年全国服务外包产业ITO\BPO\KPO离岸执行额占比

苏州服务外包产业的迅速发展推进了产业结构的调整与优化，2009年苏州ITO离岸执行额占比45.1%；BPO离岸执行额占比38%；KPO离岸执行额占比16.8%。经过多年的发展，ITO业务比重逐步下降，KPO业务比重逐步上升。2013年，ITO离岸执行额占比37%；BPO离岸执行额占比13.4%；KPO离岸执行额占比49.6%。苏州服务外包产业不再以ITO为主导，而是由KPO占据了半壁江山。见图2-23。

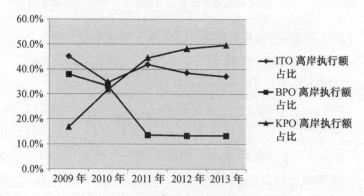

图2-23 2009—2013年苏州服务外包产业ITO\BPO\KPO离岸执行额占比

将苏州服务外包产业结构与全国产业结构对比后可以发现,苏州服务外包产业中的高端产业 KPO 业务占比高出了全国 18 个百分点,充分凸显了苏州服务外包产业向高技术、高附加值、高效能的产业发展,说明苏州已经成为全国高附加值服务外包业务的承接地。

随着苏州服务外包产业的进一步发展,高端产业 KPO 将进一步成为产业的支柱,苏州也将在软件外包、研发设计外包、生物医药研发外包、金融后台服务外包、动漫创意外包、物流与供应链管理外包、检验检测外包、云计算领域外包、物联网领域外包、跨国公司共享服务中心等十大领域重点发展,力争成为中国服务外包创新强市。

第三节 苏州服务外包产业发展中面临的问题分析

近年来,苏州服务外包产业飞速发展,取得了不俗的成绩,服务外包产业规模总量、企业及从业人员数量均有大幅增加,产业结构得到了进一步的优化。但是,在肯定成绩的同时,必须看到苏州服务外包产业的发展水平,相比于全市经济转型、结构升级的迫切需要,相比于苏州经济的整体发展水平还存在着一定的差距。

一、服务外包规模企业偏少

苏州服务外包产业总体业务量较大,2012 年离岸执行额达到 30.54 亿美元,但是,从单个服务外包企业的产值来看,规模不够,绝大部分服务外包企业离岸执行额在 100 万美元以下。2012 年,苏州全市服务外包企业共有 2 118 家,服务外包离岸执行额超过 1 000 万美元的骨干型企业仅为 24 家,仅占据企业总数的 1% 左右;南京服务外包企业共有 1 339 家,其中服务外包离岸执行额超过 1 000 万美元的骨干型企业为 113 家,占据了企业总数的 8%;无锡服务外包企业共有 1 249 家,其中服务外包离岸执行额超过 1 000 万美元的骨干型企业为 60 家,占据了企业总数的 5% 左右。见图 2-24。

由此可见,苏州离岸执行额达到千万美元的服务外包企业数量远低于南京,与北京、上海、无锡、杭州等地区也有一定的差距。

苏州市服务外包企业个数较多,但规模型企业不多,人员规模也普遍偏少。截至 2012 年年底,苏州服务外包企业数已达 2 118 余家,从业人数达到 18.5 万人,据此,平均每家企业人员规模不到 100 人;截至 2012 年,南京服务外包企业数已达 1 339 余家,从业人数达到 24.46 万人,平均每家企业人

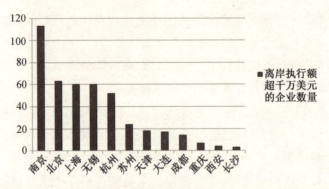

图 2-24 2012 年部分示范城市离岸执行额超千万美元的企业数量情况

员规模在 180 人左右;无锡服务外包企业数已达 1 249 余家,从业人数达到 14.22 万人,平均每家企业人员规模在 110 人左右。苏州的企业人员平均规模均小于南京、无锡的企业平均规模。截至 2012 年年底,苏州千人以上规模的服务外包企业屈指可数,仅有 14 家;3 000 人规模的服务外包企业为零。可见,苏州绝大部分服务外包企业的人员规模在 100 人以下。

苏州服务外包企业品牌效应需进一步突出。苏州本土服务外包企业中,中国服务外包十大领军企业仅有方正软件有限公司 1 家、全球外包企业 100 强企业仅有新宇软件 1 家。2013 年度中国服务外包企业最佳实践 50 强企业苏州只有 2 家,仅占总数的 4%,而在 2013 年度苏州服务外包企业数量占据全国企业总数量的 10% 左右。进一步表明苏州服务外包企业仍然以中小企业为主,缺乏一大批顶天立地型、龙头型、旗舰型的服务外包企业,更缺乏像东软集团、文思创新、浙大网新那样的地标型本土服务外包企业。2013 年中国服务外包企业最佳实践 50 强地区分布情况见图 2-25。

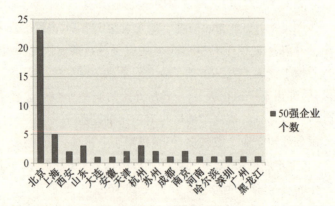

图 2-25 2013 年中国服务外包企业最佳实践 50 强地区分布情况

同时,苏州市服务外包企业获取国际认证的数量和质量不足。截至2013年年底,在2 438家服务外包企业中获得CMM/CMMI国际认证的企业为96家,其中,仅有7家企业获得CMMI5国际认证。获得ISO27001认证的企业数量为158家。由此可见,绝大部分企业尚未取得直接面向国际外包市场的"通行证",无法大量接包,所以难以形成强大的产业规模。

二、服务外包人才支撑不足

服务外包产业是智力人才密集型的现代服务业。服务外包产业的发展,关键在于强有力的人才支撑。近年来,苏州服务外包产业规模发展迅速,从2009年至2013年,苏州服务外包离岸执行额年均增长率为51.8%;服务外包产业年均新增从业人员为3.75万人。如果苏州服务外包产业按照这样的增长速度,服务外包产业每年需要新增从业人员4万人左右。

（一）苏州现有人才从数量上无法满足服务外包产业的发展

苏州高校资源相对匮乏,截至2012年,苏州拥有本专科普通高等院校20所,2012年苏州全市本专科普通高等院校在校生人数19.2万人;本专科普通高等院校毕业生人数4.97万人。而在这些毕业人数中,与服务外包产业相关专业的毕业人数更是不足,苏州高校毕业生的数量不能满足苏州服务外包产业发展对于人才的需要。2012年,南京市拥有本专科普通高等院校36所,2012年南京全市本专科普通高等院校在校生人数99.35万人;本专科普通高等院校毕业生人数31.57万人。相对而言,南京保证了服务外包产业发展所需人才的充足补给。苏州在人才数量供给上,远低于北京和南京,与上海、杭州、大连、成都、重庆、西安等城市相比,也存在较大距离。2012年部分示范城市在校生及毕业生数量情况见表2-26。

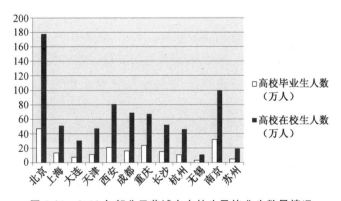

图2-26 2012年部分示范城市在校生及毕业生数量情况

（二）苏州现有人才结构无法满足服务外包企业对于人才的要求

服务外包产业起步较晚，传统高校在人才培养上，对于市场与行业发展的反应较为迟缓，无法及时调整自身的人才培养计划。因此，高校对于服务外包产业相关专业的设置落后于市场与产业的发展需求，导致培养的大量人才所学专业与市场需求专业不匹配，就读新能源、新材料、软件服务外包、生物医药等与服务外包息息相关的新产业相关专业的人数远远无法满足服务外包产业的发展需求。2011年苏州市生物技术和新医药、软件和服务业外包、新能源、新材料等新兴产业相关生源招生情况为：专科4 630人，本科3 129人，研究生201人，显然与服务外包产业发展的需求存在很大的缺口。

（三）苏州现有人才素养无法匹配服务外包企业对于人才的要求

服务外包产业需要具有IT技能、专业知识和外语应用等能力的复合型人才，而中高端人才还需要具备较强的项目管理能力、团队管理能力。此外，服务外包从业人员需接触客户资料，还需要良好的职业道德素养和职业精神。

目前，服务外包人才的培养主要通过高校培养、培训机构培训及企业内部培训三种渠道。服务外包产业为新兴产业，高校对于新兴产业人才培养的要求和目标不够清晰，在专业课程的设置、行业专业知识的培养、人才知识结构及工作能力的要求等方面与企业的实际用人需求存在差距。服务外包产业在前期发展阶段主要以信息技术外包为主体，因此，高校对于服务外包人才的培养注重计算机知识，忽略了行业的专业知识。这导致服务外包企业难以从应届毕业生中直接用人，往往需要投入大量的人力、财力对新入职的毕业生进行专业培训，大学生毕业通常需要培训3个月后才能上岗。

服务外包培训机构主要解决大学生进入服务外包企业的"最后一公里"，也是服务外包人才输送的主要渠道。目前，服务外包人才培训工作主要依靠本科院校、职业院校、社会培训机构来完成。这些机构在生源质量、师资质量上主要定位于培养基础性、常规性人才，缺乏培养复合型中高端人才的能力和条件。

因此，服务外包人才的培养速度及培养质量难以满足外包企业的需求，许多企业难以招到实用型的软件、医药研发等服务外包人才。院校培养的复合型、跨行业、外语沟通能力强的实用型人才数量远远不能满足产业发展的需求。专业培训机构多数周期较短、师资力量较薄弱，学员在实际项目操作运用方面与企业业务要求有一定差距。企业内部培训虽然成效好，但成本较高,员工流动的风险也较大,导致很多企业宁愿以较高成本直接录用有工作经验的员工,这种情况,直接导致了企业招聘人员上的困难。

近年来,苏州的生活成本(房价、物价等)增长较快,对中高级人才吸引力下降,且人才流失率不断增加,苏州服务外包企业正面临着留人难的严峻挑战,一批优秀的、熟练的、拥有一技之长的技术骨干向其他城市流动的比例在不断上升,导致苏州缺乏熟练的程序架构师、分析师等企业中高层经理级人才,服务外包高端人才尤其短缺。承接附加值较高的国际外包业务需要有全球战略眼光,能够带领大型技术团队承接复杂外包业务订单的行业领袖、高级技术人才、管理人才和国际营销人才,高端人才的短缺抑制了产业国际化的发展。

人才的供应不足,尤其是中高端人才的缺乏成为苏州服务外包产业发展的瓶颈,严重制约了产业的进一步发展。

三、服务外包企业成本优势减弱

服务外包企业属于"轻资产"产业,主要由"电脑+人脑"构成,与传统制造业相比,服务外包企业最主要的成本不在于原材料成本,而在于人力资源成本。

人力资源成本由人力资源获得成本、人力资源开发成本、人力资源使用成本等多方面构成。服务外包企业无论在人力资源获得成本、开发成本还是使用成本方面都较高。服务外包产业迅速发展,人才供应不足,中高端人才尤其缺乏,导致服务外包企业在人员招聘上存在困难,需要花费更多的成本才能获得所需要的人员。如招聘应届毕业生或是初次进入服务外包产业的人员,又需要付出至少3个月的员工培训成本。

服务外包企业人员的薪酬高低由其技术水准、人才质量所决定。首先,苏州经济水平在持续增长,政府在持续提升最低工资标准,市民平均薪酬水平也一直在提升,市民人均年度工资由2009年的40 261元上升至2013年的61 416元,见图2-27。2009年至2013年,苏州平均薪酬一直高于全国平均薪酬水平。由此可见,苏州企业成本在工资支出方面一直领先于全国平均水平。平均薪酬水平的提升,将直接导致公司的人力成本增加。

与此同时,苏州市人均消费支出也在同步增长,市民生活成本逐步提升,市民人均消费支出由2009年的16 402元,上升至2012年的23 092元,见图2-28。苏州市民人均消费支出的水平仅略低于北京、上海、南京,高于天津、大连、杭州、无锡等城市。苏州人均消费支出的增加导致生活成本的

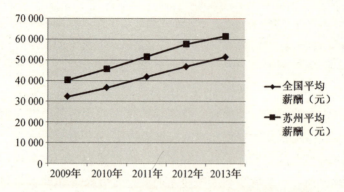

图 2-27　2009—2013年全国及苏州市民平均薪酬水平情况

上升,生活成本的逐步提升使得苏州吸引人才的成本优势逐渐丧失,人才向其他城市的流失数量增加,导致苏州服务外包企业的人员招聘成本持续上升。

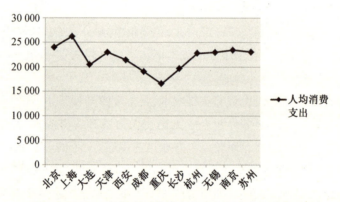

图 2-28　2012年部分示范城市市民人均消费支出情况

　　服务外包企业成本除了人力成本之外,办公成本尤其是房产租金成本也是比较重要的企业成本组成部分。据初步统计,服务外包企业全部收入的65%用于支付人力资源成本,10%~15%用于租金及办公成本,剩余的部分为利润。房产租金成本在房地产行业迅速发展、房价快速上升的背景下还会持续增加。

　　苏州服务外包企业的整体成本正在逐年增加,而服务外包产业中数据录入、呼叫中心、物流仓储等较为低端产业的技术水平含量低下,依然属于劳动密集型产业,企业的主要优势还是依赖于劳动力成本的低廉,企业成本优势的减弱将直接导致低端服务外包企业核心竞争力的下降。在企业成本优势逐渐减弱的背景之下,服务外包产业面临着进一步向高技术含量、高附加值的产业转型升级的压力与挑战。

四、服务外包企业面临融资障碍

飞速发展的服务外包产业越来越受重视,国家相继出台相关金融扶持政策,加大金融对产业转移和产业升级的支持力度。2009年,六部委联合出台《关于金融支持服务外包产业发展的若干意见》,对金融机构在拓展服务外包企业直接融资途径、创新适应服务外包企业需求特点的保险产品、改进外汇管理、便利服务外包企业外汇收支等方面提出了要求。2013年7月,国务院办公厅下发了《关于金融支持经济结构调整和转型升级的指导意见》。明确指出:金融需引导、推动重点领域与行业转型和调整。为了加大金融对于服务外包产业发展的支持力度,苏州市也出台了《关于苏州市金融支持经济加快转型升级的指导意见(2010—2012)》。

政府的支持使得服务外包企业融资环境得到不断优化,融资规模不断提升,融资品种和形式也趋于多样化。作为经济转型的新行业,服务外包产业迅猛发展的速度和规模,对于融资的要求在不断提高,现有的融资规模无法满足日益壮大的服务外包企业融资需求,目前服务外包企业仍然面临着融资困难的问题。

首先,服务外包企业大多数为中小型企业,中小型企业在发展过程中,尤其是发展初期在管理制度化、流程规范性、内部控制严格性方面有所欠缺,在会计核算、财务报告方面的严谨性有所不足。一旦申请银行贷款,或联系风投资金,容易因不够标准而被否决。服务外包企业首先必须从自身管理着手,将企业管理正规化、法制化、标准化,提升企业信誉与企业形象。

其次,服务外包企业大多是"人脑+电脑"的企业,企业资产主要集中在人力资源、知识产权等无形资产方面,注册资本、固定资产等相对较少,且厂房都是以租赁为主,缺乏足够的有效抵押资产,尤其是初创和发展中的服务外包企业缺乏抵押担保资产。而银行借贷原则是安全第一,这使得服务外包企业在注册资产规模、有效抵押资产等方面难以达到商业银行的放贷标准。

再有,证券部门对于上市企业有一套严格的审核流程和制度,证券市场门槛较高,企业发行上市门槛与服务外包企业的自身条件存在矛盾,大部分服务外包企业无法通过国内证券市场上市实现融资途径。适应服务外包等新兴产业的银行信贷产品不多,服务外包企业融资渠道单一。

国务院及苏州地方政府都已经出台金融支持经济转型的指导性意见,但主要是方向性的指导性政策文件,缺乏具体操作性。2006年银监会发布的

《指导意见》提出开展"专利"等知识产权质押贷款业务,但至今缺乏具体的操作流程,"知识产权"成为银行认可的可抵押的资产的具体效应尚未显现。且服务外包企业绝大多数为民营的中小型企业,由于社会普遍对"民营中小型企业"的认可度低,导致国家和地方政府的金融支持政策难以有效地落实执行。

服务外包企业目前面临的融资困境、行业规模的繁荣发展与企业流动资金短缺的矛盾,将制约服务外包产业进一步快速发展。

五、服务外包企业正面临"大、物、云、移"的挑战

当前世界正处于以"大、物、云、移"(大数据、物联网、云计算和移动互联网)为标志的信息技术第三次革命浪潮的开端,在新技术的推动下,基于云平台和云模式的外包服务将日趋成为外包行业发展的主流和趋势,并带动服务外包产业进入3.0时代,改变服务外包的传统业务模式。3.0时代以前的服务外包,互联网只是作为信息沟通的渠道和工具,使发包企业和接包商摆脱了地域空间的局限,发包企业可以把部分业务流程发包给外部的企业,甚至是地球上任何一个地方的离岸接包商。3.0时代的服务外包则是信息技术成为接包商的生产工具,成为价值创造的载体。"大、物、云、移"等新兴技术的普及、应用和变革为服务外包产业带来重大发展机遇,带来"三大效应":补链效应、放大效应、升级效应。新技术将带来新业务的诞生,系统集成等ITO类服务外包业务、垂直市场等BPO类服务外包业务、数据挖掘等知识管理类服务外包业务(KPO)将急速增加;信息化服务外包需求将海量增加;同时,新技术产业将为服务外包企业提升自身的研发能力、业务能力和管理水平,提升企业规模和层级,打造国际核心竞争能力,占据国际服务外包产业链高端带来良好的升级效应。

苏州的软件开发、设计研发、金融后台服务、动漫创意、生物医药研发以及物流与供应链管理六大服务外包支柱产业,经过几年的快速发展,已具备一定的规模优势和竞争实力。但是,苏州服务外包产业目前仍处在利用劳动力差价来获得利润的服务外包1.0阶段和承接较为复杂国际业务的服务外包2.0阶段,成本仍然是苏州服务外包企业竞争发展的关键要素。随着服务外包企业成本优势的减弱,服务外包利润越来越小,产业要长期发展下去,靠人力成本获取利润的模式将进入死胡同,苏州服务外包产业面临转型的需求与压力。在服务外包向3.0时代升级的背景下,为拓展六大产业的发展空间、保持发展动力,必须和"大、物、云、移"衔接转型,借助新兴的服务外包业态向高端延伸,实现转型升级的跨越。

第三章

苏州服务外包产业的模式选择与发展创新

第一节 苏州服务外包产业发展模式与路径分析

一、国内外服务外包发展模式分析

发包方和接包方是服务外包产业的主要参与者。目前,美国、欧洲和日本是全球服务外包的主要发包方。根据 IDC 市场研究公司 2012 年的数据,美国离岸服务外包发包额约占全球离岸服务外包总额的三分之二,欧洲和日本约占四分之一。服务外包发包模式主要有两种:美国的倒 T 型模式和日本的金字塔型模式。美国企业在 20 世纪 60 年代就曾尝试利用外部资源完成自己的非核心业务,但真正发展成为业务外包则要到 20 世纪 80 年代以后。美国企业热衷于业务外包的首要原因就是服务外包在节约成本方面发挥着显著作用,此外,美国的大部分企业尤其是跨国公司都拥有自身的核心技术,公司的发展前景基本取决于核心业务的成败,企业选择将非核心业务外包可以提高企业在生产要素上的整合能力,关注于核心业务,全力以赴地适应变化、突破创新和谋求发展。美国大型跨国公司普遍采用事业部编制,事业部层面就有权进行外包决策。事业部拥有较大管理权限,同时又相对独立,所开展业务的价值链环节也各不相同。各事业部从自身利益的角度出发,选择将非核心业务或辅助支持类业务外包,即将不影响企业核心业务的价值链环节外包给成本低廉、质量有保证的国外企业。在这种情况下,实施外包的跨国企业更加精简,业务部门数量减少,管理也更为简单,其组织结构就像一个倒立的大写英文字母"T",因此把美国跨国公司的离岸服务外包模式概括为"倒 T 型模式"。日本企业是在 20 世纪 80 年代后期开始从美国引进外包经营方式的,其中的标志性事件是1989年日本71方便商店宣布将其信息业务外包给外部供应商。随着90年代日本经济增长乏力并长期处于相对低迷的状态,日本企业备感生存压力,因此纷纷紧随服务外包的热潮,加入了离岸服务外包活动的行列。日本企业间的关系是典型的金字塔型,位于金字塔顶端的企业因其庞大的实力而处于支配地位。例如,在制造业领域,大型汽车制造商本田、丰田等就属于这一类型,它们凭借自身实力居于主导地位,与它们形成直接供应关系的企业即为一级接包商,而与一级接包商形成直接供给关系的企业为二级接包商并依此类推,不同层次间的企业因长期业务往来而形成相对固定的业务处理模式并由此而衍生出相对信赖且稳固的企业合作关系和人际关系。日本企业的外包模式深受其企业文化和公司治理结构的影响,从而形成了独特的"金字塔型"结构。在"金字塔型"外包模式中,一级接包商从最终客户处承接项目,进行总体设计和任务分割,将切割后的模块分包给若干二级接包商,二级接包商还可以将模块切割分包给三级或四级接包商,从而完成各模块任务。以日本离岸软件外包业务为例,一级接包商通常都是日本本土规模较大的企业。在日本,客户不会将自己的需求清楚明确地告知一级接包商,而是需要一级接包商根据客户自身的业务特点通过与客户深入沟通,进行系统设计。这一点其实对一级接包商提出了很高的要求,一级接包商必须对客户的业务细节十分熟悉,因此本土企业有明显优势,外商一般不可能进入一级接包商行列。一级接包商对整个项目进行切割,分为若干模块,然后进行外包,将技术含量较低的业务外包给包括中国在内的邻近国家,而软件设计、系统开发等高端业务则牢牢被本土企业所掌控。由于企业文化差异,欧美企业在外包方面表现得相对彻底,而多数日本企业在外包上往往有所保留,如原业务部门在实施外包后仍然被保留,而采用公司分解方式开展外包的案例则几乎没有。通过分析发包模式,我们发现发包方在选择接包方时比较看重接包方的成本优势、商业环境及文化背景差异,服务外包承接国应根据发包方的发包模式,选择适合自身特点的接包模式。

(一)国外服务外包发展模式分析

服务外包作为一种新型贸易方式,一经出现就显示出极强的发展张力,目前全球离岸服务外包市场规模已达数万亿美元。离岸服务外包的发包方主要集中在发达国家,美国、欧洲和日本的发包总额约占全球离岸外包总额的90%;发展中国家则为离岸服务外包的主要承接方,其中印度和中国在承接全球离岸服务外包市场上具有绝对优势,印度承接的离岸服务外包总额约占全球离岸服务外包总额的60%,中国约占30%[1]。在全球离岸服务外包市场中,美国市场基本上被印度和菲律宾垄断,而欧盟市场则主要被爱尔兰和捷克垄断。离岸外包的主要承接国也因各自不同的发展渊源、产业环境和文化背景而形成了不同的发展模式。

1. 印度:产业链＋产业集聚模式

印度是最早进入国际服务外包领域的发展中国家,20世纪80年代,一部分欧美跨国公司出于提高企业效率、强化核心竞争力的考量,将非核心业务如IT业务外包给外部供应商,服务外包在印度也由此应运而生,印度也顺势成为最早承接国际服务外包的国家之一。在此后的20多年中,欧美等地的企业逐步在印度建立呼叫中心、数字运算中心和软件开发中心等多种机构,印度凭借其成本和质量上的双重优势成为迄今为止最受离岸外包发包方青睐的地区并逐渐成为全球最大的服务外包承接国,其服务外包产业尤其是软件外包方面的高速增长已成为全球服务贸易发展的典范。印度服务外包的特征一是基于完善的产业链,印度服务外包业务范围涵盖了产业链的上游和下游,近年来印度也从ITO向价值链中高端的BPO和KPO升级,致力于为客户提供全面的解决方案;二是产业集聚效应,印度IT产业集中程度较高,排名Top 10的软件企业员工的数量占印度全部软件企业员工人数总量的22%,排名Top 10的软件企业产值占全部软件设计开发总产值的42%。印度软件企业大多集中在有"软件之都"之称的班加罗尔以及孟买和海德拉巴,落户在上述地区的大型软件企业拥有高达90%的市场份额。印度政府从20世纪80年代开始就为班加罗尔等地的IT产业发展提供充分的政策扶持,例如提供宽松的贸易和投资环境、给予税收和土地上的优惠政策等。这些政策有助于软件企业和软件技术园区获得较大发展,形成产业集聚,而产业集聚所带来的效应促使印度软件企业降低交易成本,树立起印度软件外包高质量、低成本、按时间、守合同的形象,为印度软件外包业赢得了国际客户的信任并催生了当地相关产业的蓬勃发展,如TCS(塔塔)、Satyam(萨蒂扬)等龙头企业,其员工规模都在万人以上,盈利水平超20%。

---

[1]《中国服务外包发展报告2013》。

2. 爱尔兰:市场+地缘模式

爱尔兰是欧洲市场上最主要的接包国,欧洲市场上43%的计算机及60%的软件配套都由爱尔兰提供,此外爱尔兰的服务外包企业多数属于产业链高端,企业自身都拥有主导产品和核心竞争优势。爱尔兰在发展服务外包过程中依托市场,与国际市场联系密切,以市场为导向,以市场需求为出发点,以软件本地化作为软件企业发展的切入点,结合欧洲市场20多种语言的不同需求,将自身定位为大型软件跨国公司产品欧化版本的加工基地,接受外包代工订单,提供非自有品牌的软件产品和服务,成为全球最大的软件本地化服务供应商。此外,爱尔兰凭借其地缘优势,承接近岸外包,一方面爱尔兰作为欧元区内少数以英语为母语的国家,借助欧元区国家的身份,与欧美国家存在天然联系;另一方面作为欧盟成员,爱尔兰享有欧盟成员国公民务工自由及劳动力流动便捷所带来的人力资源保障,这些因素都成为爱尔兰发展面向欧洲市场服务外包业务的独特优势。

3. 菲律宾:呼叫中心为主体+多元化发展

在2011年2月全球管理咨询公司科尔尼发布的"外包目的地吸引力指数"中,菲律宾排在第9位,而就在若干年前,还有很多人质疑菲律宾服务外包业务的发展能否形成气候。就近几年的发展态势而言,菲律宾已然成为全球服务外包市场上的重要承接方,其业务规模保持高速增长,在菲律宾寻求外包的国家主要有美国、日本、韩国和欧洲各国。菲律宾拓展服务外包业务的优势一方面在于菲律宾的服务行业起步较早并由此取得了丰富的行业经验,对国际水平比较熟悉;另一方面由于历史原因,菲律宾曾是美国的殖民地,其政治、经济、文化和法律体系深受美国影响,与美国相通,英语又属于通用语言,因此菲律宾更容易了解和掌握欧美客户或用户的服务标准。

呼叫中心在菲律宾的外包业务中占有重要比重,在亚洲范围内都具有较强的竞争优势。2011年年底一条行业信息备受关注:菲律宾的呼叫中心打败了印度,称霸外包业务中的"语言类相关服务"。在菲律宾,绝大多数的呼叫中心都设在首都马尼拉或第二大城市宿务,在该行业起步的几年中,行业增长率都保持在100%以上。这些呼叫中心大部分由美国设立,公司内的高级程序员需要在美国接受专业培训并通过美国《安全保障法》规定的专业考试。由于英语普及率高、电讯基础设施相对完备、经营成本相对较低等显著优势,美国、欧洲和亚洲邻国都乐于在菲律宾建立呼叫中心,很多世界知名企业,如IBM、壳牌、宝洁和汇丰银行等都在菲律宾设立了呼叫中心,而同时菲律宾也建立了像 eTelecone 等大型本土呼叫中心。目前,菲律宾呼叫中心雇员数量约为 40 万,已经超过了印度的 35 万。

菲律宾的服务外包行业的发展已步入快车道,也越来越受到国际认可,但显然菲律宾的"野心"并不满足于此,该国已开始朝高端领域寻求多元化发展,如软件开发、动画制作、工程设计等。菲律宾除了在服务外包业务领域寻求多元化之外,还在寻求承接国方面的多元化,除了美国这一菲律宾的最大外包服务客户之外,英国和日本也是菲律宾的重要客户,而近年来其他欧洲国家、澳大利亚和韩国的客户也逐渐递增,菲律宾承接外包服务的国家和地区呈现多样化趋势。

服务外包产业发展的动力主要源自于跨国公司在全球范围内寻求资源的优化配置,从而降低经营成本,提高经营效率,打造核心竞争力。就离岸服务外包承接国而言,影响服务外包产业发展的主要因素为是否具有丰富的劳动力资源、产业基础和商务环境是否良好、语言文化法制环境差异性的大小以及地理位置吸引力的大小等。

(二)国内服务外包发展的典型模式

自 2006 年商务部推行服务外包"千百十工程"以来,我国服务外包产业呈现蓬勃发展之势,短短几年内,服务外包产业实现了跨越式发展,目前已成为全球第二大离岸服务外包承接国。我国 21 个服务外包示范城市产业持续快速发展,集聚带动效应明显,截至 2012 年,示范城市共有服务外包企业 14 898 家、从业人员达 312.8 万人,分别占全国的 70.4% 和 72.9%;累计承接离岸服务外包合同签约金额和执行金额分别为 1 194.8 亿美元和 808.5 亿美元,占全国的 91.1% 和 92.3%。[1] 目前,我国服务外包示范城市已形成包括政府调控型、成本结构型、技术构成型和市场环境型在内的四种主要发展模式,并成为中国服务外包产业发展的中坚力量。

1. 政府调控型:以大连为例

政府调控型产业发展模式是指在产业发展过程中,政府调控和市场调节相配合,政府可以充分利用自身优势和资源通过宏观调控助力产业发展。根据政府参与程度的大小,政府调控型可以进一步细分为政府参与型、调控适度型和市场调节型,大连就是政府调控型的典型代表。

大连市政府从 1997 年年底就大力出台发展软件产业的政策,在发展服

---

[1]《中国服务外包发展报告 2013》。

务外包产业初期就提出了明确的发展目标:大连应充分利用地缘优势,积极开拓近岸市场,主要针对日本市场和韩国市场,将大连打造成"中国IT外包中心"。在这一明确目标的引领下,一大批日本企业、韩国企业落户大连,日韩外包业务也源源不断转移到大连,其中以软件外包为主,现在对日软件出口和外包业务已然成为大连服务外包的特色。在大连创建软件园的过程中,大连市政府通过专家和政府部门的多方论证开创性地使用了"官助民办"的运营模式,并将该模式进一步推广和复制。"官助民办"模式中政府在组织、牵头和引导中发挥了至关重要的作用,大连政府通过宏观指导及政策制定扶持园区发展壮大,并以主动参与意识和积极服务的心态加入到园区推介活动和整体管理活动中。例如,政府在软件园的规划设计、可行性论证、协调贷款、人才引进、项目引进等活动中派专人协助、协调,以保证园区长远有序地发展,甚至在大连软件园建园初期,每个关键环节和主要环节都有政府的身影,政府运用自己的影响力和信誉组织招商引资活动,以刺激和激励企业的入园热情。当然政府的积极参与并不会动摇企业的主体地位,软件园的开发主体始终为企业,大连软件股份有限公司承担园区整体规划、建设、产业服务和配套管理等职能。这一模式一方面体现了政府在产业发展布局和产业宏观规划中发挥的指导性作用,另一方面又将政府调控与企业主体经营有机结合,最大限度地调动政府和企业的双向积极性。

在大连服务外包产业的发展中,政府的支持犹如一针强心剂推动了整个产业的发展,尤其在产业导入阶段,政府的支持可以说是起到了决定性的作用。一是大连市政府陆续出台一系列扶持政策并结合大连市服务外包的实际发展情况,适时调整政策;二是大连政府设立专项发展基金,专门用于扶持服务外包企业参加国际软件认证、人才教育培养、公共技术服务设施建设等;三是政府充分利用自身资源,协助企业、园区管理和服务机构及政府相关部门建立高效沟通机制,例如,针对企业在周边环境、电力、互联网等方面的专业需求以及在政策、投融资方面的需求,不断完善沟通机制,保持政府与重点企业专业负责人之间开展定期和及时的沟通交流,及时满足企业发展和成长过程中的合理诉求并保持后续服务的质量水平。大连市政府为促进产业园的持续性发展,又进一步推出鼓励政策,以扶持服务外包企业和整个产业的可持续性发展。

2. 成本结构型:以西安为例

成本结构型是指在产业发展过程中由于某项或若干项资源十分丰富,

使产品或服务成本相比竞争对手低很多,使得该产业在发展过程中可以充分利用自身的成本优势获得提升。西安属于典型的成本构成领先型。

从 21 世纪以来,西安成为我国软件产业和软件出口的重要基地,自从 2009 年被认定为"中国服务外包示范城市"以来,其软件服务发展持续增长,目前行业从业人员数量已突破 12 万人,企业数量超过 1 400 家,承接离岸外包业务涉及的国家多达 48 个,服务外包产业已成为西安经济发展的重要引擎。西安在发展服务外包产业的过程中充分发挥其成本优势,主要包括生活成本、人力成本和商务成本。西安地处中国西部内陆地区,人均生活消费支出远远低于北京、广州、上海等一线城市,根据近年来的统计数据,西安主要生活成本只有北京的 76%,大连的 80%,成都的 98%。就外包企业而言,在其成本构成中占比最大的是人力成本,西安恰恰是我国重要的教育基地,人力资源储备丰富,属于人力资源充裕且人力使用成本较低的城市。正是凭借其强大的成本优势,西安吸引全球外包企业入驻,为其承接服务外包业务提供了良好的条件。在商务经营方面,西安也是我国重要的工业基地,工业基础深厚,能源供应充足,房地产开发成本与沿海城市相比较低,商品房购买和租用费用以及办公用房的成本也明显偏低。总而言之,与东部沿海城市相比,西安人力成本、经营成本和生活成本相对低廉,这成为西安承接外包业务的吸引点,也是西安发展服务外包不容忽视的因素。

3. 技术构成型:以北京为例

技术构成型是指某个产业在发展过程中集中发展高端领域技术或分散发展各种中低端领域技术。例如,如果某地区拥有相对领先的研发技术或科技实力,处于产业链中上游位置,则该地区可以充分利用先进的技术优势引领该行业的发展。技术构成型中又可细分为技术研发型、研发代工结合型和代工为主型。北京采用的就是技术研发型为主的发展模式。

北京属于服务外包产业起步较早的城市,在 20 世纪 90 年代,跨国公司为实现中国地区软件本土化而建立了一批服务外包企业。北京服务外包产业的发展以信息技术外包 ITO 为基础,以软件开发和信息技术处理为中心,其软件服务外包的发展经历了由单一的劳动力输出到模块和项目化的整体承包再到开发中心升级为研发中心的演变过程。北京软件外包企业代表了北京服务外包产业的先进性,服务外包产业中的信息传输、计算机和软件服务的产值对北京地区的生产总值有显著贡献。

北京在发展服务外包过程中主要依托于丰富的人才资源、相对完善的通信网络环境、一流水平的基础设施、便捷的立体交通网、国际接轨的生活工作环境等。北京作为首都和政治中心,拥有先天优势,资源禀赋优异,在新品开发、软件信息技术等方面具有显著优势,服务外包技术领先优势明显,不仅涉及中下游低端产品的生产,更注重上游高端产品的研发、设计和创意领域。北京拥有大量的人力资源储备,人力资源丰富且高端人才聚集,因此可以吸引大量跨国公司在此成立研发中心,从业人员业务水平、管理水平和外语水平相对较高,通信网络设施的完善和基础设施的完备,使北京形成了以软件信息外包为主导,商务服务外包、财务管理外包、金融服务外包、设计创意外包、生物医药外包等领域多方位发展的格局。

4. 市场环境型:以上海为例

市场环境型是指在产业发展过程中,如果环境要素适应产业发展情况则能够为产业的深化发展提供良好的环境支持。例如,某地区由于基础设施条件良好、交通便捷、通信网络完备、商务和生活环境适宜,吸引各方企业前来投资和发展,从而形成产业集群,推动整个产业的发展。上海拥有综合市场环境优势,并成为其发展服务外包产业的主要模式。

上海作为中国参与国际经济的重要门户,具有深厚的科学、教育、文化底蕴,既是金融中心,又是对外贸易集散地,上海发展服务外包产业具有绝对的综合优势。上海在交通基础设施建设、人力资源储备、政府扶持政策等方面都在服务外包示范城市中名列前茅。上海政府在发展服务外包产业的历程中相继出台了一系列扶持政策,从资金、人力资源、教育培训、税收和贸易促进等方面给予全面鼓励和支持。上海地处长江三角洲枢纽中心,区位优势显著。上海市非常注重硬环境的建设,积极打造基础设施立体网络体系,沪宁高速、京沪高铁等项目工程使上海交通极为便利,上海已建成宽带ATM城域主干网络和有线电视城域双向网络,使其成为亚太地区重要的电信枢纽之一。相对完备的通信网络设施以及日益完善的技术保障为上海发展服务外包产业提供支持。上海市不仅重视硬环境的发展,还很重视软环境的发展,如上海成立了知识产权法庭和处理知识产权民事纠纷的专门机构,加大力度保护知识产权,基本构建起知识产权行政保护和司法保护的双重保障体系。此外,上海市还提供优质的产业服务和完善的配套支持,如上海联建和组建了中国服务外包研究中心、信息外包发展中心、服务外包人才促进中心、服务外包知识产权法律服务中心等机构,为上海服务外包发展提供专业支持和配套服务。这些政策、设施和机构为上海服务外包产业发展打造了一个良好的综合环境并推动整个产业的持续性发展。

综上所述,示范城市的服务外包产业发展模式各具特色,并没有优劣之分,各示范城市需要准确把握服务外包产业的发展规律,结合自身特点,综合评估服务外包产业发展的各项因素,选择合适的发展模式,以紧抓全球产业结构调整和变革的机遇,实现服务外包产业的发展及转型升级。

二、苏州服务外包产业发展的模式选择

苏州服务外包产业萌芽于20世纪90年代。2009年,根据国务院办公厅文件《关于促进服务外包产业发展问题的复函》,苏州被纳入"中国服务外包示范城市"。此后,苏州服务外包产业步入快速发展期,服务外包产业呈现规模扩张、业态逐渐趋于优化和服务外包企业实力日益提升的发展态势。苏州在发展服务外包历程中主要表现出"区域优势+政府推进"的模式。

苏州地缘优势在服务外包发展过程中得以充分发挥。苏州地处中国经济发展最为发达的长江三角洲中部,东邻中国经济中心上海,这在一定程度上使苏州得益于上海服务外包产业的发展,南连浙江嘉兴和湖州两市,西傍太湖与无锡,北枕长江,长江是通往外地的重要水运干道,此外京杭大运河纵贯南北,水运交通发达,苏州境内还有张家港、常熟港、太仓港3个国家一类港口,其中太仓港还是苏州工业园区配套港和上海国际航运中心组合港。除了便捷的水上交通外,苏州境内陆路交通四通八达,京沪铁路、沪宁高速公路横贯东西,苏嘉杭高速横穿南北,绕城高速环绕城市,204、312和318国道通向周边区域,有直达快车干线直通上海虹桥机场、浦东机场及苏南硕放机场。此外由区域优势所带来的副产品,如较为完备的硬件设施条件、相对发达的制造业、良好的商业环境等都为苏州快速发展服务外包产业提供了优质的先天条件。

在苏州发展服务外包的进程中,苏州地方政府扮演了极其重要的角色。自2006年商务部实施服务外包"千百十工程"以来,苏州市政府高度重视服务外包产业的跨越式发展,并将其列入苏州市重点培育的四大新兴产业之一,将发展服务外包作为推动经济发展和经济转型升级的一项重要举措来抓。在服务外包政策层面上,苏州市政府先后出台了一系列政策,聚焦服务外包产业动态、关注服务外包载体及配套建设、扶持服务外包重点企业成长等。重要政策包括:2007年《苏州市促进服务外包发展的若干意见》;2009年《关于促进服务外包跨越发展的实施意见》《关于加快服务外包人才培养的若干意见》和《苏州市加强服务外包产业知识产权保护的指导意见》;2010

年《苏州服务外包产业发展"十二五"规划》;等等。政府的一系列政策、指导意见和配套措施一方面明确了苏州服务外包的发展方向、发展目标和发展重点,为整个产业的布局和发展起到了引领作用;另一方面为服务外包产业发展营造了宽松的政策环境,同时又明确了政府各职能部门的工作任务,整合各部门的资源,发挥各部门优势,增强政策吸引力,形成日渐浓厚的发展氛围,从而形成合力,共同推进服务外包产业的发展。2007年7月4日,商务部、信息产业部、科技部等部委联合授予苏州工业园区全国第一个"中国服务外包示范基地",并成为全国首家"技术先进型服务企业有关税收试点区",在政府的推动下,园区开展服务外包政策"先行先试",苏州工业园区相继在实施企业所得税优惠政策、服务外包人才培训计划、争取国家融资支持、完善服务外包知识产权保护体系以及完善服务外包统计制度等方面进行了有益的探索,并且成效卓著。

在服务外包扶持力度上,苏州市政府在加大资金扶持额度的同时还注重服务外包扶持资金的引领作用,2010年,昆山花桥经济开发区设立了国内首个金融BPO基金,总体规模达10亿元,用于引导境内外资金进入BPO领域,促进BPO产业具有优质和潜力特性企业的发展。此外政府还注重金融政策的引导,鼓励银行等金融机构加大对服务外包的融资力度,强化金融对服务外包领域的支持作用。以2012年为例,苏州全市银行类机构推出符合服务外包产业需求特点的信贷创新产品多达80多项,用于支持服务外包企业做大做强,改变苏州服务外包企业规模偏小的现状。

在服务外包人才培养和载体建设方面,苏州市政府也发挥着重要作用。人才是产业发展的灵魂,人才层次结构与服务外包产业的发展水平有直接关联,苏州市政府力求建设一支庞大的、能够满足服务外包产业发展的人才梯队。苏州市政府一方面出台政策,建立健全人才培养机制,构建由高等院校、职教机构、服务外包企业和社会力量共同参与的多元化、多渠道、多层次服务外包人才培养体系;另一方面积极引入先进的国际外包人才培养模式和培训资源,吸引国际知名服务外包培训机构入驻,如印度的NIIT等;积极引进服务外包领军人才,以形成服务外包人才集聚的蓄水池效应。对于载体建设,苏州市政府在服务外包园区布局、规划、载体基础设施建设等方面发挥指导作用,并着力整合各类社会资源,强化技术服务平台、人才培养平台和知识产权保护平台,打造公共服务平台,完善服务外包公共服务平台的功能。

第二节 苏州服务外包产业的成长实践与经验

一、苏州服务外包产业的成长实践

自20世纪90年代苏州服务外包产业出现开始,大致经历了以下3个阶段:

2005年之前:萌芽和探索阶段。从20世纪90年代中后期开始,服务外包产业在苏州萌芽并有了初步发展,在这一时期,包括软件外包、物流外包、动漫外包在内的服务外包已经成为苏州服务外包领域的先导产业。

2006年至2008年:加速发展阶段。2006年商务部实施服务外包"千百十工程"以来,苏州服务外包进入快速发展通道,服务外包产业呈现以信息服务外包(ITO)为主的国际服务外包快速发展、业务流程外包(BPO)领域不断拓展的发展态势,形成软件服务外包初具规模、服务外包产业多样化发展的格局。

2009年至2013年:蓬勃发展阶段。2009年苏州成为中国服务外包示范城市,苏州服务外包产业也经历了由小变大、由点到面、量增质升的迅猛发展,并呈现出服务外包企业数量较多、服务外包业务规模较大、各类园区和载体众多的发展态势。随着服务外包产业的进一步发展,苏州服务外包产业在市场开拓、层次提升、产业集聚和人才培养上都取得长足进展,呈现出产业规模加速扩张、业务持续增长、业态渐趋优化、服务外包企业实力显著提升的发展新势头。

二、苏州服务外包产业发展经验

(一)政府出台专项政策,助推行业发展

苏州市政府本着服务型政府的理念,打造"务实"、"亲商"的商业环境,拥有国家服务外包政策"先行先试"的优势,能够为苏州服务外包产业发展争取政策先发优势。苏州市政府出台一系列涉及服务外包产业的政策,积极探索服务外包产业的发展之路。政策涉及服务外包产业发展的方方面面,既有如何优化服务外包产业发展环境、如何开拓国际市场等宏观层面的政策,又有关于如何进行服务外包园区建设、如何引进国内外大型知名服务外包企业、如何扶持服务外包企业做大做强、服务外包人才培养及人才引进举措等微观政策和具体指导意见。除了市政府层面的规划和布局外,苏州各地区也都根据市政府的部署,结合本地区实际情况,相继出台和修订促进服务外包发展的政策意见和具体措施。

苏州市政府非常重视服务外包产业的发展布局和规划,全市层面有《苏州市服务外包产业新三年跨越发展计划》和《苏州市服务外包产业"十二五"发展规划》,对苏州服务外包产业近年的发展进行总体部署,而各区域针对自身发展条件和优势,有针对性地制定相关方案,各区域发展各有侧重,形成自身特色,实现区域间的错位竞争和联动发展,为苏州服务外包产业发展构建一个自上而下的规划蓝图。

此外,苏州各地区还分别邀请国内外知名专家参与当地服务外包产业发展的专题研讨会,进行服务外包发展趋势分析讲座或论坛等活动。例如,早在2008年苏州工业园区就曾委托全球知名咨询机构毕博从产业定位、战略目标、基础设施、发展举措等方面对工业园区服务外包产业进行整体规划。商务部等国家层面的服务外包发展政策,苏州市及苏州各地区的政策、规划、配套措施等都为苏州服务外包产业发展构筑起完善的顶层设计,为苏州发展服务外包产业营造良好的政策环境。

(二)利用区位优势,整合区域资源

苏州地处长江三角洲这一新兴世界级城市带范围内的中心点,同时又位于紧邻上海的"一小时城市圈"范围内,既具备了绝佳的地理位置,同时又具有相对低廉的成本,使其兼具优越地缘位置与较低综合成本的互嵌优势。

苏州地理位置优越,充分发挥其地缘优势,成为苏州发展服务外包产业得天独厚的条件。苏州的综合成本远低于北、上、广等一线城市,虽然在成本优势上不及中西部地区,但苏州在配套设施、人才集聚吸引力、劳动力质量和整体服务水平上相较中西部地区而言有一定的优势,并在地理位置上更接近终端消费市场,处于服务外包成本优势和质量优势的最佳平衡点,因此是一个适宜配合第一梯队地区展开服务外包业务的城市。

苏州充分利用毗邻上海的优势,通过加强与上海的深度合作,努力与上海对接,拓宽服务外包发展空间。例如,昆山提出"金融上海,后台花桥"的发展策略,打造花桥金融服务外包品牌;吴江则依托上海在技术、产业、人才等方面的优势,并将其转化为自身优势条件,发展服务外包产业,与上海无缝对接。随着上海自贸区的建立,毫无疑问将扩大上海服务外包产业的规模,提升服务外包产业的水平。苏州也可借此机遇,通过上海自贸区的辐射效应,壮大自身服务外包产业规模和发展水平。

(三) 完善载体建设,构建公共服务技术平台

产业发展,离不开载体建设,服务外包示范基地和示范区是发展服务外包产业的主要载体,目前苏州全市服务外包专业功能载体建筑面积已达500多万平方米,各类服务外包集聚园区的基础环境不断优化,服务外包载体的品牌效应也有所显现。例如,苏州工业园区是"中国模式服务外包产业第一园",昆山花桥经济开发区是"中国金融 BPO 示范区",苏州高新区是"华东地区软件服务外包中心",太仓市是"中国创意工厂",吴中区是"生物医药研发高地"等,都彰显出一定的品牌特色。目前苏州已形成"1+2+9"的服务外包载体框架,即 1 个国家级服务外包示范基地:苏州工业园区;2 个省级服务外包示范城市:昆山市和太仓市;9 个省级国际服务外包示范区:苏州国家高新技术产业开发区、苏州吴中经济技术开发区、苏州太湖科技产业园、昆山花桥经济开发区、昆山软件园、张家港经济技术开发区、常熟高新区、太仓经济开发区和吴江汾湖高新技术产业开发区。各示范基地和示范区立足自身特点,精心打造隶属自己的服务外包载体。例如,苏州工业园区打造的一区多园服务外包载体格局已初具规模,其中包括以国际科技园、创意产业园、腾飞苏州创新园为依托的信息技术外包集聚区;以生物产业园为依托的生物医药外包集聚区;以生态科技智能产业园为依托的生态科技研发外包集聚区;以中国电信苏州呼叫中心产业基地为依托的呼叫中心集聚区;以国际商务区为依托的商贸及供应链管理外包集聚区;以 CBD 为依托的金融财务外包集聚区;以创意泵站为依托的动漫游戏外包集聚区;以科教创新区为依托的教育及公共服务外包集聚区等。

在载体建设中,关键是载体功能的完善,苏州市政府不仅重视硬件环境建设,还十分重视软件环境建设。除了采用政策优惠、税收减免、租金补贴等传统方式以外,还提供专业公共服务平台和创新融资方式等全方位的优质服务,力求构建以各个服务外包基地和示范区为节点的公共技术服务平台共享网络。公共技术平台和公共服务平台的建设和日益完备能够为服务外包企业提供重要的技术支持、公共服务及配套服务。苏州政府在各类公共技术平台和公共服务平台的建设上始终保持较大的投入力度,以苏州工业园区为例,园区投资十多亿元相继建设了 SAAS 公共服务平台、软件评测平台、嵌入式软件公共技术平台等十多个服务外包公共平台。

苏州市政府在注重产业园建设的同时还十分重视园区环境的不断优化,将服务外包园区融入城市化的发展进程,注重服务外包产业化和城市化

的协调统一。将服务外包园区与城市建设相结合,一方面可以使服务外包园拥有持久的生命力,另一方面也使城市功能得以进一步拓展。

(四)发展特色产业,发挥产业集聚优势

苏州经过几十年的经济开放和制造业发展的积淀,已经形成了电子信息、汽车零部件、轻工等产业集群,较好的制造业发展基础以及大规模产业集群为苏州发展服务外包产业奠定了相对丰富的物质基础。苏州拥有众多跨国公司和中国制造领先企业,这都为苏州发展以工业设计为核心的服务外包产业集群提供了便利条件。

目前苏州服务外包产业已形成软件开发、设计研发、金融后台服务、动漫创意、生物医药研发以及物流与供应链管理六大服务外包支柱产业。其中软件开发外包已然成为苏州产业规模较大、发展基础最为成熟的服务外包产业。苏州利用上海国际金融中心的区位优势,大力发展金融后台服务外包,其触角已向高端金融服务外包领域延伸,如触及金融数据分析、金融衍生品研发咨询、金融理财咨询等高端业务。全球很多知名生物医药企业将其研发部门落户在苏州,促使苏州生物技术外包在全球处于相对领先的地位,这也在很大程度上为苏州吸引了一大批提供生物技术服务的外包企业,业务范围涉及新药临床试验、药物安全性评价、医疗器械设计研发等。苏州在发展物流与供应链管理外包过程中,凭借优越的航运港口优势,利用国际先进技术,如全球定位系统(GPS)、地理信息系统(GIS)和电子标签(RFID)等,重点发展电子通信物流、化工物流、医药物流等专业物流,为客户提供物流规划组织、物流方案制定、物流信息管理、供应链管理的整体解决方案。动漫创意外包主要发展动漫游戏创意设计服务、影视制作外包以及动漫衍生品开发等。

(五)明晰发展激励机制,构建全方位人才保障体系

为了应对苏州服务外包的迅速成长,苏州市政府一方面一直致力于健全人才培养和培训机制,构建多元化、多渠道、多层次服务外包人才培养体系,将国内外知名培训机构、高等院校和企业都纳入人才培养体系;另一方面注重从业人员培训和创新人才培训,主要有服务外包人才定制培训、从业人员资质培训、从业人员业务技能培训和国际认证知识培训等一系列培训,从而形成一支层次合理,适应服务外包产业发展的人才队伍,同时通过引进熟悉国际外包业务流程管理的高层次人才帮助企业解决对高级管理人才与专业技术人才的需求问题。

目前苏州全市为服务外包产业培养人才的培训机构多达50多家,行业类别涵盖信息技术外包、业务流程外包及知识流程外包,培训领域包括信息技术、动漫游戏、集成电路设计、现代物流、信息安全、客户服务、金融财会、产品设计研发、实用外语等,培训对象包含服务外包新晋从业人员、服务外包在岗人员及服务外包企业中高层管理人员。当前,服务外包培训机构主要采用定单式培养的方式,以用人单位的需求为主旨,全方位满足服务外包企业和人员在职业培训方面的需求。与此同时,许多培训机构基于现有的公共服务平台,搭建专业性公共实训基地,营造具有仿真职场氛围的实训环境,以满足快速发展下的苏州服务外包产业新需求。

(六)加强知识产权保护和创新能力建设

服务外包业务整体是一个软加工过程,无论是用于服务加工的数据还是相关软件财产,或是服务工具本身,均涉及无形产权问题,因此在开展服务外包业务过程中,知识产权保护是一个重要议题。在国家法律层面,知识产权主要通过《专利法》《著作权法》《商标法》来予以保护,但这些法律属于知识产权保护的一般性规范,并没有关注服务外包过程中的具体问题,为此苏州市相关部门专门针对服务外包中的知识产权保护,制定出台了《苏州市加强服务外包产业知识产权保护的指导意见》等相应文件,对加强服务外包企业知识产权工作提出了具体举措,并强化服务外包知识产权保护工作信息通报和交流制度,2012年苏州市成立了知识产权行政执法支队,充实人员力量,加强知识产权行政执法能力,并设立了1 000万元的知识产权资金,为完善服务外包领域知识产权保护创造了有利条件。苏州政府还加大对知识产权的宣传和教育,近年苏州市先后在工业园区、高新区、昆山市等服务外包企业较为集中的地区开设培训8期,参加培训的服务外包企业多达150多家,同时苏州还利用现有知识产权保护平台,建立保护知识产权工作网,搭建具有信息服务、数据统计、预警检测等功能的保护知识产权平台,为服务外包企业提供方便、快捷、专业的知识产权政策咨询和信息服务,有效引导苏州服务外包企业主动规避知识产权纠纷和风险,为服务外包企业积极开拓国际市场、抢占市场份额提供了强有力的政策保障。

苏州各地区也根据自身实践情况,出台相关规定,构筑知识产权保护屏障。例如,昆山市早在2007年就出台了《昆山市软件服务外包知识产权保护的若干意见》,为软件服务外包知识产权保护提供帮助;苏州工业园区也制定出台园区服务外包知识产权保护规范、个人信息安全保护地方法规,建立知识产权和个人信息安全举报中心,协同工商、公安、法院,共同形成打击知识产权和个人信息侵权的网络,同时还设立知识产权和个人信息安全保护基金,对涉及知识产权侵权的,经初查后,由基金先行理赔,待侵权案审理结束后,再将理赔款项返回基金。

第三节 服务外包产业发展创新对苏州经济转型的影响

一、服务外包产业与经济转型的机理分析

苏州服务外包产业于 20 世纪 90 年代萌芽,2007 年以来实现迅猛发展,2007 年苏州工业园区成为全国唯一"中国服务外包示范基地",2009 年苏州经国务院批准成为"中国服务外包示范城市"。自 2009 年苏州成为服务外包示范城市以来,经过 5 年多的发展,苏州服务外包产业呈现快速增长态势,与服务外包相关的主要指标也保持了高速增长,年均增幅超过 50%,成为苏州经济发展的一大亮点。苏州服务外包产业的发展不仅对苏州地区的经济发展有重要影响,同时也是苏州实现经济转型、经济结构调整和转变的重要途径。当前,苏州服务外包产业呈现出规模加速扩张,业态日趋优化,外包企业规模、资质显著提升的发展态势,2013 年苏州服务外包离岸合同执行额达 46.2 亿美元,同比增长 51.4%,约占江苏省离岸外包业务总量的 34%,约占全国离岸外包业务总量的 14%,苏州服务外包整体发展情况已进入全国强势的第一方阵。

当代经济发展正面临着环境、资源等因素的制约,服务外包属于绿色产业,被称为推动中国经济发展的绿色引擎,服务外包产业已日渐成为各个城市转型升级的新的增长点,发展服务外包产业顺应了我国转变经济增长方式的潮流。以服务外包为代表的现代服务贸易新兴领域,因其具有强有力的发展潜力和显著的技术外溢及知识外溢效应,对经济发展、经济转型与城市发展模式转变都有着深刻影响和重要作用。

服务外包对经济总量的增长具有重要促进作用。美国次贷危机和欧元区债务危机之后,以制造业为代表的货物贸易出口遭遇发展阻力,后金融危机时代,全球经济发展中所面临的不确定性、不稳定性因素也在增多,而以服务外包为代表的服务贸易的增长则在一定程度上能够弥补出口的下滑,稳定经济增长。

服务外包对经济结构调整起到重要推进作用,服务外包产业作为现代服务业的重要组成部分,具有信息技术承载度高、附加值大、知识含量多、资

源消耗低、环境污染少等特点,是产业结构调整的重要推手,通过承接外包服务,增加服务业在GDP中的比重,从而提升产业结构。承接服务外包尤其是离岸外包有助于提升苏州服务业的整体规模和水平,随着知识流程外包(KPO)的持续扩大,特别是设计开发、产品研发、金融分析、建筑设计、医学分析等在内的高附加值服务外包业务的扩张,改变了传统低端业务的发展现状,增加高端服务业的比重对苏州产业结构优化有举足轻重的作用。

  服务外包对技术革新具有推进作用,承接服务外包为接包方切入高新技术产业链条提供渠道,通过技术外溢实现技术进步和升级。接包方一开始可能在高新技术领域上不具备优势,甚至这可能还是其短板,但在这类高新技术产品和服务的劳动密集环节或工序上具备比较优势,因此可以通过承接服务外包获得发展机会,参与高新技术产业分工,占据高新技术产业的某一或某些环节。虽然在一开始承接方往往占据非核心环节,但借助技术溢出效应,不仅可以直接对接包方服务业产生促进作用,也可以透过关联效应,将高新技术成果应用于生产过程,间接对制造业技术升级起到正面作用,当接包方将产品链条上的技术研发、运营管理、人才资源开发等环节相互协调、配合,进而能够占据价值链的高端环节时,可实现由非核心环节向核心技术环节的转移。

  服务外包能够释放就业效应,增加就业岗位,增加就业数量。自20世纪80年代以来,服务业在吸纳劳动力就业比重上始终保持上升趋势,随着服务外包产业的发展,其创造了大量就业岗位,服务外包产业直接或间接为大学生提供了大量实习和就业机会,这对于缓解大学生就业压力起到了积极作用。服务外包产业在吸纳就业人员数量上持续上升,但就业增加速度与产值增加速度相比仍存在很大空间,这意味着服务外包产业在吸纳就业上仍具空间。从人才规模的角度而言,服务外包对就业的促进有直接和间接之分,直接影响是指接包方因承接服务外包导致直接增加的就业机会;间接影响是指服务外包通过波及上、下游关联企业,从而对相关企业用人数量产生影响,例如,承接服务外包业务数量的增加会引起相关产品和服务配套需求的增加,使相关产业得以发展,就业人数也随之增加。从人才质量的角度而言,随着服务外包向高端发展,对服务外包人才的专业素质要求也相应提高,很多企业需要的不仅仅是具备专业知识和技能的人才,而是还要有一定外语能力、计算机水平、专业知识和管理能力的复合型人才。一方面承接服务外包业务促使接包方吸纳更多高素质复合型人才,从而提高地区就业人口的整体素质;另一方面服务外包发展也将带动政府、企业、高校加强对人才的培养和培训,提升劳动力综合素质;此外随着服务外包产业的深化发展和转型升级,其吸纳就业的能力也将不断增强。

二、苏州服务外包产业发展与经济发展的实证分析

(一)苏州服务外包产业对苏州经济增长的贡献度分析

经济增长是指社会实际总产出的持续增长,即一个经济体所生产的物质产品和劳务在一定时期内持续增长。经济增长不仅取决于所投入的物质和能源,也取决于所采用的技术、生产方法、劳动力要素和自然条件等。在衡量一个国家或地区经济增长的问题上,迄今为止运用最为广泛的模型是柯布-道格拉斯生产函数,简称C-D生产函数。C-D生产函数是通过引入技术、资本、劳动等因素来预测国家和地区的工业系统或企业的生产状况以及分析企业生产途径的一个经济数学模型。C-D生产函数的基本形式如下:

$$Y = AL^{\alpha}K^{\beta}u$$

其中,Y是工业总值;A是综合技术水平,取决于经济管理能力、劳动力素质、技术先进水平等因素;L是劳动力投入,常用单位为万人或人;K是资本投入,一般使用固定资产净值,常用单位为亿元或万元。需要注意的是在使用上述函数时,劳动力和资本两者的单位需要保持一致,即如果劳动力用万人作单位,资本就用亿元作单位,反之,如果劳动力用人作单位,资本就用万元作单位。α是劳动产出的弹性系数;β是资本的弹性系数;u是随机扰动项。C-D生产函数的表达形式表明,影响经济增长的主要因素是投入的固定资产数量、劳动力数量和综合技术水平。

信息技术和电子通信技术的发展掀起了服务业跨国转移的浪潮,而服务外包恰恰是服务业实现国际转移的主要方式之一。服务外包主要通过以下几个方面来影响经济的增长:第一,对技术进步的影响,当行业发展到一定程度时,通过服务外包有助于接包方引进并采用先进技术,从而促进工业技术的进步并带动经济增长水平;第二,对生产效率的影响,通过服务外包,接包方能够参与国际分工,从而有利于行业生产率的提高,而服务外包对劳动力综合素质提出了更高的要求,这一点则有利于劳动效率的提高,从而为整体生产效率的提高创造了有利条件;第三,对能源利用效率的影响,大力发展服务外包产业有助于减少能源消费量,降低能源消耗强度,从而提高能源利用率;第四,对产业升级的影响,承接服务外包能够提高接包方整体技术水平,促使生产结构由劳动密集型向资本密集型转变,提升接包方在国际分工中的地位,从而对促进产业升级起到了一定的正向作用。

基于上述理论,本研究将通过实证分析的方法探究服务外包产业与苏州地区经济增长的关系。本研究选取2009—2012年苏州全市经济发展季度数据,通过计量模型来验证苏州服务外包产业对苏州区域经济增长的影响,检验其影响力是否显著,并将其与第一、第二、第三产业对经济增长的贡献度进行比较,分析各自对经济增长的贡献度。由于目前没有服务外包产值的统计,故本研究以服务外包合同执行额作为替代。计量模型形式如下:

$$\ln(GDP)_i = \beta_1 \ln(就业人数)_i + \beta_2 \ln(全社会固定资产投资)_i + \beta_3 \ln(第一产业产值)_i + u_1$$

$$\ln(GDP)_i = \beta_1 \ln(就业人数)_i + \beta_2 \ln(全社会固定资产投资)_i + \beta_3 \ln(第二产业产值)_i + u_2$$

$$\ln(GDP)_i = \beta_1 \ln(就业人数)_i + \beta_2 \ln(全社会固定资产投资)_i + \beta_3 \ln(第三产业产值)_i + u_3$$

$$\ln(GDP)_i = \beta_1 \ln(就业人数)_i + \beta_2 \ln(全社会固定资产投资)_i + \beta_3 \ln(服务外包合同执行额)_i + u_4$$

其中,$i=1,2,3\cdots\cdots,16$,分别代表2009至2012年的季度数据;u_i是随机扰动项。运用Eviews 7计量软件,对模型参数进行估计,结果如表3-1所示。

表3-1 苏州服务外包产业对经济增长的贡献度

产业 系数	第一产业		第二产业		第三产业		服务外包产业	
	系数	t-检验	系数	t-检验	系数	t-检验	系数	t-检验
β_1	1.417 0	8.784 2	1.331 5	7.351 8	1.350 8	8.215 3	1.543 1	10.748 3
β_2	0.080 1	0.741 0	0.068 3	0.609 1	0.058 0	0.550 2	−0.027 1	−0.264 8
β_3	0.094 0	2.816 8	0.112 3	2.525 3	0.114 5	2.984 3	0.146 1	3.399 7

系数β_3分别表示第一产业、第二产业、第三产业和服务外包产业对苏州地区生产总值的贡献度。从t-检验结果来看,系数β_3都通过了显著性检验,表明三大产业和服务外包产业对经济增长的影响是显著的,就三大产业而言,第一产业产值增加1%,苏州地区生产总值增加0.094%;第二产值增加1%,苏州地区生产总值增加0.112 3%;第三产业产值增加1%,苏州地区生产总值增加0.114 5%;对服务外包产业而言,服务外包合同执行金额增加1%,苏州地区生产总值增加0.146 1%,相对于三大产业贡献率较高,

表明服务外包产业对经济增长的贡献率略高于第一、第二和第三产业,因此大力发展服务外包产业有助于苏州地区经济总量的增长。

(二)苏州服务外包产业对苏州税收的贡献度分析

中央和地方各级政府为了促进服务外包产业更好更快地发展,积极建立健全扶持服务外包成长的税收政策和机制,希望借助税收政策来发挥经济杠杆的作用,为我国能够成为跨国公司服务外包主要承接地创造良好条件。通过税收优惠政策效应能够刺激服务外包业务外延进一步延伸,这是税收对服务外包的激励作用,但另一方面,服务外包的繁荣发展对税收增加也具有一定的贡献。苏州服务外包企业数量众多,增量明显,且发展状况普遍较好,截至2013年年底,苏州服务外包企业数量近2 500家,且每年增速都保持在2位数。虽然不少服务外包企业在一定时期内享有一定的税收优惠或税收减免政策(例如,"双软企业"即获得软件企业认证和软件产品登记的软件类企业,在增值税和企业所得税方面都享有一定的优惠;技术先进型服务外包企业享受企业所得税优惠政策),但总体而言,苏州服务外包产业的迅速发展仍对苏州税收收入的增加有一定贡献。

由于税收是国民财富分配的一种特殊形式,因此税收收入与国民生产总值之间具有密切联系,以全国各项税收收入总额与国民生产总值为例,如图3-1所示,税收收入与GDP大体呈现线性关系。

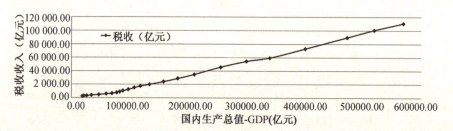

图3-1 1990—2013年中国国内生产总值与税收收入

因此本研究建立的计量经济模型为税收与GDP和服务外包合同执行额的线性模型。具体模型形式如下:

$$\ln(税收)_i = \beta_1 \ln(GDP)_i + \beta_2 \ln(服务外包合同执行额)_i + u_i$$

其中,$i=2009,2010,2011$ 和 2012 的年度数据;税收是苏州2009年至2012年各项税收收入总额;GDP为2009年至2012年苏州年度地区生产总值;u_i 是随机扰动项。以上数据主要来自于苏州历年统计年鉴。运用OLS法估计上述模型的参数,采用Eviews 7进行计量分析,结果如表3-2所示。

表 3-2 苏州服务外包产业对税收增加的贡献度

系数\服务外包	系数	t-检验
β_1	0.504 9	18.559 3
β_2	0.374 8	7.714 9

系数 β_1 和 β_2 的估计值分别是 0.504 9 和 0.374 8，且都通过了 t-检验，表明 GDP 和服务外包产业对税收收入的影响是显著的，GDP 每增加一个百分点，税收收入增加 0.5 个百分点左右；服务外包合同执行额每增加一个百分点，税收收入增加 0.37 个百分点左右。由此可见，服务外包产业的增长对税收收入的增加有正向促进作用，大力发展服务外包产业，能够增加苏州地区的税收收入，有助于更好地实践政府的行政职能。

(三) 苏州服务外包产业对苏州就业的贡献度分析

服务外包作为现代服务业的推动器，发展服务外包产业已成为增加就业数量、增加就业岗位、提高就业质量、拓宽年轻人就业渠道的有效手段，服务外包产业不仅解决了大量直接就业，而且带动了很大比例的间接就业，服务外包产业的发展无疑创造了大量优质的就业岗位，特别是对缓解高校毕业生就业压力而言是一个有效途径。自 2009 年以来，苏州各类服务外包企业直接吸纳就业人员超 23 万人，平均每年新增就业人员 5 000 人左右，且以年轻人为主。苏州大力发展服务外包产业对于增加就业机会，尤其是大学生就业，提高劳动力综合素质，具有明显的促进作用。图 3-2 是 2009—2013 年苏州服务外包企业新增就业人员情况，图 3-3 是 2010—2012 年苏州第一、第二、第三产业和服务外包产业就业人员增速情况。如图所示，近年来，苏州服务外包从业人员数量始终呈现上升趋势，增量显著，且相较三大产业增速明显；第一产业就业人员呈现下降趋势；第二产业就业人数增速明显放缓并由增变减；第三产业就业人员增速相对稳定，但服务外包产业从业人员增速明显高于第三产业平均水平。总体而言，服务外包产业在吸纳就业方面的能力明显优于三大产业。

本研究采用就业弹性理论来分析和比较第一产业、第二产业、第三产业和服务外包产业发展对就业的贡献。就业弹性是指经济增长每变化一个百分点所对应的就业数量变化的百分比，在经济增长速度保持相对平稳的前提条件下，较高的就业弹性系数对于就业和再就业的增长具有更大的现实

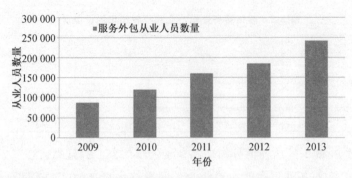

图 3-2　2009—2013 年苏州服务外包企业新增就业人员数量

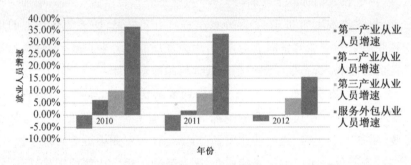

图 3-3　2010—2012 年苏州三大产业和服务外包产业就业人员增速

意义。本研究通过计算就业弹性系数可以分析第一、第二、第三产业及服务外包产业发展与就业增长之间的数量关系。

$$就业弹性系数 = \frac{就业增加百分比}{第一、第二、第三产业及服务外包产业增长百分比}$$

本研究根据 2009—2012 年苏州三大产业产值及就业人数和服务外包合同执行额及服务外包产业就业人数，计算出第一、第二、第三产业和服务外包产业的就业弹性，具体数值如表 3-3 所示。

表 3-3　三大产业和服务外包产业的就业弹性

年份	就业弹性 第一产业	就业弹性 第二产业	就业弹性 第三产业	就业弹性 第三产业扣除服务外包	就业弹性 服务外包产业
2010	−0.605 7	0.395 1	0.401 1	0.353 2	0.864 5
2011	−0.461 4	0.129 5	0.443 7	0.383 8	0.607 1
2012	−0.268 0	−0.029 0	0.421 3	0.410 4	0.310 9
均值	−0.445 1	0.165 2	0.422 0	0.382 5	0.594 2

配第-克拉克定律指出劳动力就业结构虽然会因为国家的不同而产生较大差异,但其基本趋势是大体一致的,都是劳动力从第一产业向第二、第三产业等非农业部门转移,并且随着经济和社会的进一步发展,劳动力又会从第二产业向第三产业转移。上表中的数据也验证了配第-克拉克定律。第一产业主要是农业,就2010—2012年苏州的情况而言,农业部门就业人口相对饱和,其吸纳就业的能力也相对较弱,因此其就业人员呈现下降趋势。其实农业部门就业问题的实质是劳动力由农业部门向非农部门的转移,即第二产业以及第三产业吸纳农业劳动人口的问题,以制造业为主的第二产业在一定经济发展阶段吸纳了大量就业人口。但随着第二产业全员劳动生产率的持续提高,在经济增长速度稳定的条件下劳动力需求量减少,因为在工业增加值一定的情况下,劳动生产率与就业人数成反比,此外劳动力成本的增加,会刺激制造业运用劳动节约型技术,使资本替代劳动,因此第二产业吸收劳动力的能力必然会降低。随着苏州制造业日益发达,技术水平不断进步,其劳动生产率也会随之提高,而近年来苏州地区人均薪酬水平不断攀升,也增加了企业的人力成本,因此苏州地区第二产业的就业弹性呈现下降趋势,特别是在2012年,出现了负值,这表明第二产业虽然有所增长,但是其吸纳的劳动力反而减少,即第二产业的增长并不能带动就业的同步增加。第三产业向来被认为是吸收劳动力能力最强的领域,苏州第三产业的就业弹性也验证了这一观点,就2010—2012年情况而言,苏州第三产业的就业弹性相对平稳,始终保持在0.4以上,这表明第三产业产值每增加1个百分点,其就业至少会增加0.4个百分点。服务外包产业的就业弹性始终保持正值,且其均值都显著高于三大产业,达到0.594 2,即服务外包产业合同执行额每增加1个百分点,其就业会增加0.59个百分点左右。服务外包产业属于第三产业,将服务外包产业从第三产业中扣除后发现,失去服务外包产业的第三产业,其吸纳就业的能力明显减弱,平均就业弹性水平也从0.422 0降至0.382 5。由此可见,服务外包产业对推动苏州地区就业水平发挥着至关重要的作用。表3-4是苏州服务外包产业就业弹性系数,2006年服务外包"千百十工程"实施后,苏州服务外包产业步入快速成长期,尤其在2009年苏州成为服务外包示范城市后,苏州服务外包产业蓬勃发展,服务外包企业如雨后春笋般迅速发展起来,服务外包从业人员数量也随之显著增长,因此在2010年,服务外包产业的就业弹性系数达到0.864 5的峰值;经过这一轮快速增长之后,服务外包企业和从业人员的增长步入平稳阶段；2012年由于金融危机的影响，全球服务外包市场受到冲击，苏州服务外包产业发展也受到了影响，从业人员增速放缓，因此在2012年，服务外包产业就业弹性系数下降；2013年，全球经济在诸多不确定因素的影响下出现复苏态势，在全球离岸服务外包市场缓慢复苏的背景下，苏州服务外包产业进一步增长，因此2013年苏州服务外包产业就业弹性系数呈现回升状态。

表3-4 苏州服务外包产业就业弹性

年份	就业弹性（服务外包产业）
2010	0.864 5
2011	0.607 1
2012	0.310 9
2013	0.577 6

（四）苏州服务外包产业对苏州降低能耗和环境保护的贡献度分析

如果说"苏州制造"是苏州想要依靠密集型劳动力和先进制造业赢得世界市场，那么伴随着信息技术和电子通信技术的发展以及全球新一轮服务业转移的新机遇的出现，"苏州服务"正成为一种趋势。服务外包产业具有环境污染少、资源消耗低等特点。有数据显示，服务外包对中国经济的贡献是来料加工制造业的20倍，但服务外包的能耗却只有制造业的20%[1]。那么就苏州而言，服务外包对于降低能源消耗、减少环境污染到底有多大的作用呢？本研究将构建以下2个模型，分别用于衡量和比较服务外包产业与第二、第三产业对能耗和环境的影响。能耗模型的具体构建如下：

$\ln(能耗)_i = \beta_0 + \beta_1 \ln(第二产业产值)_i + u_1$

$\ln(能耗)_i = \beta_0 + \beta_1 \ln(第三产业产值)_i + u_2$

$\ln(能耗)_i = \beta_0 + \beta_1 \ln(服务外包合同执行额)_i + u_3$

其中，$i=2009,2010,2011$和2012的年度数据；能耗用年度单位GDP能耗乘以GDP；u_i是随机扰动项。以上数据主要来自于苏州历年统计年鉴。运用OLS法估计上述模型的参数，采用Eviews 7进行计量分析，结果如表3-5所示。

---

[1] 武春平，《我国承接服务外包面临的新挑战与战略转型探讨》，2011年

表 3-5 苏州服务外包产业对降低能耗的贡献度

产业 系数	第二产业		第三产业		服务外包产业	
	系数	t-检验	系数	t-检验	系数	t-检验
β_0	13.822 11	35.132 55	15.412 38	60.144 33	17.374 21	127.781
β_1	0.494 967	10.840 17	0.321 411	10.438 24	0.144 241	5.259 761

系数 β_1 反映出三大产业及服务外包产业的发展对能耗的影响。根据苏州 2009—2012 年的情况,第二产业产值每增加 1%,能耗增加 0.495%,且 t-检验为 10.84,超出临界值 1.96,这表明第二产业对能耗的影响在 5% 的水平是显著的;第三产业和服务外包产业对能耗的影响系数分别为 0.321 和 0.144,均通过了显著性检验,第三产业和服务外包产业对能耗的影响小于第二产业。这一结果是合理的,因为第二产业包括采矿业,制造业,电力、燃气及水生产和供应业及建筑业,这些行业类别对能源依赖性较高,是能源消费"大户",自然会导致第二产业对能耗的影响比较大。与第三产业相比,服务外包产业对于能耗的影响更为微弱,仅为第三产业的 43%,为第二产业的 28%。这一结果是合理的,因为服务外包产业主要依赖网络、通信等资源,对能源依赖度小,必然会导致其能耗较小。

前面分析了各产业尤其是服务外包产业对能耗的影响,同样我们再来进一步分析各产业尤其是服务外包产业对环境污染的影响。本研究将构建环境污染程度这一指标,用于衡量某一地区各类污染物的排放对环境的影响。环境模型的具体构建如下:

环境污染程度$_i = \beta_0 + \beta_1 \ln(第二产业产值)_i + u_1$

环境污染程度$_i = \beta_0 + \beta_1 \ln(第三产业产值)_i + u_2$

环境污染程度$_i = \beta_0 + \beta_1 \ln(服务外包合同执行额)_i + u_3$

其中,$i = 2009, 2010, 2011$ 和 2012 年度数据;环境污染程度指标包含工业废水排放量、工业废气排放量、工业二氧化硫排放量、工业烟尘和粉尘排放量及工业固体废物产生量在内的 5 个二级指标;u_i 是随机扰动项。以上数据主要来自于苏州历年统计年鉴。由于环境污染程度这一指标中的 5 个二级指标的物理意义不同且各项数据的量纲也有差别,因此需要进行无量纲化处理,这里采用区间值法进行标准化处理,使其转化为取值在 [0,1] 区间的相对化数据。公式如下:

若评价指标 X_i 为正指标,则

$$X'_i = \frac{X_i - X_{min}}{X_{max} - X_{min}}$$

若评价指标 X_i 为负指标,则

$$X'_i = \frac{X_{max} - X_i}{X_{max} - X_{min}}$$

其中 X'_i 为转化后的值;X_{max} 为最大样本值;X_{min} 为最小样本值;X_i 为原始值。在设置权重时,考虑到这 5 个二级指标对于环境污染的重要程度比较接近,从理论和实际上都很难区分哪一个指标对环境污染的影响更大,因此每项二级指标均赋值 20%。运用 Eviews 7 计量软件,对模型参数进行估计,结果如表 3-6 所示。

表 3-6 苏州服务外包产业对环境的影响

产业 系数	第二产业		第三产业		服务外包产业	
	系数	t-检验	系数	t-检验	系数	t-检验
β_0	−1.555 6	−2.862 8	−0.848 5	−2.363 0	0.011 4	0.094 5
β_1	0.217 0	3.440 2	0.139 7	3.237 2	0.061 2	2.517 0

从结果来看,经济增长确实给环境带来了负面影响,就 2009—2012 年苏州的情况而言,第二产业对环境污染的影响相对较大,达到 0.22,第三产业为 0.14,而服务外包产业仅为 0.06,不到第三产业的 50%,只占第二产业的 28%,且各系数均通过 t-检验。这表明三大产业和服务外包产业确实对环境污染问题有显著性影响,其中服务外包产业对环境的影响十分微弱,因此发展服务外包产业有助于改善苏州地区环境污染问题。

(五)苏州服务外包产业对第二产业和第三产业的影响分析

服务外包虽然属于第三产业,但通过技术转移的方式,不仅会对第三产业产生直接影响,也会对第二产业产生间接影响。所谓技术转移是指技术提供方通过某种途径向技术接受方转移技术,这种转移可以是有意识的、主动的技术转让,也可以是无意识的、被动的技术扩散。例如,一国的技术研发能力可以通过生产和消费等多种方式为另一国所使用、复制、吸收和改进。服务外包接包方有机会通过承接跨国服务外包获得国外的整套先进设备、工艺或工业流程等硬技术,也可以获取专业知识和专业信息等方面的软技术。因此承接服务外包,尤其是跨国外包,有助于接包方拓展业务领域,变革经营理念,创新生产和服务方式,提升产业整体质量。本研究将探究苏州服务外包产业的发展是否对苏州第二产业和第三产业产值增长带来影响。计量模型具体构建如下：

$$\ln(第二产业)_i = \beta_0 + \beta_1 \ln(服务外包合同执行额)_i + u_i$$

$$\ln(第三产业)_i = \beta_0 + \beta_1 \ln(服务外包合同执行额)_i + u_i$$

其中，$i=1,2,3,\cdots,12$，是 2010、2011 和 2012 年的季度数据；u_i 是随机扰动项。运用 Eviews 7 计量软件，估计模型参数，结果如表 3-7 所示。

表 3-7　苏州服务外包产业对第二产业和第三产业的影响

服务产业系数	第二产业		第三产业	
	系数	t-检验	系数	t-检验
β_0	2.824 801	30.864 5	2.466 228	19.473 99
β_1	0.200 598	3.754 201	0.343 521	4.646 152

从计量结果来看，在 2010—2012 年期间，苏州服务外包产业对第二产业产值增加具有促进作用，服务外包合同执行额每增加 1 个百分点，第二产业产值增加 0.20 个百分点左右，该系数的 t-检验值大于临界值 1.96。这表明该系数在 5% 的水平是显著的，可以认为在 5% 显著水平下，苏州服务外包产业对第二产业有一定的促进作用，因此发展服务外包产业不仅对现代服务业本身具有战略意义，对第二产业的增长同样具有一定的影响。表 3-7 显示苏州服务外包产业增长对第三产业产值增加同样具有正向作用。具体来看，苏州服务外包产业合同执行额每增加 1 个百分点，苏州第三产业产值增加约 0.34 个百分点，由于服务外包产业本身就属于第三产业的范畴，因此服务外包产业的发展必然会带动第三产业的发展，对第三产业产值增加有直接影响，且与第二产业相比，苏州服务外包产业对第三产业的影响更大。

（六）苏州服务外包产业发展对苏州经济转型的影响分析

2008 年金融危机之后，全世界都或多或少受到冲击，以外向型经济为主导的苏州也未能幸免，因此如何形成新的出口增长点，加强苏州自身的经济生命力，减少对外部环境的依赖，成为一个紧迫的问题，同时随着现代服务业转移浪潮的兴起，苏州也面临着从"苏州制造"到"苏州创造"转变的机遇，而服务外包恰恰在产业转移和产业结构升级中扮演着关键角色。至 2013 年年底，苏州离岸业务的 ITO、BPO、KPO 比例约为 3.7∶1.34∶4.96，研发、设计等技术含量高、附加值高的服务外包比重持续上升，以产品研发设计外包为主的知识流程外包初具规模,说明苏州服务外包产业正逐渐向技术密集型产业升级,向研发、管理物流等高端环节渗透,其复杂性和专业性也不断提升。这一方面推动了苏州现代服务业向高端升级;另一方面成为苏州转变经济发展方式、调整经济结构的着力点。图3-4是2009—2013年苏州第三产业占地区生产总值的比重,从2009年开始连续5年,苏州地区第三产业产值持续增长,且第三产业在苏州地区生产总值中的比重不断攀升,至2013年年底,该比重已达45.73%,第三产业对苏州经济增长的贡献日益增加,能够促使苏州由制造型经济向服务型经济转变,推动经济增长方式向集约化发展。

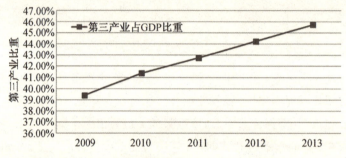

图3-4　2009—2013年苏州第三产业占地区生产总值比重

本研究表明苏州服务外包产业对第三产业具有正向促进作用,服务外包产业合同执行额每增加1%,苏州第三产业产值增加约0.34%。因此通过大力发展服务外包产业,能够推动第三产业规模的增加,从而提升第三产业在整个GDP中的比重,随着苏州服务外包产业的做大做强,其对苏州现代服务业的贡献也将持续递增,进而转变苏州以制造业为主的经济结构,以实现"苏州服务"和"苏州创造"的目标。

三、实证结论

通过运用计量经济的方法,对苏州服务外包产业对经济增长、税收增加、促进就业、减低能耗和环境保护等方面的贡献度进行分析,得出以下总体评价:

第一,苏州服务外包产业对地区经济增长具有正面作用,服务外包合同执行金额每增加1个百分点,苏州地区生产总值增加0.146 1个百分点,且相较于第一、第二和第三产业,服务外包产业对经济增长的贡献度更大,因此进一步加大苏州服务外包产业的发展力度对于苏州地区经济总量的增长具有显著的促进作用。第二,苏州服务外包产业对税收增加具有促进作用,如果服务外包合同执行额增加一个百分点,税收收入将增加约0.37个百分点,发展服务外包产业能够增加政府税收收入,有利于政府更好地实现其行政职能,对苏州地区经济发展和改善民生都有积极作用。第三,苏州服务外包产业对解决就业问题具有正面影响,服务外包产业合同执行额每增加1个百分点,会推动就业增加0.59个百分点左右,能够在很大程度上缓解社会面临的就业压力。苏州服务外包产业对人才的需求也带动人口文化素质的提升,为地区经济发展和社会进步提供持久动力。第四,苏州服务外包产业对于降低能耗和环境保护有着积极意义,与第二、第三产业相比,服务外包产业对通信基础设施的要求较高,但对能源的依赖程度相当低,有利于减少资源消耗和保护生态环境。第五,苏州服务外包产业对第二、第三产业增长具有促进作用,服务外包合同执行额每增加1个百分点,第二产业产值增加0.20个百分点左右,第三产业产值增加约0.34个百分点,因为服务外包产业属于第三产业的范畴,所以对第三产业的影响更为直接,且影响力也略大于对第二产业的影响。苏州服务外包产业在第三产业中的比重日益增加,第三产业在苏州地区生产总值中的比例也持续上升,服务外包产业的繁荣发展对苏州地区产业结构调整和转变具有促进作用。随着服务外包产业的深入发展,苏州服务外包企业的国际交流层次和形式更趋于多样化,这也有利于苏州国际化发展和中外跨文化融合。

综上所述,苏州服务外包产业对苏州经济、社会和文化的发展都发挥着重要作用,大力发展服务外包产业也成为实现苏州经济和人文跨越式发展的必然选择。

第四章
苏州服务外包产业综合竞争力比较研究

中国服务外包产业自起步至今已经历了十多年的发展,尤其是在2006年商务部为促进服务外包产业快速发展、优化出口结构、扩大服务产品出口、实施服务外包"千百十工程"以来,服务外包产业进入蓬勃发展阶段,无论是产业规模、产业结构和产业质量都得到很大提升,服务外包产业呈现出从面向企业业务流程环节的服务外包向嵌入垂直行业的综合服务外包转变的发展趋势。目前,我国服务外包在软件、通信、金融、生物医药等领域已形成一定优势,市场发展初具规模。本研究将苏州服务外包产业发展程度与其他服务外包示范城市,尤其是长三角地区城市相比,探究其综合竞争力究竟如何。研究中,我们从我国21个服务外包重点示范城市中选取12个样本城市,分别是北京、天津、大连、重庆、成都、西安、长沙、上海、杭州、南京、无锡与苏州进行比较,采用因子分析法和熵值法为研究方法,构建评价体系,体系包括成本、人才、市场和环境4个一级指标、10个二级指标和19个三级指标,用实证分析方法研究苏州服务外包产业的综合竞争力。

第一节 方法与模型选择

一、因子分析法

在对某一个问题进行论证分析时,采集大量多变量数据能为研究分析提供更为丰富的信息并增加分析的精确度,但是采用这种方法存在一个问题,即当变量之间存在相关性时会增加研究问题的复杂性,而因子分析法(Factor Analysis)恰恰能够在一定程度上解决这一问题。

因子分析法是指从研究变量相关矩阵的内部的依赖关系出发,把一些具有错综复杂关系的变量或者具有重叠信息的变量归结为少数几个不相关的综合因子的一种多变量统计分析方法。因子分析法的基本思想是对原始变量进行分类归并,将相关性较高、联系较紧密的分在同一类中,归出多个综合指标,而不同类的变量间则不相关或相关性较低,即综合指标间互不相关或相关性较低,这些综合指标就是因子或公共因子。

用因子分析法分析服务外包城市综合竞争力比较评价的基本思路是:假设每个原始指标变量由两个部分组成,分别是共同因子(common factors)和唯一因子(unique factors)。共同因子是每个原始指标变量所共有的因子,可解释变量之间的相关关系,同组公因子表示的变量之间有较强相关性,异组公因子表示的变量之间不相关或相关度很低;而唯一因子是每个原始变量所特有的因子,是不能被共同因子解释的部分;原始变量与共同因子的相关关系用因子负荷(factor loadings)表示。每个公因子表示的变量不同,具有不同的实际意义,因此需要根据实际经济意义对不同的公因子进行命名。当构成因子的指标间的相关性显著时适用因子分析法,但若指标间不相关或相关性很弱时,并不适用于因子分析法。

因子分析法的步骤如下:

(1) 对原始指标进行标准化计算。设可观测到的原始指标是 $X=(X_{ij})_{m \times n}=\{x_1, x_2, \cdots, x_n\}$,$X_{ij}$ 表示第 i 个服务外包城市第 j 项指标的数据;n 表示指标的数量;m 表示样本城市。为了消除指标间的量纲问题,需要对原始数据进行标准化处理,一般采用标准差标准化方法。标准化后的数据均值为 0,方差为 1。$Z=(Z_{ij})_{m \times n}=\{z_1, z_2, \cdots, z_n\}$,$Z_{ij}$ 表示第 i 个服务外包城市第 j 项指标标准化后的取值,$Z_{ij}=\dfrac{x_{ij}-\overline{x_j}}{S_j}$,$(i=1,2,\cdots,n; j=1,2,\cdots,m)$,其中,$\overline{x_j}=\dfrac{1}{n}\sum_{i=1}^{n}x_{ij}$;$S_j=\sqrt{\dfrac{1}{n}\sum_{i=1}^{n}(x_{ij}-\overline{x_j})^2}$。

(2) 确定待分析变量是否适合进行因子分析。运用因子分析法要求原有变量之间要具有较强的相关性,因此需要对标准化后的变量进行相关分析,计算其相关系数矩阵,如果大部分相关系数均小于 0.3 且未通过检验,则原始变量并不适合进行因子分析。判定是否适合因子分析法的检验方法主要有以下 3 种:巴特利特球形检验(Bartlett Test of Sphericity)、反映象相关矩阵检验(Anti-image correlation matrix)和 KMO 检验(Kaiser-Meyer-Olkin)。

(3) 构造因子变量。应用最为广泛的提取因子变量的方法是基于主成分模型的主成分分析,根据标准化后的矩阵 Z,求得相关系数矩阵的特征根

$\lambda_i(\lambda_1, \lambda_2, \cdots, \lambda_m)$ 和相应的标准正交的特征向量 $U_i(U_1, U_2, \cdots U_m)$，通过计算特征根和方差贡献率 $w_j = \dfrac{\lambda_j}{\sum \lambda_j}$ 与累积方差贡献率等指标，来确定选取公共因子的数量和公共因子代表的原始变量信息。通常根据特征值的大小和累积方差贡献率来确定公共因子的个数，一般按照累计贡献率达 85% 的准则提取公共因子，但也有学者认为累积方差贡献率在 80% 以上即可提取公共因子。

（4）因子命名解释。公共因子是对原有变量的综合，代表了具有基本特征的经济含义，在实际应用中，主要通过对载荷矩阵进行分析，得到公共因子变量和原有变量之间的关系，并结合实际含义对新的因子变量进行命名并进行解释。通过计算载荷值 $a_{il} = u_{ij}\sqrt{\lambda_j}$，构建载荷矩阵 A，其解释性往往不够好，需要进行因子旋转，因子旋转的主要方法有正交旋转和斜交旋转，无论是正交旋转还是斜交旋转，其目的是使因子负荷两极分化，要么接近于 0，要么接近于 1，从而使因子变量更具有可解释性。根据旋转后的载荷矩阵写出因子表达式如下：

$$x_1 = a_{11}f_1 + a_{12}f_2 + \cdots + a_{1k}f_k$$
$$\cdots$$
$$x_n = a_{n1}f_1 + a_{n2}f_2 + \cdots + a_{nk}f$$

（5）计算因子变量得分。因子变量确定以后，对于每一个样本数据，需要得到它们在不同因子上的具体数值，即因子得分。估计因子得分的方法主要有回归法和 Bartlette 法等。

二、熵值法

熵（entropy）是指系统或体系的混乱程度，最早由德国物理学家鲁道夫·克劳修斯（Rudolf Clausius）在 1850 年提出并应用于热力学中；后由克劳德·艾尔伍德·香农（Claude Elwood Shannon）将熵的概念引入信息论中。在信息论中，熵是对不确定性的一种度量，熵越小，系统越有序，不确定性就越小，信息效用越大，指标的权重也越大；反之，熵越大，系统越无序，不确定性就越大，信息效用越小，指标的权重也越小。熵值法就是基于该性质，通过对系统信息的有序程度和信息效用进行客观赋权法，即根据各项指标观测值所提供的信息大小来确定指标权重，从而进行综合评价。

熵值法的主要原理如下：设有 m 个样本，n 项评价指标，原始指标数据矩阵即为 $X = (x_{ij})_{m \times n}$，对于某项指标 X_j，指标值 X_{ij} 的差距越大，说明该指标在综合评价中所起的作用越大；如果某项指标 X_j，指标值 X_{ij} 全部相等，则说明该指标在综合评价中不起作用。

熵值法的步骤如下：

（1）对原始数据进行标准化和非负数化处理。

正向指标的处理方式：$X'_{ij} = \dfrac{X_{ij} - \min(X_j)}{\max(X_j) - \min(X_j)} + 1$

反向指标的处理方式：$X'_{ij} = \dfrac{\max(X_j) - X_{ij}}{\max(X_j) - \min(X_j)} + 1$

（2）计算第 j 项指标下第 i 个方案占该指标的比重。

$$P_{ij} = \dfrac{X'_{ij}}{\sum\limits_{i=1}^{m} X'_{ij}} \quad (j = 1, 2, \cdots n)$$

（3）计算第 j 项指标的熵值。

$e_j = -k \times \sum\limits_{i=1}^{m} P_{ij} \log(P_{ij})$，令 $k = \dfrac{1}{\ln m}$，与样本数量有关，ln 为自然对数，$e_j \geqslant 0$。

（4）计算第 j 项指标的差异系数。

$g_j = 1 - e_j$，对于第 j 项指标，指标值 X_{ij} 的差异越大，该指标在综合评价中的作用越大，熵值越小，g_j 则越大。

（5）计算指标权数。

$$W_j = \dfrac{g_j}{\sum\limits_{j=1}^{n} g_j}, j = 1, 2 \cdots, n$$

（6）计算综合得分。

$$S_i = \sum\limits_{j=1}^{n} W_j \times P_{ij} \quad (i = 1, 2, \cdots, m)$$

三、研究方法评价

因子分析法的最大优点在于简化指标，尤其是在面对大量数据且数据项目较多时，因子分析法通过在多种因素中找出具有代表性且涵盖原始指标的信息的若干因子，并将分析过程简化为因子项的分析，从而避免指标间的信息重叠所带来的烦琐分析过程。在因子分析法中，其权重的确定是依据因子方差共享率的大小来确定的，而非人为主观确定的，从而克服了某些方法中人为确定权重的缺陷，使评价结果更具客观性。因子分析法的缺点主要是因子分析只能用于综合性的评价，同时对样本量和数据成分也有一定的要求。

熵值法主要是利用信息熵来评价系统信息的有序度及效用,由指标值构成的判断矩阵来确定指标的权重,可以消除人为干扰,使评价结果更符合实际,且算法相对简单,易于理解。但存在的问题是,对数据量要求较高,不可能将所有影响因素纳入计算,存在一定的统计偏差。

因子分析法和熵值法的侧重各有不同,因子分析法会根据指标解释力度的大小,将指标进行重新整合,剔除解释力较小的指标,考察主要指标的影响;而熵值法将所有指标均纳入评价体系,按照信息量的大小设置权重,考察所有指标的影响。因此两种方法得出的结论会有所差异。

根据服务外包产业综合竞争力评价指标体系的特点,以及上述两种评价方法的特性,将选用因子分析法与熵值法分别对样本城市服务外包产业综合竞争力进行测评,并就结果进行对比分析。原因主要有以下两点:第一,影响服务外包产业竞争力大小的因素非常繁多,选用因子分析法可以简化原始指标体系结构,从而抓住关键要素进行分析判断;第二,在分析评价过程中为了克服主观因素带来的影响,让评价结果更具客观性,因此在使用因子分析法的基础之上引入熵值法做进一步深入研究。

第二节 变量选取与数据来源说明

一、指标体系的建立

对产业进行竞争力分析评价时需要构建指标体系,指标体系的构建应遵循以下原则。

(一)科学性原则

服务外包产业竞争力评价体系的构建应采用科学的方法和手段,指标的确立应具备科学内涵。指标体系的建立应根据服务外包产业发展与城市经济和社会发展的内在联系,依据统计的相关科学原理,做到硬环境和软环境指标相结合、定量指标和定性指标相结合,选择含义清晰、数据来源可靠、易于合成计算且实用性强的指标进行计算分析,力求公正、客观、全面和科学地揭示评价对象的内在规律。

(二)系统性原则

服务外包产业综合竞争力的构成包含多个层次和多个因素,其评价指标需要从不同角度、系统性地反映服务外包产业的发展水平和竞争力大小;

同时各指标之间需要具有一定的逻辑性,既能反映样本城市服务外包产业的主要特征和状态,又能将发展服务外包产业的关键要素相联系,形成一个层次清晰、不可分割的评价体系。

(三)层次性原则

服务外包产业竞争力的评价指标体系本身就是由多层次结构组成的,各层次相互区别,但同时又紧密构成一个有机整体,一方面在指标选择时应考虑整体层次,同时与评价目标相协调,以保证评价的全面性和可信度;另一方面在指标设置上应按照指标间的层次关系,尽可能实现层次分明,以消除指标间的相容性并保证指标体系的全面性、科学性。

(四)典型性原则

在遴选和设置指标的过程中要选择具有典型代表性的指标,尽可能准确地反映出各样本城市服务外包产业的发展水平和综合特征,以便在指标数量相对减少的情况下,也能保证数据计算和分析结果的可靠性。

(五)简明性原则

在保证指标体系评价目标得以实现的基础之上,要用尽可能少但信息量尽可能大的指标去反映多方面的问题。指标选择不能过多过细,使指标过于烦琐、相互重叠,但也不能过少过简,避免信息遗漏、出现偏差,需要在全面性和简洁性之间找到一个平衡点,避免由于信息量重复所造成的多重共线性或序列相关的问题。

(六)可比性、可操作性与稳定性原则

一方面在指标选取上,各指标的计算量度和计算方法必须一致统一,量纲相同的指标可以直接比较,量纲不同的指标经去量纲操作后方可进行比较;选择指标时也需要考虑能否进行被量化,以便进行数学计算和分析。另一方面所构建的系统评价指标应具有实用性和可行性,指标数据的来源必须立足于现有统计年鉴、文献资料以及可靠的网络资料,并采取国际认可或国内通行的统计口径,各指标应简洁明了、含义明确、便于收集,具有很强的现实可操作性。此外为了避免由于偶然因素造成评价结果的偏差,在选择指标时,尽可能选择变化相对有规律的指标,对于大起大落或随机游走的指标应尽量少选。

二、变量选取说明

服务外包产业是一个融合了众多关键性因素的复杂系统。自2009年1月国务院办公厅下发《关于促进服务外包产业发展问题的复函》至今,我国已有21个服务外包示范城市，本研究样本城市均来自于服务外包示范城市。

本研究从服务外包接包方视角出发，基于管理学和产业经济理论，从服务外包产业要素构成入手，选取有代表性的服务外包产业要素因子作为研究对象来构建指标体系，当然在指标选取时遵循了前文所涉及的指标选取原则，并充分考虑了数据的可获得性。本研究将服务外包产业综合竞争力指标体系分为四个部分，即成本、人才、市场和环境。

（一）成本要素

从产业经济学理论角度分析，成本要素对产业系统的利润高低以及产业发展的纵向深度都起着至关重要的作用，成本的变化对整个产业系统的布局和转移也有着深远影响，因此在进行产业分析时，把市场要素归入其中进行分析是合理的。就服务外包产业而言，降低成本、提高收益是服务外包产业发展的主要动因之一。企业通过服务外包可以达到降低成本的目的，一方面是因为接包方始终专注于某项业务，对某项业务的操作流程和技术相对熟悉，较为容易产生规模经济效应；另一方面是服务外包可以通过信息共享、技术资源和技术优势来降低成本。20世纪90年代，很多跨国公司为了降低成本、追求利润最大化，将公司内部非核心业务外包，印度恰恰抓住了这一产业转移的机遇，逐步实现服务外包产业的高速、持续增长，为印度大规模发展服务外包产业奠定了基础，从而确立了印度在国际外包市场上的霸主地位。在国际服务外包市场中，发包商在评估和选择外包提供商时需要综合考虑报价和承接能力，随着发包方越来越看重成本优势，那些拥有大量低廉、高质劳动力的国家和地区将在服务外包产业的发展上更具竞争力。联合国贸易与发展会议和罗兰伯杰战略咨询公司曾在2004年对欧洲500强企业进行过一项调查，该调查表明，企业实行离岸服务外包最主要的动因就是降低成本，被调查企业成本降低的幅度普遍在20％到40％之间，且成本降低幅度往往超出企业最初预期，其中有70％的企业认为服务外包主要降低了人力成本，有59％的企业认为服务外包产业还降低了其他方面的成本。总体而言，服务外包所带来的成本优势比较显著。在成本构成中，主要影响因素是薪酬成本、企业经营成本和地区生活成本。随着中国经济的高速发展，北京、上海和深圳等成为中国主要商务城市，同时也成为提供外包服务的主要城市，其薪酬成本和生活成本一直处于上升状态，但中国还存在一批综合成本相对较低的城市，如大连、成都、苏州等二线城市，这些城市能否通过成本优势推动服务外包产业发展并提升服务外包竞争力值得关注。

(二) 人才要素

同样从产业经济学理论角度出发,人才要素是产业系统中最主要的一个因素,任何产业系统都包括一系列不同类别的人员,如管理人员、技术人员、生产人员等,这些不同类别的人员都具有主观能动性,对产业系统形成综合影响。从服务外包产业特征来看,服务外包属于服务经济的范畴,而现代服务业又是以人力资本投入为主体特征的产业,服务外包不仅仅是一种降低成本的手段,而且是一种优化要素组合和工作流程、通过服务外包增加企业灵活度和提高企业应变能力的重要途径,因此除了成本因素以外,是否具备高、中、低端搭配的人才结构也将成为影响服务外包产业竞争力的重要因素。以印度为例,印度IT外包的高速发展在很大程度上受益于其庞大的人才供给,印度既拥有一批兼具IT高端架构技能和商业营运能力的高端人才,也有从事软件设计和项目管理能力的中端人才,还有大量从事基础工作且达到熟练程度的程序员;反观中国,服务外包产业中的中高端人才,尤其是高端人才严重匮乏,而低端基层员工虽然数量庞大但技术熟练程度远不及印度,这在很大程度上制约了中国服务外包竞争力的提升。与服务外包相关的专业人才及通用人才的数量以及高技能人才的储备数量将对服务外包发展潜力产生直接影响。

(三) 市场要素

我们再来分析一下市场要素,市场要素对产业系统的演化发展具有导向作用,因为市场要素往往与产业系统其他要素具有密切的联系,市场要素的微小变动都会引起其他要素的大幅度变动,因此市场要素必须归属于产业系统来进行分析。基于服务外包产业的市场情况,虽然受2008年全球金融危机的影响,全球服务外包市场尤其是欧美市场发展速度呈现明显下降趋势,但自2012年以来,全球外包市场已有所复苏,且亚太市场和中国国内市场具有巨大的潜在开发空间,从长远来看,服务外包产业仍将呈现扩张之势。在全球服务外包主要接包国中,爱尔兰就是以市场为主导,密切跟随国际市场需求,依托欧元区国家和欧洲大市场,提供相应的产品和服务,深度参与国际分工,形成自身服务外包特色的。在市场要素框架下,通过服务外包企业数量、规模、资质、产业结构和产值状况等指标可以反映出该地区服务外包产业的发展程度。

(四)环境要素

最后我们来分析环境要素,产业所处环境对于产业整体发展以及处于产业内的企业的生存和发展都起着举足轻重的作用。良好的产业环境包括良好的政策环境、法律环境、投融资环境等。就服务外包产业而言,很多服务外包典型国家或地区正是借助优良的环境因素使服务外包产业迅速成长并日益壮大。以印度为例,印度政府通过制定各项优惠政策和税收减免政策、明确软件发展战略和规划、制定完善的知识产权条例和政策,为承接离岸服务外包业务提供宽松的环境。东欧国家捷克,其政府通过建立科技园区来支持服务外包业务的展开,同时不断增加对相关产业服务设施的投入力度,如建设中东欧地区的信息和技术中心并提供各项优惠和扶持政策,捷克政府也十分重视政策的维持性,其中一些优惠政策的时限长达10年。在环境因素中,本研究将从政府支持力度、专业服务环境和知识产权保护环境三个维度来分析各样本城市服务外包产业的竞争力状况。

三、样本选取说明

本研究从我国21个服务外包重点示范城市中选取北京、天津、大连、重庆、成都、西安、长沙、上海、杭州、南京、无锡和苏州作为样本城市进行比较研究。其选择依据在于:第一,样本涵盖长三角地区所有服务外包重点城市,苏州地处长三角地区,地域优势使长三角地区服务外包产业的发展有其独特之处,且这些城市既有相似的产业发展及配套条件,又各具特色,发展侧重点也各有不同,所以对长三角城市进行比较研究有较强的实践意义。第二,样本涵盖了包括北京和上海在内的一线城市,这些城市在服务外包产业发展中往往发挥着区域辐射的功能,并且对苏州这样加速发展的城市具有指导价值。第三,样本中也包含了服务外包产业发展最具特色的城市,如大连软件外包和对日外包已经成为该市一张亮丽的名片;成都已经发展成为国际大型接包企业和跨国公司全球交付基地。第四,样本覆盖中国长三角、珠三角、中部地区、西北部地区和京津塘地区,这样可以较为全面地反映我国服务外包产业发展的区域版图。第五,样本既包括中国首批服务外包基地城市,如上海、成都、西安和大连,也包括了像北京、杭州、天津等第二批基地城市。第六,样本选择过程中参考了2011—2013年中国服务外包城市投资吸引力十强排名,选择排名相对靠前的城市加入样本进行比较分析。

四、数据来源说明

本研究在构建服务外包竞争力指标体系时,设置了4个一级指标、10个二级指标和19个三级指标,其中4个一级指标分别是成本要素、人才要素、市场要素和环境要素,成本要素又进一步分为薪酬成本、生活成本和经营成本,人才要素又进一步分为通用人才和人才储备,市场要素又可细分为服务外包企业与从业人员数量和市场规模,环境要素又可细分为政府支持力度、专业服务、知识产权保护环境。具体指标体系设计见表4-1。

表4-1 本研究构建的服务外包竞争力指标体系

一级框架	二级分类	相关指标	编号
成本	薪酬成本	地区平均薪酬水平	X_1
	生活成本	人均消费支出 住宅销售价格水平	X_2 X_3
	经营成本	办公楼租金水平 电费水平	X_4 X_5
人才	通用人才	高校毕业生人数	X_6
	人才储备	高校在校生人数 高校数量	X_7 X_8
市场	外包企业与从业人员数量	服务外包从业人员数量 服务外包企业数量 产值超千万美元的企业数量	X_9 X_{10} X_{11}
	市场规模	服务外包合同执行金额 离岸服务外包合同执行金额	X_{12} X_{13}
环境	政府支持力度	中央财政资金实际扶持金额和地方财政配套实际扶持金额 是否有服务外包产业发展相关政策 是否参与服务外包投资促进活动 推进服务外包人才培养活动次数	X_{14} X_{15} X_{16} X_{17}
	专业服务环境	是否有服务外包公共服务平台	X_{18}
	知识产权保护环境	知识产权保护宣传和培训数量	X_{19}

由于服务外包产业在我国的发展时间相对较短,系统性资料较为欠缺,因而给原始数据的查找带来相当大的难度,特别是关于服务外包企业的系统数据更是寥寥无几,因此本研究在构建指标体系时,不得不考虑数据的可

得性,对关联性较强但不可获取的指标进行适度调整和变动,或寻找可以替代的指标做必要替代,对部分关联性不是很强的指标进行删减。随着我国服务外包统计口径的逐渐统一,在今后服务外包城市相关数据库建立之后,可以再增加如服务外包产业人员流动率、服务外包企业高端、中端、低端人才比率、服务外包公共服务平台投入金额等指标,使整个指标体系更为多角度和全方位,以便更好地综合反映服务外包城市的整体竞争力。

本研究采用2012年一个年度的横截面数据进行分析,数据来自各样本城市的统计局网站所披露的数据信息和统计公报、各样本城市2013年统计年鉴、中国服务外包网以及与服务外包相关的期刊和研究报告等。

由于指标体系中各要素的物理意义并不相同,同时各指标原始数据的区间取值不同,各指标的量纲也不统一,为消除量纲带来的不利影响,首先应对数据进行标准化无量纲化处理,将各指标转化为取值在[0,1]之间的相对化数据。具体公式如下:

若评价指标 X_i 为正指标,则

$$X_i' = \frac{X_i - X_{\min}}{X_{\max} - X_{\min}}$$

若评价指标 X_i 为负指标,则

$$X_i' = \frac{X_{\max} - X_i}{X_{\max} - X_{\min}}$$

其中 X_i' 为转化后的值;$X_{\max}$ 为最大样本值;$X_{\min}$ 为最小样本值;X_i 为原始值。其中 X_1、X_2、X_3、X_4 和 X_5 为负指标,其余指标为正指标。参照上述公式对指标原始数据进行标准化处理,经标准化处理后的指标如表4-2所示。虚拟变量取值只有0和1,不适宜作为因子分析法的指标,因此虚拟变量只用于参考,不进行计算。

19个指标被分为4组,分别代表成本、人才、市场和环境4个要素,用图表来反映各样本城市在各指标上的竞争力高低更为直观,详见图4-1、图4-2、图4-3和图4-4。

表 4-2 标准化处理后的数据

城市	北京	上海	天津	大连	西安	成都	重庆	长沙	杭州	南京	无锡	苏州
X_1	0.0000	0.4916	0.5090	0.5420	0.7422	1.0000	0.8268	0.6501	0.8821	0.3879	0.4851	0.4647
X_2	0.2280	0.0000	0.3377	0.6029	0.4978	0.7437	1.0000	0.6833	0.3567	0.2851	0.3361	0.3266
X_3	0.0000	0.1469	0.6857	0.7982	0.9645	0.8911	0.9680	1.0000	0.4341	0.6362	0.9411	0.8619
X_4	0.0000	0.5417	0.8750	0.7917	0.8333	0.9292	0.9250	1.0000	0.5417	0.6667	0.8875	0.9583
X_5	0.9134	0.0000	0.5541	0.4935	1.0000	0.7446	0.8831	0.1515	0.8745	0.0519	0.0519	0.0519
X_6	1.0000	0.7990	0.3309	0.2847	0.2856	0.3373	0.6849	0.0000	0.7257	0.8497	0.3859	0.5799
X_7	1.0000	0.3204	0.1861	0.6216	0.4073	0.2998	0.4761	0.2736	0.1733	0.6531	0.0000	0.0400
X_8	1.0000	0.2534	0.2337	0.0000	0.4299	0.3586	0.3495	0.2629	0.2255	0.5395	0.0200	0.0686
X_9	1.0000	0.6962	0.5443	0.2152	0.6329	0.4810	0.6076	0.4810	0.3291	0.6456	0.0000	0.1013
X_{10}	0.2439	0.4793	0.0096	0.3247	0.5716	0.0000	0.3817	0.2720	0.3289	0.5351	0.4811	1.0000
X_{11}	0.5455	0.5182	0.1364	0.1273	0.0091	0.1000	0.0364	0.0000	0.4455	1.0000	0.5182	0.1909
X_{12}	0.5243	0.8016	0.1344	0.1973	0.0084	0.0521	0.0122	0.0000	0.5653	1.0000	0.7874	0.6138
X_{13}	1.0000	0.9149	0.1835	0.4099	0.1062	0.1789	0.2068	0.0000	0.8188	0.7708	0.9371	0.8596
X_{14}	0.2109	0.2350	0.1131	0.1615	0.1788	0.0476	1.0000	0.0000	0.5045	0.0968	0.5637	0.2175
X_{15}	1.0000	1.0000	1.0000	1.0000	1.0000	1.0000	1.0000	0.0000	1.0000	1.0000	1.0000	1.0000
X_{16}	1.0000	1.0000	1.0000	1.0000	1.0000	1.0000	1.0000	0.0000	1.0000	1.0000	1.0000	1.0000
X_{17}	0.3333	0.3333	1.0000	0.0000	0.6667	1.0000	0.6667	0.0000	1.0000	1.0000	0.0000	0.3333
X_{18}	1.0000	1.0000	1.0000	1.0000	1.0000	1.0000	1.0000	0.0000	1.0000	1.0000	1.0000	1.0000
X_{19}	0.0000	0.6667	0.0000	0.0000	0.0000	0.3333	0.0000	0.0000	0.0000	0.3333	0.0000	1.0000

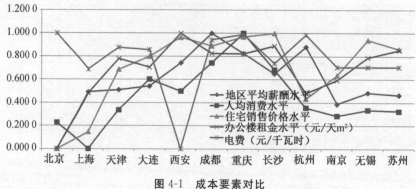

图 4-1 成本要素对比

注:成本是负指标,根据标准化公式 $X'_i = \dfrac{X_{\max} - X_i}{X_{\max} - X_{\min}}$,成本越高,标准化后的指标更接近于 0;成本越低,标准化后的指标更接近于 1。

从成本要素对比图中可以看出,总体而言北京和上海的成本较高,成都和重庆的成本较低,苏州住宅销售价格和写字楼租金价格较低,但薪酬水平和人均消费水平相对较高。

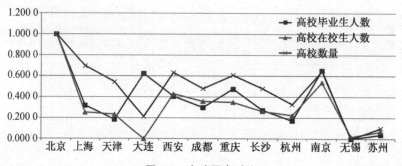

图 4-2 人才要素对比

从人才要素对比图中可以看出,北京和南京在人才储备方面具有绝对优势,无论是高校数量还是在校生人数和毕业生人数方面,北京和南京都居于第一和第二位;而苏州和无锡在人才要素方面处于相对落后状态,高校数量和在校生规模都小于其他样本城市。

就市场要素而言,北京、上海、南京各项指标均处于相对领先的地位,苏州总体处于中上水平,但产值超 1 000 万美元的服务外包企业数量这项指标明显落后于其他同等水平的样本城市。

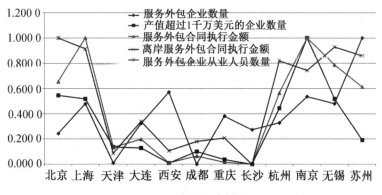

图 4-3 市场要素对比

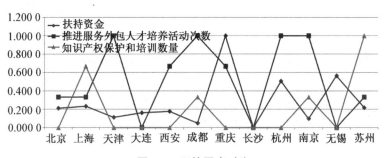

图 4-4 环境要素对比

环境要素中包含 3 个虚拟变量:是否有服务外包产业发展相关政策、是否参与服务外包投资促进活动、是否有服务外包公共服务平台,由于虚拟变量取值为 1 或 0,且所有样本城市均出台了服务外包产业发展的相关政策,参与了服务外包投资促进活动,也都搭建了服务外包公共服务平台,所以所有样本城市这 3 个指标的取值均为 1,在使用因子分析计算综合得分时,虚拟变量不计入内,只作为参考因素。在中央财政扶持资金和地方配套资金情况方面,重庆、无锡和杭州排名靠前;在推进服务外包人才培养活动上,力度较大的是天津、成都、杭州和南京;在知识产权保护和培训数量上,苏州和上海表现相对优异。

第三节 运用因子分析法进行分析

运用 SPSS 19 统计软件对标准化后的数据进行因子分析法操作。根据因子提取比例的大小和方差累积贡献率的大小,本研究设定的指标体系中的 12 个指标分别为:平均薪酬水平、人均消费支出、住宅销售价格水平、办公楼租金水平、高校在校生人数、高校数量、服务外包从业人员数量、产值超千万美元的服务外包企业数量、服务外包合同执行金额、离岸服务外包合同执行金额、扶持资金以及推进服务外包人才培养活动次数,作为最适合做因子分析的一组指标,因此本研究采纳上述12个指标构建指标体系。

表4-3列出了12个变量之间的共同度,从数据中可以看出,所有变量的共同度都在80%以上,且大部分变量的共同度都超过85%,说明因子提取效果较为理想,提取的变量包含了原始变量的大部分信息,即公因子包含了原始变量80%以上的信息。

表4-3 特征根与方差的贡献率表

	初始	提取
地区平均薪酬水平	1.000	0.847
人均消费支出	1.000	0.899
住宅销售价格水平	1.000	0.808
办公楼租金水平	1.000	0.901
高校在校生人数	1.000	0.840
高校数量	1.000	0.895
服务外包企业从业人员数量	1.000	0.903
产值超过1千万美元的企业数量	1.000	0.824
服务外包合同执行金额	1.000	0.940
离岸服务外包合同执行金额	1.000	0.954
扶持资金	1.000	0.957
推进服务外包人才培养活动次数	1.000	0.949
提取方法:主成分分析		

表4-4是特征根与方差的贡献率。特征根是用于表示因子影响力大小的指标,若特征根小于1,表明该因子的解释力量小于直接引入1个原变量的平均解释;若特征根大于1,表明因子的解释力量大于直接引入1个原变量的平均解释。因此是否选取为因子的标准就是特征根是否大于1。

表 4-4 特征根与方差的贡献率表

成份	初始特征值			提取平方和载入			旋转平方和载入		
	合计	方差的%	合计	合计	方差的%	合计	合计	方差的%	合计
f_1	5.514	45.950	45.950	5.514	45.950	45.950	4.352	36.267	36.267
f_2	2.765	23.043	68.994	2.765	23.043	68.994	3.767	31.389	67.656
f_3	1.315	10.957	79.951	1.315	10.957	79.951	1.386	11.550	79.207
f_4	1.123	9.357	89.308	1.123	9.357	89.308	1.212	10.101	89.308
f_5	0.576	4.802	94.111						
f_6	0.282	2.346	96.457						
f_7	0.181	1.508	97.965						
f_8	0.153	1.273	99.238						
f_9	0.049	0.405	99.643						
f_{10}	0.042	0.348	99.991						
f_{11}	0.001	0.009	100.000						
f_{12}	$-2.163E-16$	$-1.802E-15$	100.000						

提取方法:主成份分析

表 4-4 第一列为成分编号,即因子编号,第二列为特征值,第三列是各主因子的贡献率,第四列是因子累计贡献率。从表 4-4 可以看出,有 4 个因子特征根大于 1,且 4 个因子的累计贡献率达到了 89.308%,说明这 4 个因子的方差占全部方差的 89.308%,表明提取这 4 个公因子基本保留了原有指标的信息。从下方碎石图可以看出,公因子个数为 4 时,特征值的变化曲线趋于平缓,碎石图也从另一方面验证了公因子个数为 4,与按照累积贡献率确定的公因子个数是一致的。

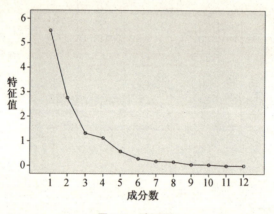

图 4-5　碎石图

为了使 4 个公因子具有明显的经济意义,作因子旋转,得到经过旋转后的因子载荷矩阵与因子得分系数矩阵,如表 4-5 所示。地区平均薪酬水平、人均消费支出、住宅销售价格、办公楼租金水平、产值超过 1 千万美元的服务外包企业数量、服务外包合同执行金额、离岸服务外包合同执行金额在因子 F_1 上的载荷较高,主要由第一个公因子解释,与公因子 F_1 关系密切的变量主要是营运和生活成本及服务外包产业发展情况方面的变量,可以命名为成本及市场因子;第二个公因子在服务外包企业从业人员数量、高校在校生人数和高校数量这 3 个变量的载荷较大,说明人力资源及人才储备与公因子 F_2 相关程度较高,可以命名为人才因子;第三个公因子在推进服务外包人才培养活动次数这个变量的载荷较大,说明服务外包产业人才培养环境与公因子 F_3 相关程度较高,可以命名为人才培养环境因子;中央和地方对服务外包产业的扶持资金与公因子 F_4 相关程度较高,可以命名为政策扶持环境因子。

表 4-5 旋转后的因子载荷矩阵与因子得分系数矩阵

旋转成份矩阵	成份				因子得分系数			
	F_1	F_2	F_3	F_4	F_1	F_2	F_3	F_4
地区平均薪酬水平	−0.546	−0.452	0.545	0.218	−0.048	−0.094	0.371	0.113
人均消费支出	−0.859	−0.064	0.066	0.391	−0.211	0.089	−0.047	0.306
住宅销售价格水平	−0.654	−0.611	0.003	0.084	−0.117	−0.119	−0.037	0.009
办公楼租金水平	−0.552	−0.766	0.094	−0.030	−0.069	−0.189	0.054	−0.102
高校在校生人数	−0.002	0.902	−0.164	0.008	−0.102	0.285	−0.164	0.083
高校数量	0.098	0.929	0.143	−0.048	−0.049	0.266	0.079	0.024
服务外包企业从业人员数量	−0.036	0.916	0.216	−0.125	−0.079	0.266	0.126	−0.049
产值超过1千万美元的企业数量	0.873	0.210	0.133	0.018	0.230	−0.023	0.174	0.047
服务外包合同执行金额	0.965	−0.076	−0.027	0.035	0.267	−0.111	0.073	0.049
离岸服务外包合同执行金额	0.937	0.056	−0.196	0.185	0.235	−0.049	−0.071	0.195
扶持资金	−0.001	−0.078	0.025	0.975	0.034	0.049	−0.024	0.828
推进服务外包人才培养活动次数	0.010	0.156	0.961	−0.008	0.079	0.004	0.724	−0.041

提取方法：主成份
旋转法：具有 Kaiser 标准化的正交旋转法，旋转在 4 次迭代收敛

依据因子得分矩阵,可以用 13 个原始变量来表达 4 个公因子,具体表达式如下:

$F_1 = -0.048X_1 - 0.211X_2 - 0.117X_3 - 0.069X_4 - 0.102X_7 - 0.049X_8 - 0.079X_9 + 0.230X_{11} + 0.267X_{12} + 0.235X_{13} + 0.034X_{14} + 0.079X_{17}$

$F_2 = -0.094X_1 + 0.089X_2 - 0.119X_3 - 0.189X_4 + 0.285X_7 + 0.266X_8 + 0.266X_9 - 0.023X_{11} - 0.111X_{12} - 0.049X_{13} + 0.049X_{14} + 0.004X_{17}$

$F_3 = 0.371X_1 - 0.047X_2 - 0.037X_3 + 0.054X_4 - 0.164X_7 + 0.079X_8 + 0.126X_9 + 0.174X_{11} + 0.073X_{12} - 0.071X_{13} - 0.024X_{14} + 0.724X_{17}$

$F_4 = 0.113X_1 + 0.306X_2 + 0.009X_3 - 0.102X_4 + 0.083X_7 + 0.024X_8 - 0.049X_9 + 0.047X_{11} + 0.049X_{12} + 0.195X_{13} + 0.808X_{14} - 0.041X_{17}$

通过以上 4 个表达式,可以计算出 12 个样本城市各因子的得分,详见表 4-6。

表 4-6 样本城市各因子得分

样本城市	F_1	F_2	F_3	F_4
北京	0.728 8	2.557 51	−1.024 26	0.023
上海	1.234 17	0.116 28	−0.115 72	−0.369 25
天津	−0.323 99	−0.181 29	0.816 34	−1.044 57
大连	−0.583 48	−0.246 09	−1.471 9	−0.170 07
西安	−1.011 48	0.282 52	0.372 67	−0.524 93
成都	−0.960 32	−0.138 76	1.332 2	−0.543 85
重庆	−1.263 2	0.445 09	0.272 94	2.529 31
长沙	−1.299 06	−0.212 24	−0.941 02	−0.956
杭州	0.817 82	−0.389 95	1.320 69	0.861 66
南京	1.203 52	0.459 97	1.047 06	−0.433 59
无锡	0.943 89	−1.446 91	−1.023 54	0.919 35
苏州	0.513 33	−1.246 12	−0.585 47	−0.291 08

由于因子得分出现负值,无法解释竞争力的经济学意义,因此需要对因子得分进行修正,使因子得分处于区间[0,100]之间,0 表示因子得分最低,100 表示因子得分最高。具体修正公式如下:

$F'_i = 100 \times \dfrac{F_i - F_{\min}}{F_{\max} - F_{\min}}, i=1,2,3,4.$ 其中 F'_i 为修正后的因子得分;$F_{\max}$

为原始因子得分最大值;$F_{\min}$ 为原始因子得分最小值;F_i 为原始因子得分。

由于每个公因子所包含的信息量是不一样的,以各公因子的方差贡献率差异来区别其重要程度,因此以每个公因子的方差贡献率占三个公因子总方差贡献率的比重作为权重对因子得分进行加权处理,各样本城市服务外包综合竞争力得分计算如下:

$$F=(36.267F_1' + 31.389F_2' + 11.550F_3' + 10.101F_4')/89.308$$

经加权汇总后,得出各样本城市服务外包综合竞争力,如表4-7所示。

表4-7 样本城市服务外包综合竞争力

样本城市	F_1'	F_2'	F_3'	F_4'	F
北京	80.050 37	100	15.963 767 3	29.871 456	73.097 59
上海	100	39.036 614 5	48.364 181	18.895 99	62.721 09
天津	38.491 175	31.605 575 8	81.603 366 5	0	37.292 8
大连	28.247 731	29.987 364	0	24.469 204	24.778 26
西安	11.352 305	43.188 027 2	65.781 177 6	14.539 94	29.941 14
成都	13.371 861	32.667 652 2	100	14.010 543	31.429 24
重庆	1.415 584 1	47.247 791 2	62.224 599 7	100	36.538 65
长沙	0	30.832 679 9	18.932 277 7	2.478 258 9	13.565 5
杭州	83.564 461	26.394 833 7	99.589 529 6	53.337 829	62.123 93
南京	98.790 082	47.619 380 6	89.831 318 4	17.095 706	70.405 56
无锡	88.541 112	0	15.989 444	54.952 041	44.238 69
苏州	71.544 629	5.014 209 3	31.611 925 4	21.083 248	37.288 71

结合各样本城市在四个公因子的得分和综合得分,对各样本城市2012年服务外包综合竞争力进行评价。在成本及市场公因子 F_1 上得分最高的3个城市是上海、南京和无锡,得分分别是100、98.79和88.54。经过若干年的发展,南京和无锡服务外包产业发展势头良好,产业规模扩大,结构趋向合理,服务外包产业整体实力得到提升;与第一梯队的城市相比,南京和无锡运营及生活成本较低,兼具成本和发展环境的双重优势。上海虽然在成本上不具优势,但作为我国最大的综合性经济中心城市,产业发展和技术实力雄厚,服务外包产业总量具有显著优势。苏州位于第6位,苏州有较好的制造业基础,服务外包产业的聚集效应带来了一定的规模经济效应,服务外包产业发展综合情况较为理想,因此在服务外包产业成本及市场上有一定优势。在人才因子 F_2 上得分最高的3个城市是北京、南京和重庆,得分分

别为 100、47.62 和 47.25。这 3 个城市得分高于其他城市的主要原因在于人才资源相对丰富，北京、南京和重庆这 3 个城市高校数量较多，高校规模较大，人才储备数量充足，因此排名相对靠前。苏州在人才资源方面相对落后，处于倒数第 2 的水平，主要原因在于苏州地区缺乏高校，本土人才培养不足，对人才流动和引进依赖性较大，使其在服务外包人才储备方面捉襟见肘，并成为服务外包产业未来发展的一大软肋。在人才培养环境公因子 F_3 上得分最高的 3 个城市是成都、杭州和南京，得分分别为 100、99.59 和 89.83。这 3 个样本城市 2012 年政府在服务外包人才培养和培训方面推进力度较大。苏州在这方面处于中下水平，因此在服务外包的发展中，政府部门可以考虑加大人才培养力度，加强专业人才储备，从而有助于服务外包产业的发展和升级。需要说明的是由于数据是基于 2012 年的情况，部分服务外包产业起步较早的城市早年在人才培养和培训方面投入较多，2012 年相对较少，这导致部分城市在此项得分上相对落后，但这并不意味着这些城市人才要素落后。在政策扶持环境公因子 F_4 上得分最高的 3 个城市是重庆、无锡和杭州，得分分别为 100、54.95 和 53.38。这 3 个样本城市 2012 年从中央和地方获得的扶持资金和配套资金相对较多，政府支持力度比较大。苏州在这方面处于中等水平，因此在服务外包的发展中政府部门可以考虑加大资金扶持力度，为服务外包产业的发展和升级提供资金辅助支持。

在综合因子 F，即服务外包综合竞争力方面，得分最高的 3 个城市是北京、南京和上海。北京和上海是直辖市，且属于一线城市行列，相较于其他城市在资源和竞争力方面具有综合优势，因此服务外包综合竞争力得分最高是合理的；南京在服务外包整体运营情况、人才储备和人才培养方面都表现显著，尤其是在服务外包企业规模上，南京产值超过 1 千万美元的服务外包企业数量是所有样本城市中最多的，规模效应明显，且与北京和上海相比，在成本方面也有一定优势，因此南京综合实力较强。无锡排名第 5，得分 44.24，无锡服务外包产业整体发展良好，在规模总量上有不俗表现。苏州位于样本城市第 7 位，得分 37.29，苏州产业基础良好，成本适中，但在人才储备和服务外包企业规模方面明显不足，苏州服务外包企业数量很多，在所有样本城市中居于首位，但企业规模普遍偏小，苏州产值超过 1 千万美元的服务外包企业数量只有 24 家，只有无锡的 40%、南京的 21%，这在很大程度上对苏州排名产生了负面影响。

第四节 运用熵值法进行分析

根据熵值法的计算步骤建立矩阵,采用熵值法计算权重。就同一项评价指标的评价情况而言,该项指标的数据差异性大小会影响该评价指标熵的大小,并反映出权重的大小。差异程度大的指标,熵就小,权重就大;反之,差异程度小的指标,熵就大,权重就小。

按照下列公式对原始数据所建立的矩阵进行标准化处理,因为在后续计算中需要取对数,所以在进行标准化处理时需要加 1,避免出现 0 和负数的情况。经标准化处理后的数据如表 4-8 所示。

正向指标的处理方式:$X'_{ij} = \dfrac{X_{ij} - \min(X_j)}{\max(X_j) - \min(X_j)} + 1$

反向指标的处理方式:$X'_{ij} = \dfrac{\max(X_j) - X_{ij}}{\max(X_j) - \min(X_j)} + 1$

表 4-8 经过标准化处理的数据

城市	北京	上海	天津	大连	西安	成都	重庆	长沙	杭州	南京	无锡	苏州
X_1	1.0000	1.4916	1.5090	1.5420	1.7422	2.0000	1.8268	1.6501	1.8821	1.3879	1.4851	1.4647
X_2	1.2280	1.0000	1.3377	1.6029	1.4978	1.7437	2.0000	1.6833	1.3567	1.2851	1.3361	1.3266
X_3	1.0000	1.1469	1.6857	1.7982	1.9645	1.8911	1.9680	2.0000	1.4341	1.6362	1.9411	1.8619
X_4	1.0000	1.4822	1.7789	1.7047	2.0000	1.8272	1.8234	1.8902	1.4822	1.5935	1.7901	1.8531
X_5	2.0000	1.6879	1.8772	1.8565	1.0000	1.9423	1.9896	1.7396	1.9867	1.7056	1.7056	1.7056
X_6	2.0000	1.7990	1.3309	1.2847	1.2856	1.3373	1.6849	1.0000	1.7257	1.8497	1.3859	1.5799
X_7	2.0000	1.3204	1.1861	1.6216	1.4073	1.2998	1.4761	1.2736	1.1733	1.6531	1.0000	1.0400
X_8	2.0000	1.2534	1.2337	1.0000	1.4299	1.3586	1.3495	1.2629	1.2255	1.5395	1.0200	1.0686
X_9	2.0000	1.6962	1.5443	1.2152	1.6329	1.4810	1.6076	1.4810	1.3291	1.6456	1.0000	1.1013
X_{10}	1.2439	1.4793	1.0096	1.3247	1.5716	1.0000	1.3817	1.2720	1.3289	1.5351	1.4811	2.0000
X_{11}	1.5455	1.5182	1.1364	1.1273	1.0091	1.1000	1.0364	1.0000	1.4455	2.0000	1.5182	1.1909
X_{12}	1.5243	1.8016	1.1344	1.1973	1.0084	1.0521	1.0122	1.0000	1.5653	2.0000	1.7874	1.6138
X_{13}	2.0000	1.9149	1.1835	1.4099	1.1062	1.1789	1.2068	1.0000	1.8188	1.7708	1.9371	1.8596
X_{14}	1.2109	1.2350	1.1131	1.1615	1.1788	1.0476	2.0000	1.0000	1.5045	1.0968	1.5637	1.2175
X_{15}	2.0000	2.0000	2.0000	2.0000	2.0000	2.0000	2.0000	2.0000	2.0000	2.0000	2.0000	2.0000
X_{16}	2.0000	2.0000	2.0000	1.0000	2.0000	2.0000	2.0000	1.0000	2.0000	2.0000	2.0000	2.0000
X_{17}	1.3333	1.3333	2.0000	1.0000	1.6667	2.0000	1.6667	1.0000	2.0000	2.0000	1.0000	1.3333
X_{18}	2.0000	2.0000	2.0000	2.0000	2.0000	2.0000	2.0000	1.0000	2.0000	2.0000	2.0000	2.0000
X_{19}	1.0000	1.6667	1.0000	1.0000	1.0000	1.3333	1.0000	1.0000	1.0000	1.3333	1.0000	2.0000

计算每项指标的熵值,具体公式如下:

$$P_{ij} = \frac{X'_{ij}}{\sum_{i=1}^{m} X'_{ij}} \ (j=1,2,\cdots n)$$

$$e_j = -k \times \sum_{i=1}^{m} P_{ij} \log(P_{ij}),$$

其中 e_j 是第 j 项指标的熵值;X'_{ij} 是经过标准化处理后的指标数据;$k = \frac{1}{\ln m}$,m 是样本数量,ln 为自然对数。各项指标的熵值计算结果如表 4-9 所示。

表 4-9 各项指标的熵值

指标	熵值	指标	熵值
e_1	0.431 964	e_{11}	0.430 141
e_2	0.431 571	e_{12}	0.428 864
e_3	0.430 891	e_{13}	0.429 208
e_4	0.432 079	e_{14}	0.430 699
e_5	0.432 165	e_{15}	0.434 294
e_6	0.431 242	e_{16}	0.434 294
e_7	0.430 97	e_{17}	0.428 301
e_8	0.431 1	e_{18}	0.434 294
e_9	0.431 388	e_{19}	0.428 709
e_{10}	0.431 389		

计算每项指标的差异性系数,计算第 j 项指标的差异性系数的公式为:$g_j = 1 - e_j$。每项指标的计算结果如表 4-10 所示。

表 4-10 各项指标的差异性系数

指标	熵值	指标	熵值
g_1	0.568 036	g_6	0.568 758
g_2	0.568 429	g_7	0.569 03
g_3	0.569 109	g_8	0.568 9
g_4	0.567 921	g_9	0.568 612
g_5	0.567 835	g_{10}	0.568 611

续表

指标	熵值	指标	熵值
g_{11}	0.569 859	g_{16}	0.565 706
g_{12}	0.571 136	g_{17}	0.571 699
g_{13}	0.570 792	g_{18}	0.565 706
g_{14}	0.569 301	g_{19}	0.571 291
g_{15}	0.565 706		

根据公式 $W_j = \dfrac{g_j}{\sum_{j=1}^{n} g_j}, j=1,2\cdots,n$,计算各项指标权重,具体结果如表 4-11 所示。

表 4-11 各项指标的权重

指标	熵值	指标	熵值
w_1	0.052 565	w_{11}	0.052 733
w_2	0.052 601	w_{12}	0.052 851
w_3	0.052 664	w_{13}	0.052 82
w_4	0.052 554	w_{14}	0.052 682
w_5	0.052 546	w_{15}	0.052 349
w_6	0.052 631	w_{16}	0.052 349
w_7	0.052 657	w_{17}	0.052 904
w_8	0.052 645	w_{18}	0.052 349
w_9	0.052 618	w_{19}	0.052 866
w_{10}	0.052 618		

总体而言,各项评价指标权重较为接近,差异不是很大,说明上述 19 个指标对服务外包产业竞争力评价的影响比较相似。在各项评价指标中,权重较大的指标分别是推进服务外包人才培养活动次数、知识产权保护和培训数量、服务外包合同执行金额及离岸服务外包合同执行金额,说明相对于其他指标而言,这几个指标对服务外包整体竞争力的影响较大,是判断样本城市服务外包是否具有竞争优势的重要因素。推进服务外包人才培养活动次数的指标权重排名靠前,说明人才培养和培训在衡量服务外包竞争力上

影响较大。服务外包产业是智力型、应用型人才云集之地,人才是服务外包产业发展和企业参与国际竞争的核心要素,如印度就是凭借人才优势在服务外包市场占据重要地位。自2006年服务外包产业起步以来,我国服务外包产业发展迅速,成为全球重要的服务外包目的地,但人才问题始终困扰着中国服务外包产业的发展,现有的人才队伍与服务外包企业对人才的要求之间还存在一定差距,导致人才供给难以满足区域产业快速发展的需要,这也成为制约我国服务外包产业迅猛发展的一大瓶颈,因此在发展服务外包产业过程中,必须重视人才问题,增加适用性人才并提高人才层次,使服务外包产业能够持续发展。知识产权保护和培训数量指标权重位于第二位。在服务外包业务实施过程中,不可避免地会涉及知识产权问题,服务外包发包方企业和承接方企业在合同的约定和执行过程中,必须按照知识产权法律明确双方的权利和义务,这不仅影响到服务外包合同协议能否顺利执行,当发生纠纷或争议时,也能够确保双方的权益。总而言之,服务外包的知识产权问题,不仅影响到服务外包企业的运作,还影响到服务外包产业的整体运行。随着经济全球化的发展,服务外包的国际分工不断深化,越来越多的服务外包以离岸方式进行,因此离岸市场规模不断扩大,2012年中国承接的离岸服务外包业务占全球离岸服务外包市场总额的27.7%,可见离岸外包市场对中国服务外包产业具有重要的影响力,因此离岸服务外包合同执行金额在指标体系中的权重也相对较大。在指标体系中,权重最小的指标分别为是否有服务外包产业发展相关政策、是否参与服务外包投资促进活动及是否有服务外包公共服务平台。2012年所有样本城市均有服务外包产业发展的相关政策出台或处于执行期,主办或参与了服务外包投资促进活动,也都搭建了服务外包公共服务平台,所以所有样本城市这3个指标的取值均为1,对各样本城市而言,这3个指标取值没有差异,因此基于熵值法的原理,上述3个指标对判断样本城市服务外包综合竞争力影响较小。

根据公式 $S_i = \sum_{j=1}^{n} W_j \times P_{ij} (i=1,2,\cdots,m)$,计算样本城市服务外包综合竞争力评价得分,具体结果如表4-12和表4-13所示。

表 4-12 样本城市服务外包综合竞争力评价单项得分

城市	北京	上海	天津	大连	西安	成都	重庆	长沙	杭州	南京	无锡	苏州
X_1	0.002 8	0.004 1	0.004 2	0.004 3	0.004 8	0.005 5	0.005 1	0.004 6	0.005 2	0.003 8	0.004 1	0.004 1
X_2	0.003 7	0.003 0	0.004 0	0.004 8	0.004 5	0.005 3	0.006 0	0.005 1	0.004 1	0.003 9	0.004 0	0.004 0
X_3	0.002 6	0.003 0	0.004 4	0.004 7	0.005 1	0.004 9	0.005 1	0.005 2	0.003 7	0.004 2	0.005 0	0.004 8
X_4	0.002 6	0.003 9	0.004 6	0.004 4	0.005 2	0.004 7	0.004 7	0.004 9	0.003 9	0.004 1	0.004 7	0.004 8
X_5	0.005 0	0.004 2	0.004 7	0.004 6	0.002 5	0.004 8	0.004 9	0.004 3	0.004 9	0.004 2	0.004 2	0.004 2
X_6	0.005 8	0.005 2	0.003 8	0.003 7	0.003 7	0.003 9	0.004 9	0.002 9	0.005 0	0.005 3	0.004 0	0.004 6
X_7	0.006 4	0.004 2	0.003 8	0.005 2	0.004 5	0.004 2	0.004 7	0.004 1	0.003 8	0.005 3	0.003 2	0.003 3
X_8	0.006 7	0.004 2	0.004 1	0.003 3	0.004 8	0.004 5	0.004 5	0.004 2	0.004 1	0.005 1	0.003 4	0.003 6
X_9	0.005 9	0.005 0	0.004 6	0.003 6	0.004 8	0.004 4	0.004 8	0.004 4	0.003 9	0.004 9	0.003 0	0.003 3
X_{10}	0.003 9	0.004 7	0.003 2	0.004 2	0.005 0	0.003 2	0.004 4	0.004 0	0.004 2	0.004 9	0.004 7	0.006 3
X_{11}	0.005 2	0.005 1	0.003 8	0.003 8	0.003 4	0.003 7	0.003 5	0.003 4	0.004 9	0.006 7	0.005 1	0.004 0
X_{12}	0.004 8	0.005 7	0.003 6	0.003 8	0.003 2	0.003 3	0.003 2	0.003 2	0.005 0	0.006 3	0.005 7	0.005 1
X_{13}	0.005 7	0.005 5	0.003 4	0.004 1	0.003 2	0.003 4	0.003 5	0.002 9	0.005 2	0.005 1	0.005 6	0.005 3
X_{14}	0.004 2	0.004 2	0.003 8	0.004 0	0.004 1	0.003 6	0.006 9	0.003 4	0.004 4	0.003 8	0.005 4	0.004 2
X_{15}	0.004 4	0.004 4	0.004 4	0.004 4	0.004 4	0.004 4	0.004 4	0.004 4	0.004 4	0.004 4	0.004 4	0.004 4
X_{16}	0.004 4	0.004 4	0.004 4	0.004 4	0.004 4	0.004 4	0.004 4	0.004 4	0.004 4	0.004 4	0.004 4	0.004 4
X_{17}	0.003 8	0.003 8	0.005 8	0.002 9	0.004 8	0.005 8	0.004 8	0.002 9	0.005 8	0.005 8	0.002 9	0.003 8
X_{18}	0.004 4	0.004 4	0.004 4	0.004 4	0.004 4	0.004 4	0.004 4	0.004 4	0.004 4	0.004 4	0.004 4	0.004 4
X_{19}	0.003 7	0.006 1	0.003 7	0.003 7	0.003 7	0.004 9	0.003 7	0.003 7	0.003 7	0.004 9	0.003 7	0.007 4

表 4-13　样本城市服务外包综合竞争力评价综合得分

样本城市	服务外包竞争力综合得分
北京	0.085 922 964
上海	0.085 129 644
天津	0.078 598 046
大连	0.078 138 112
西安	0.080 338 801
成都	0.083 194 089
重庆	0.087 736 049
长沙	0.076 175 855
杭州	0.085 555 805
南京	0.091 559 207
无锡	0.081 701 17
苏州	0.085 950 258

在 12 个样本城市中,排名靠前的 5 个城市分别是南京、重庆、苏州、北京和杭州。南京排名靠前的主要原因在于南京服务外包企业规模普遍较大,产值超千万美元的企业数量在样本城市中占据第 1 位,形成规模效应,对南京服务外包竞争力的提升具有无可取代的重要作用;此外,南京高校林立,人才储备丰富,这为服务外包企业提供大量人才,尤其是为高端人才提供了有利条件。因此,南京在高校毕业生数量、在校生数量、高校数量以及服务外包从业人员数量上的得分都名列前茅。北京排名靠前的原因主要在于人力资源方面的绝对优势。北京高校众多,人才储备丰富,且作为政治和经济中心,具有天然的人才集聚吸引力,这为服务外包企业提供了大量人才,尤其是为高端人才集聚创造了有利条件。因此,北京在高校毕业生数量、在校生数量、高校数量以及服务外包从业人员数量上具有绝对优势。重庆排名靠前的主要原因是成本相对低廉,无论是经营成本、人力成本还是生活成本,和其他样本城市相比都具有较强的竞争力;此外,2012 年重庆获得中央扶持资金 1 950.2 万元、地方扶持资金 3 322.7 万元[1],位于前列,强大的财政资金扶持也在一定程度上加强了重庆服务外包产业的发展动力,

---

[1]《中国服务外包发展报告 2013》。

有助于其竞争力的提升。苏州在样本城市中排在第3位,处于中上水平,在各项指标中,苏州比较有优势的指标是服务外包企业数量以及知识产权保护和培训数量,但在高校毕业生人数、高校数量等人力资源方面的指标上,表现相对较弱,这也成为阻碍苏州服务外包竞争力提升的重要因素;此外,虽然苏州在服务外包企业数量的指标上占优,但在服务外包企业规模这一指标上相对落后,说明苏州服务外包企业规模偏小的问题也在很大程度上制约了苏州服务外包产业的进一步发展。

第五节　总体评价

运用因子分析法与熵值法对2012年12个样本城市进行服务外包竞争力比较分析,得出以下总体评价:

就综合竞争力排名而言,无论是因子分析法还是熵值法,北京和南京排名都相对靠前,且排名差异较小;苏州和重庆排名差异较大,差异形成的主要原因在于两种方法对公因子的指标组成有不同的划分,并且两种方法在权重设置上也有不同的处理方法,因子分析法将公因子的方差贡献率作为因子权重,而熵值法根据熵的大小来确定各因子的权重。因子分析法会根据指标解释力量的大小,将解释力量较弱的指标剔除,将解释力量较强的指标按照相关程度的不同进行重新组合;而熵值法则保留了所有指标,对于信息量大的指标设置较大权重,对于信息量小的指标设置较小权重,但不会剔除信息小的指标,因此使用两种方法得到的结论有所差异也是合理的。例如,本研究在使用因子分析法时,服务外包企业数量这一指标被剔除,而苏州在这项指标上的表现优于其他样本城市,因此苏州由因子分析法得到的排名比熵值法得到的排名要略差。

产业运营环境、人才储备与政府支持力度是决定样本城市服务外包综合竞争力最为突出的因素。政府支持力度的大小与政策的完善程度决定了该城市对服务外包产业供需双方吸引力的大小;政府颁布的税收或补贴等方面的利好政策促使服务外包产业集聚的发生,同时产业聚集所带来的规模效应与示范效应也将进一步扩大。因子分析法中,苏州在成本及市场因子、人才因子、人才培养环境因子和政策扶持环境因子得分上的排名分别为第6、11、8和6位,表明苏州在产业基础和产业发展环境上具有一定的优势,但在人力资源和人才储备方面处于弱势,高校数量和在校生数量是其短板,因此,苏州在下一步发展服务外包产业时,需要注重人才储备的问题,尤其是本土人才的培养,搭建人才蓄水池,使苏州市服务外包产业的发展具有可持续性。熵值法中,苏州在服务外包产业结构、离岸外包发展情况和服务外包企业数量等方面具有一定的优势,但值得注意的是,虽然苏州服务外包企业数量充足,但企业规模较小,规模效应难以充分发挥,对于整体综合竞争力的提升带来较大负面影响。

  基于两种计量方法的结果,苏州服务外包竞争力综合排名在前五位。2013年,商务部会同其他相关部委对中国服务外包示范城市进行了综合评价,在特色发展方面提出:"示范城市发展态势涌现,引领区域产业发展。示范城市重视产业特色发展,培育差异化竞争优势,力求实现产业层级提升。示范城市利用区位优势,带动区域服务外包产业发展。上海、苏州、杭州、南京、无锡引领长三角区域服务外包产业发展,广州、深圳在珠三角区域发挥示范作用,北京、大连、济南在环渤海湾经济区域发挥引领作用。"本研究的结果与商务部的评价结论基本吻合。

第五章

苏州服务外包产业转型突破与可持续发展

2009年以来,苏州服务外包实现了跨越式发展,服务外包产业规模在21个试点城市中占据重要位置。从经济角度看,服务外包产业在推动苏州社会经济发展、促进产业结构调整、解决就业方面发挥了重要作用。在服务外包3.0时代,面对"大、物、云、移"给外包产业带来的新业态和新变化,面对国内其他城市在服务外包市场的激烈竞争,面对国际离岸服务外包市场的风云变幻,苏州服务外包要延续良好的发展势头,必须深入分析服务外包发展趋势,并结合本地实际对服务外包产业进行准确定位,调整产业扶持政策,才能顺利地实现服务外包的转型突破,再续辉煌。

第一节 服务外包产业面临的新挑战

一、服务外包3.0时代带来的机遇和挑战

服务外包以信息技术为核心驱动力,服务外包产业的诞生和发展,紧紧伴随着每一次信息技术革命的浪潮。信息技术发展水平决定着外包服务的内涵和外延,并推动着服务外包行业的升级发展。服务外包历经了IT技术革命后以降低成本为核心诉求的1.0时代、互联网革命后以技术和人才为驱动因素的2.0时代,近年来以大数据、云计算、物联网和移动互联网为标志的第三次信息技术革命,正推动服务外包进入3.0时代,给服务外包产业带来新的机遇和挑战,面临转型升级的新课题。

(一)服务外包产业的发展历程和阶段

1. 服务外包1.0时代

1946年世界上诞生的第一台电子计算机,造价48万美元,占地170平

方米,昂贵的成本和巨大的体积制约了其在社会生产生活中的应用。1954年IBM公司制造了第一台晶体管计算机,这种昂贵的大型计算机,超出很多企业信息系统建设投资的承受能力,1958年改进型的IBM 1401型计算机才开始以租用形式在企业中被使用。1962年美国EDS公司成为服务外包产业的鼻祖,开始进行IT外包服务,采用卖计算机处理时间的形式,根据客户信息处理的时间来收费,由此服务外包产业进入1.0时代。

  1.0时代的服务外包逐渐由ITO扩展到BPO,企业进行服务外包的核心诉求是降低经营成本。服务外包作为一种新型经营模式,属于一种生产组织方式的创新。企业生产经营过程中需要的某种中间产品和服务,可以通过三种渠道获取:一是通过价格机制去市场购买;二是可以在企业内部以扩大组织规模、内部生产的方式供应;三是利用中间组织,以市场和企业的结合形式来获得。业务外包作为一种中间组织,是由发包方和接包商形成一种交易伙伴,发包方把部分业务流程外包给接包商承担,在降低了经营成本的同时,避免市场交易的不确定性。因此服务外包是兼有市场购买和内部生产的有利因素,又避免了两者的弊端,并降低企业交易费用的经营模式。

  这种成本—交易伙伴型服务外包模式,是发包方出于降低运营成本的目的,将特定业务或流程外包。这种"成本导向型"的业务外包关系,实质上是人力资源或知识资源在不同国家或地域的"套利"活动。发包方成本的节省,来源于发包方和接包方之间员工工资的差异,或接包方在专业领域的经济规模、较高的管理水平和生产效率。发包方内部经营的运营成本、外包交易成本、管理成本高于接包商时,可以将某类业务外包给接包方,建立起短暂、浅层次的交易伙伴关系。如图5-1所示,曲线 A 为在发包方业务内部的运营成本,曲线 B 为接包方承接外包业务的运营成本,曲线 C 为业务外包的交易成本和管理成本,曲线 D 为发包方业务外包总成本。发包方业务内部运营成本曲线 A 和业务外包的总成本曲线 D 交叉于 E 点,E 点左侧业务外包总成本低于自营的内部成本,发包方可以把相应的非核心业务外包,达到降低成本的目标。

  这种模式在20世纪80年代非常普遍,特别是在信息技术快速发展的背景下,企业对IT依赖性越来越大,为顾客提供服务的水平与其IT基础设施和应用软件先进程度成正向变化。越来越多的企业逐步把软件开发维护、终端用户支持、网络管理等信息技术外包(ITO)。此模式有利于节约成本,发包方在服务质量满足要求的前提下重点关注成本降低程度,双方停留在简单的契约关系阶段,业务活动的价值附加较低,外包过程中的道德风险、机会主义等因素难以消除。

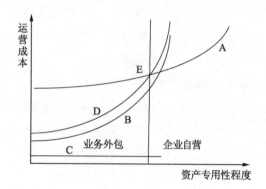

图 5-1 服务外包 1.0 时代的成本分析

2. 服务外包 2.0 时代

20 世纪 90 年代以后,在经济全球化和互联网日益普及的背景下,网络通信成本不断降低,使许多以前不可贸易服务(Non-Tradable Services)跨区域交易成为可能。为了应对来自国内外激烈竞争和新商业模式的挑战,跨国公司为保持核心竞争力或形成新的竞争优势,在全球范围内寻找最优的接包商,特别是离岸接包商,把非核心业务外包出去,服务外包产业由 1.0 时代升级为 2.0 时代。

2.0 时代的发包企业,专注于开发能够满足现在及将来竞争优势的资源,对于其他资源则可以借助互联网寻找离岸的专业化资源予以整合,从而获得竞争优势并增强企业对环境的应变能力,双方形成竞争—战略伙伴型服务外包模式。如图 5-2 所示,横轴表示发包企业的企业边界,纵轴表示和接包方相比业务运营的相对成本。发包企业的核心业务和核心能力在短期内难以提升,也无法通过外包获取,短期内弹性很小,可以由曲线 A 表示。当非核心业务相对成本曲线 $\triangle C < 0$ 时,由发包企业自营有成本优势;当 $\triangle C > 0$ 时,业务应外包;$\triangle C = 0$ 的 B 点是企业边界,表明企业自营业务的范围。随着发包企业竞争加剧,以及外包服务提供商专业化提升而成本逐步降低,$\triangle C$ 曲线左移到 $\triangle C'$,企业边界由 B 点缩小到 B',发包企业可以把更多资源配置到核心业务,增强核心竞争力。

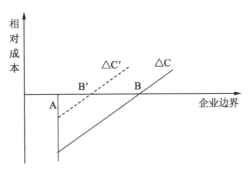

图 5-2 核心竞争力与发包企业的企业边界

竞争—战略伙伴型服务外包模式盛行于20世纪90年代到21世纪初,发包企业开始外包部分业务流程(BPO),以期形成更加完整的外包服务供应链,业务外包的主要目的是提升公司竞争力,与接包方的关系由外包服务提供转变为战略合作。通过与行业最佳的接包方建立长期合作关系,依赖于接包方的知识积累和学习范围,发包企业可以集中开发自身优势资源,同时获取服务商的行业最佳资源,填补自身资源的不足,获得竞争优势。与成本—交易伙伴型外包模式相比,这种模式下发包企业和接包方之间的信任度有所增加,从价值链角度看外包业务环节附加价值的含量也有所提升,接包方提供较为复杂的外包服务,帮助发包企业提高服务质量和盈利水平,接包方自身也可以获得更高的附加值、更大的增长空间和利润。

3. 服务外包 3.0 时代

伴随信息技术的深入发展,以大数据、云计算、物联网和移动互联网为标志的第三次信息技术革命在2010年前后逐渐兴起,深刻改变了服务外包的业务形式。以云计算外包为例,2006年亚马孙开展弹性云计算服务模式,企业不需要自建IT系统,只需要根据业务需要使用亚马孙的相关软件、平台。改变了购买软硬件或整段时间租用的传统业务形式,服务和信息成为可交易的流动性商品。企业通过第三代信息技术,通过服务外包更灵活地在任意位置获取各种数据和信息,对业务流程、业务模式带来颠覆式影响。服务外包也相应由2.0时代升级为3.0时代。

在服务外包的3.0时代,发包企业为了进行柔性化经营与管理,以积极参与革新并使自身能够高效地进行业务转型,而与接包方建立联盟伙伴关系,这是一种"创新导向型"的联盟关系。这是发包企业不断增长的风险分担、运作柔性以及业务变革需要驱动的结果。发包企业把非核心业务外包并不是完全放弃此类业务,而是把自营的非核心业务交由专业接包方提供,集中资源和精力给最终客户提供更好的产品和服务,并且可以利用接包方的客户渠道,迅速提升市场份额。如果发包方要获得更多市场份额,必须投入相应营销费用以及其他费用,费用的上升有可能抵消市场份额上升所带来的盈利。如图5-3所示,当市场份额超过 A 点以后,盈利能力曲线Ⅰ由高点下降。在动态不确定性的环境下,接包商成为发包企业获取竞争优势的联盟伙伴,发包企业依赖于服务商提供的关键资源,形成行业最优的交付模式和创新解决方案,可以降低拓展市场和运营的费用,盈利能力曲线由Ⅰ移动到Ⅱ。市场份额由 A 点上升到 C 点,盈利能力在 A 点到 C 点之间不但没有下降,反而由 B 点上升到 D 点,图形 $ACFDBE$ 是发包企业业务外包所带来的收益。

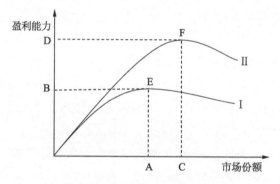

图 5-3　外包联盟提高盈利能力

创新—联盟伙伴型外包模式在21世纪逐渐增多,BPO、KPO 也成为外包战略的重点,投资管理、保险理赔等较为核心的业务开始外包。埃森哲对全球金融机构400多位信息技术官的调查表明,他们更看重接包商精深的行业专长、全面的业务能力甚至是全球的触角。此模式要求接包商具备发包企业难以获得的高端知识、资深的领域知识和行业相关知识来形成整合的创新解决方案。接包商需要熟悉发包企业的战略目标和行业发展趋势,需要懂得发包企业的需求并且能主动适应,从而提供前瞻性、主动性的服务,这样才能为发包方带来战略价值。

(二)服务外包3.0时代对服务外包产业带来的全新挑战与革命

1. 3.0时代改变了服务外包产业的业务范式

3.0时代的服务外包产业是指随着以云计算、大数据和移动互联网为标志的第三次信息技术革命兴起而开启的服务外包新阶段。3.0时代以前的服务外包,互联网只是作为信息沟通的渠道和工具,发包企业和接包商摆脱了地域空间的局限,发包企业可以把部分业务流程发包给企业外部的企业,甚至是地球上任何一个地方的离岸接包商。3.0时代的服务外包则是信息技术成为接包商的生产工具,成为价值创造的载体。以云计算为例,云计算是基于互联网的服务交付和使用模式,由位于互联网上的一组服务器,根据用户的要求,对信息进行计算、存储并提供给用户。云外包的核心就是接包商建立标准化的统一外包服务处理平台,通过标准化、模块化和流程化将服务集成到统一云平台上,在数据库里面进行统一处理。而后根据客户的需求,再针对企业的个性需求定制部分流程,这样服务就可以在云外包系统上进行流水线式的操作处理。云外包通过标准化、模块化和流程化的云平台,为客户提供统一和即需即用式的无缝服务。

3.0时代的服务外包与以简单降低成本为目的的服务外包有本质区别,对企业来说是巨大发展机遇,同时要求企业在技术、业务领域和业务模式上创新。Information将被Data取代,基于云计算、大数据、物联网等数据存储和加工衍生出全新的服务业态。移动互联网和云计算推动了移动办公的发展,在一定程度上,网络取代了固定的办公场地,轻资产运营的众包特征为小型服务外包企业提供了更多的业务拓展机会。基于"云"平台和"云"计算的协作共赢、按需付费等特征改变了服务外包的商业模式和定价机制,服务外包企业基于原有服务的深度开发,开始设计综合性行业解决方案。传统软件公司已开始向云计算市场进行业务转型,将销售产品转向按使用量付费的服务。市场研究公司Synergy Research Group统计显示,2014年二季度亚马逊云计算业务营收为9.62亿美元,增长45%;微软的相关收入为3.7亿,增长了164%。国际知名公司业务转型的动向预示着服务外包行业将迎来巨大的创新性变革。

2. 3.0时代挑战了服务外包产业的服务模式

我国服务外包企业大多处于1.0和2.0时代的服务模式。服务外包1.0时代是成本—交易伙伴型外包模式,是以"成本"为导向,以承接方优质而价格低廉的外包服务为合作基础,但这种比较优势会随着各地区经济发展、劳动力工资水平变动的可能弱化,因此这是低级、脆弱的外包模式。随着发包企业对外包重要性的认识逐步深入,其更看重接包商的资源优势,以及双方"信任度"提升,业务附加值含量也逐步提高,使得双方外包模式提升到2.0时代的竞争—战略伙伴型。2.0时代的接包商提供较为复杂的外包服务,业务的价值含金量有所提升,帮助发包企业提高服务质量和盈利水平,接包商自身也可以获得更高利润。3.0时代的发包企业要实现柔性化经营与管理,积极参与革新,使自身能够高效地进行业务转型,并借助第三次信息技术革命进行的云外包等新兴外包业态,使服务模式出现质的区别。接包商由提供业务流程到创新性的解决方案,使接包商的技术优势和交付模式纳入本企业的创新资源中去。

因此3.0时代的服务外包是一种"创新导向型"的联盟关系,服务模式不再是对发包企业简单的业务替代关系,对发包商和服务外包行业而言需要彻底转型。发包企业和接包商的利益趋于一致,接包商必须了解发包企业的行业相关知识,熟悉发包企业的战略目标,为发包企业或与发包企业共同研发设计,提供与发包企业业务流程相关的行业解决方案,这种解决方案集成了不同行业、不同企业的资源和能力,更能适应市场和客户需求,在市场竞争中获得优势。接包商具有为接包企业解决业务、优化业务的能力,因此外包业务合作中要进行全方位的、深入的合作,形成基于信任控制并结合价格和权力控制的跨组织战略关系,这种服务模式的转变对接包商的垂直行业经验、平台管理、供应商合同管理、云计算、分析学、网络应用技术、移动应用技术等提出了更高的要求。

服务外包3.0时代对现有业务范式和服务模式带来了全新挑战,更是新的发展机遇。国内各服务外包示范城市之间,甚至和欧美、印度等离岸服务外包承接国之间都处于同一发展水平。在大数据、移动物联网的产业应用方面,我国可能还处于世界领先地位,这为我国服务外包产业的超越发展提供了新的机遇。

二、国际市场格局对服务外包产业带来的冲击

我国离岸服务外包业务以美国、欧洲、日本和中国香港地区为主要市场。2012年我国服务外包前十位发包市场国别(地区)依次为美国、日本、中国香港、新加坡、中国台湾、韩国、荷兰、德国、印度和英国,承接美国、欧盟和日本的外包执行额依次为89.4亿美元、54.6亿美元和48.3亿美元,分别占总执行额的26.6%、16.2%和14.4%[1]。

全球主要发包方美国、欧盟、日本都遭遇到了严重的经济衰退,世界最大发包方美国的金融危机影响还在持续,欧盟债务危机继续深化,日本地震海啸灾害后也导致了该国经济发展的持续放缓。目前,这些发达国家普遍

---

[1] 数据来源:中国服务外包产业区域分布概况.服务外包研究动态,2013(6)。

存在失业率高、主权债务高、财政赤字高等问题,为了维持本国就业,各国都在考虑减少产业的海外转移,并且日本坚持采取日元贬值政策,对日离岸服务外包市场也必然遭受不同程度的影响。外部市场的不景气给我国服务外包企业承接国际业务将带来不利影响。

(一)欧美离岸服务外包回流

2007年美国爆发百年一遇的金融危机后,贸易保护主义成为影响欧美离岸服务外包市场发展势头的政治因素。自从美国次贷危机引发全球性金融危机以来,欧美国家作为世界最主要的发包国,至今没有完全走出危机,普遍面临着经济持续衰退、失业率居高不下的困境。在这种背景下离岸服务外包在美国饱受争议,特别是离岸外包导致工作岗位流失,是美国政界关注的焦点。为了提高国内低迷的就业水平,缓解社会压力,欧美国家通过新的税收政策和政治措施来减少企业发包到国外的离岸外包业务,颁布相应的就业法案阻止本国企业将就业机会转移给离岸外包服务商。2013年2月,奥巴马在华盛顿发表了新任期内的首份国情咨文。在这份国情咨文里奥巴马绘制了一份完整的经济蓝图,其中一个重要变化是鼓励内包。随着以美国为代表的发包国家实施业务回流的政策导向,"乡村外包"成为服务外包市场新的业务形式。"乡村外包"是在美国靠近大学的小城镇开办公司,然后承接大型企业外包业务。公司分散在小城镇降低了运营成本,而且工作地点在美国国内,不受汇率变动影响,不存在国际法律纠纷,不存在沟通交流障碍,外包项目运营风险更小。更有利的是,它符合奥巴马政府鼓励中小企业发展和创新的政策。

随着我国劳动力成本提高,以及和美国相比较低的生产效率,我国的劳动力成本优势逐渐降低,使外国企业重新调整业务布局从经济角度看成为可能,因此减少离岸外包、业务回流将是一个发展趋势。不少知名的美国公司,包括苹果、GE等巨头企业的制造业务开始回流美国本地,甚至采用内包的形式。通用电气首席执行官伊梅尔特在《哈佛商业评论》上宣称对通用电气来说,外包的商业模式大多即将过时。

在上述政治、经济因素的共同影响下,我国离岸服务外包快速发展的局面发生了变化。近两年我国服务外包在岸业务增长速度很快,2012年在岸外包合同执行金额增长幅度为51.1%,超过离岸合同执行金额41%的增幅;2013年在岸外包合同执行金额增长幅度为42.6%,超过离岸合同执行金额35%的增幅,这种趋势表明欧美离岸服务外包回流已经影响到了我国服务外包的发展。

(二)汇率波动对我国离岸外包市场的冲击

离岸服务外包业务涉及两个国家不同经济主体的业务转移和资金的国际结算,汇率波动给离岸服务外包资金结算带来不确定性和汇兑风险。次贷危机以来国际经济环境处于不稳定状态,国际外汇市场主要外币汇率的大幅波动,直接影响服务外包公司外汇收入结算后以人民币计价的会计收入。汇率较大幅度的持续变动必然产生汇兑损益,从而对我国服务外包接包商的财务状况造成重要影响。

2013年以来在我国离岸服务外包市场中,日元持续贬值给国内承接对日外包业务的接包商带来严重冲击,日元汇率的下跌直接压缩了我国对日外包企业的利润空间。受到日本政府"大规模量化宽松货币政策"的影响,日元自2012年11月进入快速贬值通道。如图5-4所示,截至2014年1月12日,100日元兑换5.777元人民币,与2012年年底相比,在一年多一点的时间内,日元对人民币的贬值幅度将近30%。截至2014年9月19日,日元进一步贬值到100日元兑换5.646元人民币。日本发包企业主要采用日元结算,在日元贬值的趋势中,中国接包商签订的合同,在服务外包项目完成后,收到的日元收入兑换的人民币将少于合同签订时的兑换数量。接包商采用的远期结汇等金融工具难以完全覆盖日元贬值带来的影响,日元贬值直接压缩接包商的利润空间。根据行业平均利润率计算,日元对人民币汇率每下降1%,我国对日离岸业务接包商毛利率则下降约0.7个百分点。这就意味着我国大部分对日外包企业的利润空间几乎全部被汇率下跌蚕食殆尽,对于中小企业尤甚。

不仅如此,伴随着我国经济的发展,长期来看人民币对世界主要货币可

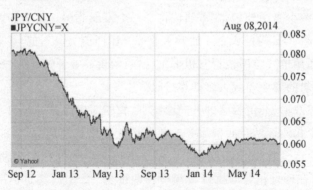

图5-4　2012—2014年日元对人民币汇率走势　来源:雅虎

能存在升值趋势,会相应造成离岸服务网外包项目经营成本上升,减弱接包商在离岸外包服务市场的成本优势,对离岸服务外包业务开拓形成压力。因此人民币升值趋势及日元汇率波动,成为影响我国离岸服务外包企业经营业绩的重要因素。企业在运用远期汇率结算等工具进行规避的同时,也应该拓展中高端离岸服务外包业务,提升离岸外包项目的利润水平;通过项目管理能力的提升和有效沟通,提高议价能力,完善规避汇率风险的相应条款。

三、服务外包示范城市之间竞争日趋激烈带来的压力

2009年1月国务院办公厅下发了《关于促进服务外包产业发展问题的复函》,将北京、上海、天津、重庆、广州、深圳、武汉、大连、南京、成都、济南、西安、哈尔滨、杭州、合肥、长沙、南昌、苏州、大庆、无锡20个城市确定为中国服务外包示范城市,2010年2月厦门也获批成为第21个示范城市。近几年来这些城市在财政部、商务部给予的扶持政策以及地方政府的大力支持下,服务外包产业获得了快速发展,在此过程中各省市,特别是21个城市为吸引服务外包企业入驻、扩大服务外包市场份额,在政策、基础设施、公共平台服务、人才等方面的竞争日趋激烈。

(一)重点服务外包示范城市的竞争

在上文的研究中,按照同区位可比性、参考指导性、特色代表性和区域均衡性原则,我们选取北京、天津、大连、重庆、成都、西安、长沙、上海、杭州、南京、无锡与苏州共12个城市,从成本、人才、市场和环境四个方面选取二级、三级指标体系,根据2012年的相关统计数据,运用因子分析法和熵值法来系统比较各个城市的综合竞争力,反映服务外包试点城市间的竞争状况。

因子分析法的实证分析表明,在四个方面的对比中,根据因子载荷矩阵与因子得分系数矩阵,主要划分为成本及市场因子、人才因子和政策扶持环境因子。在成本及市场因子方面,上海、南京和无锡得分最高,苏州紧跟天津位于第7位。苏州有较好的制造业基础,服务外包产业的聚集效应带来了一定的规模经济效应,服务外包产业发展综合情况较为理想,因此在服务外包产业成本及市场上有一定优势。在人才因子方面,北京、南京和重庆得分最高;苏州由于本地高校数量较少,本土人才培养不足,服务外包人才储备捉襟见肘,对人才流动和引进依赖性较大,在人才资源方面相对落后,处于倒数第2位的水平,这一因素成为苏州服务外包产业未来发展的一大软肋。在政策扶持环境因子方面,重庆、无锡和杭州得分最高,苏州在这方面

处于中等水平。各因素综合后,在服务外包综合竞争力方面,得分最高的3个城市是北京、南京和上海,苏州在12个样本城市中居第6位,主要是因为人才储备和服务外包企业规模两方面明显不足,影响了苏州的排名。

为了更全面客观地反映各指标权重的作用与影响,我们进一步做了熵值分析。熵值法的分析表明,在12个样本城市中,排名靠前的5个城市分别是南京、重庆、苏州、北京和杭州。苏州在样本城市中位列第3位,处于先进水平,主要是苏州在服务外包企业数量以及知识产权保护和培训数量方面占有显著优势,但在高校数量、高校毕业生人数、服务外包企业规模方面还是较弱,这是苏州今后服务外包转型突破应重点关注的问题。

(二)示范城市所在地区服务外包市场份额方面的竞争

服务外包产业的综合竞争最终必然会体现在各城市以及所在省份的服务外包市场规模、市场份额的变化上。根据服务外包研究中心对2013年、2014年第1季度离岸、在岸服务外包大额合同的分析,可以直观地看出国内服务外包市场的激烈竞争[1]。

在岸服务外包的合同接包区域分布方面,2013年前五位的省(市)分别是江苏、广东、浙江、天津和湖南,其中江苏省占比达45%,东部地区占比为81%,中部为13%,西部和东北地区为6%(图5-5)。[2] 2014年一季度,在岸服务外包的合同接包区域分布中,前五位的省(市)分别是江苏、浙江、广东、天津和湖南,其中江苏省占比达38%,和2013年相比下降7个百分点。

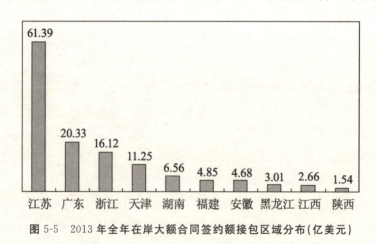

图5-5 2013年全年在岸大额合同签约额接包区域分布(亿美元)

---

[1] 在岸服务外包数据未包括北京、河北、四川、重庆等省市和地区。

[2] 数据来源:服务外包大额合同分析报告(2013年度报告).服务外包研究动态,2014(2)。

东部地区占比为91%,中部为6%,西部和东北地区为3%(图5-6)。[1] 由2013年和2014年一季度的数据比较可以看出,江苏仍然处于领先地位。浙江2014年一季度飞速增长,与江苏的差距很小。湖北、山东虽然总体规模不大,但增速也很快。

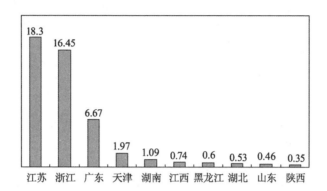

图 5-6　2014年一季度在岸大额合同接包区域分布(亿美元)

离岸服务外包的大额合同签约额区域分布方面,2013年上海、广东、北京、江苏、湖北和山东处于领先位置,各省(市)签约额为51.4亿美元、45.2亿美元、44.8亿美元、41.5亿美元、31.5亿美元和29.7亿美元,市场份额分别为16%、14%、14%、13%、10%和9%,六省(市)签约金额占全国的76%(图5-7)。[2] 2014年一季度,离岸服务外包的大额合同签约额区域分布中,前六位的省(市)分别是上海、江苏、广东、北京、辽宁和山东,各省市签约额为25.4亿美元、15.4亿美元、14.3亿美元、8.5亿美元、4.6亿美元和

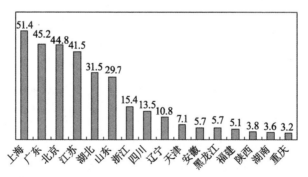

图 5-7　2013年度离岸大额合同签约额区域分布(亿美元)

---

[1] 数据来源:服务外包大额合同分析报告(2014年1季度).服务外包研究动态,2014(4)。
[2] 数据来源:服务外包大额合同分析报告(2013年度报告).服务外包研究动态,2014(2)。

3.9亿美元,市场份额分别为31%、18%、17%、10%、6%和5%,六省(市)签约金额占全国的81%(图5-8)。[1] 由2013年和2014年一季度的数据比较可以看出,上海继续保持一枝独秀,江苏市场份额有较快增长,辽宁、湖北等排名变化较大,各省(市)之间市场份额的竞争十分激烈。

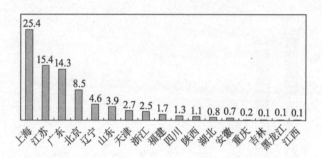

图5-8 2014年一季度离岸大额合同签约额区域分布(亿美元)

四、服务外包向非示范城市加速转移带来的威胁

在服务外包快速发展的背景下,我国许多二三线的非服务外包示范城市为转变经济增长方式,培育新的经济增长点,转变经济发展切入点,也将服务外包产业作为未来发展的重点,加强服务外包资源的有效整合发展。非示范城市具有成本、人力资源优势,发展基础好、接包能力强的一线示范城市,积极将承接的服务外包业务向二三线城市转移,已初步显现一线城市接包、二三线城市交付的区域协同发展的端倪。非示范城市分流了部分服务外包市场份额,对苏州这样的示范城市构成一定威胁。

(一)非示范城市发展服务外包的优势

伴随着经济全球化,产业的转移与承接正在以一种不可阻挡的趋势加速前进。产业转移是优化生产力空间布局、形成合理产业分工体系的有效途径,是推进产业结构调整、加快经济发展方式转变的必然要求。当前,我国东部沿海地区产业向中西部地区转移步伐加快。依据跨国公司产业转移理论,伴随着制造业的大量转移也将带来以服务外包产业为主的现代服务业的转移。按照上文对城市服务外包竞争力的研究指标,二三线的非示范城市在薪酬成本、生活成本等方面具有明显优势,在基础设施等环境因素方面与示范城市的差距逐步缩小。目前,已经有越来越多的国内外企业"相中"二三线的非示范城市,将非核心业务转移到这些城市或者将公司后台、

---

[1] 数据来源:服务外包大额合同分析报告(2014年1季度).服务外包研究动态,2014(4).

公司区域总部等选址于这些城市。

非示范城市具有劳动力成本和运营成本优势。服务外包是一个高智力人员密集的产业,二三线的非示范城市人员的稳定性要比一线城市好很多,这非常关键,人员频繁流动不仅影响项目正常完成,成本也会随之提高。未来几年,服务外包产业的地域布局将进一步扩展,服务外包产业将向二三线的非示范城市重新布局、转移,以此缓和服务商在人力、信息、资源、交易等方面的成本压力。

随着基础设施和现代信息技术的发展,各城市之间的地域和空间局限逐渐消除。在云计算、移动互联网、物联网、大数据等新技术的驱动下,服务外包产业的技术基础、产业要素、交易模式、交付模式都在发生根本性的变革,产业的整体正在逐步进入一个大变革的时期。服务外包产业的转型发展面临着巨大的挑战,但同时也面临着良好的机遇。对二三线的非示范城市来说,新技术的使用跨越了城市之间的空间距离,交付模式已不受地域限制,原来服务外包都集中在北、上、广等一线大城市,现在二三线城市企业发展服务外包的越来越多。

我国服务外包产业在地域上已经形成"示范城市—非示范城市"两极和"东部沿海—中西部"阶梯分布态势。而从全国服务外包产业发展形势看,随着一线城市运营成本的提高,服务外包企业主营业务向二三线的非示范城市转移成为新的趋势。

(二)样板城市——青岛的经验及其给苏州的启示

根据中国服务外包研究中心的《服务外包大额合同分析报告·2013年度报告》,从各服务外包行业2013年度大额离岸合同行业前五名分布(见表5-1)中可以看出,绝大多数城市属于21个服务外包示范城市,但青岛作为非示范城市,在零售和批发外包及能源外包中异军突起,超越众多试点城市,位居前五,是二三线城市服务外包发展的典型。

表5-1 2013年度大额离岸合同行业前五分布

排名	交通运输	金融与保险	零售与保险	能源	卫生健康	信息服务业	政府与教育	制造业	其他
1	济南	广州	北京	武汉	上海	上海	武汉	广州	成都
2	成都	上海	上海	哈尔滨	武汉	北京	济南	深圳	上海
3	广州	杭州	青岛	青岛	北京	南京	烟台	南京	南京

续表

排名	交通运输	金融与保险	零售与保险	能源	卫生健康	信息服务业	政府与教育	制造业	其他
4	深圳	深圳	广州	济南	天津	深圳	深圳	成都	合肥
5	厦门	天津	合肥	广州	南京	大连	广州	苏州	苏州

来源：王肖：服务外包大额合同分析报告·2013年度报告（服务外包研究动态，2014.2）。

在全国服务外包快速发展的背景下，为培养新的经济增长点，加快经济结构调整步伐，青岛在政策环境、产业规划、产业招商、人才培养等方面加大力度，依托良好的产业基础，实现2008年以来离岸服务外包执行额连续五年倍增。2013年青岛市完成服务外包执行额17.1亿美元，同比增长103.1%。其中离岸服务外包执行额16.3亿美元，同比增长98.3%，荣获"中国服务外包最具潜力城市"[1]。青岛服务外包产业的快速发展具有下列特征：

一是制定切实可行的服务外包发展规划。青岛市成立促进服务外包产业发展工作领导小组、服务外包协会，建立市领导联系重点企业制度。出台《青岛市服务外包产业发展规划（2008—2015年）》《青岛市软件及服务外包产业发展规划（2012—2016）》，全面指导、保障服务外包产业发展。二是政策扶持措施有效推动了服务外包持续发展。青岛市明确市、区两级财政每年用于扶持资金不少于1亿元。2008年以来获得中央财政补贴总计4 779.45万元，地方配套扶持资金6.37亿元。三是因地制宜，发挥地区资源比较优势。青岛市借助沿海港口区位优势和工业品牌优势，突出工业设计与研发外包，重点发展生物医药和海洋装备研发。四是搭建平台，打造服务外包产业聚集地。2008年以来，青岛市、区两级财政共计投入资金5.34亿元，用于服务外包产业园区和公共平台建设，构建"东谷、西园、北城"空间布局框架。五是校企联动，培育引进服务外包专业人才。青岛市财政拨款8 000万元用于改造建设服务外包实训基地，与中国海洋大学等高校签署共建协议，以高校课改为抓手，订单式培养中高端服务外包人才。

青岛发展服务外包产业的成功经验表明，借助当地的资源比较优势，以合理的产业发展规划、有力的政策推动，完全可以推动服务外包产业的较快

---

[1] 数据来源于山东服务外包网：http://outsourcing.shandongbusiness.gov.cn/news-center/other/1333.html

发展。在服务外包3.0时代来临之际,苏州完全有能力立足雄厚的制造业,在服务外包现有发展水平上,及时调整发展战略,实施新的政策措施,促进服务外包产业转型突破,再现新的辉煌。

第二节 苏州服务外包产业发展的战略调整思路

一、对接"大、物、云、移"新技术,推动服务外包产业转型升级

在服务外包3.0时代,基于云计算、物联网和移动互联网的服务外包业务模式和交付渠道,以及专业服务外包公司与垂直行业的深度结合,突破了时间、空间、规模对服务外包产业的局限,弱化了现有产业的集群效应和空间布局效应。苏州服务外包产业的空间布局和产业布局必须根据服务外包3.0时代的发展趋势进行调整、升级,并提升与大数据、云计算、电子商务、移动支付等相关的服务外包新业态的业务规模,形成以3.0时代的高端服务外包带动,高中低端分工协作发展的格局。

(一)现有服务外包布局需要根据3.0时代的发展趋势进行调整

2009年苏州被列为服务外包试点城市以来,服务外包保持高速发展势头,2013年苏州接包合同执行额86.4亿美元,其中离岸外包合同执行额46.2亿美元。苏州已形成软件开发、设计研发、金融后台服务、动漫创意、生物医药研发以及物流与供应链管理六大服务外包支柱产业,实现了ITO、BPO和KPO领域的全覆盖。同时离岸市场拓展取得重大进展,国际交往日益频繁。目前,苏州与83个国家与地区有服务外包业务往来,其中来自美国的合同数量最多,其次是日本和中国台湾地区。苏州服务外包企业中近一半是外资企业,企业国际市场开拓能力强,素质不断提升,同时很多跨国公司选择将共享服务中心落户苏州。

苏州现有的服务外包产业空间布局,是苏州市服务外包产业在发展过程中,依托苏州城市发展规划和产业空间布局,形成的"一轴两翼"的布局框架。贯穿苏州高新区、古城区、苏州工业园区和昆山市的"一轴"是苏州服务外包区域创新体系建设的核心承载区,是苏州服务外包产业"东进上海、走向国际"的主轴,将辐射和带动"两翼"的发展。"北翼"地区包括张家港、常熟、太仓和相城区,紧紧依托张家港经济开发区、常熟高新区、江苏(太仓)LOFT工业设计园等载体发展特色服务外包,推进"优化沿江"的服务外包产业空间发展战略。张家港依托保税港区优势,打造中国"大宗商品交易服务外包港"。常熟依托汽车零部件制造优势,打造"汽车研发外包之都"。太仓依托人才和品牌优势,推动生物医药研发外包和LOFT工业设计("中国创意工厂")发展。"南翼"地区包括吴中区和吴江市,依托包括太湖滨湖新城、苏州太湖国家旅游度假区在内的沿太湖区域,打造现代服务外包产业"沿湖带",深入实施"西育太湖"的空间发展战略;依托吴中经济开发区、苏州太湖旅游度假区、吴江经济开发区和汾湖经济开发区等服务外包载体,在医药研发、呼叫中心、工业设计、创意产业等领域形成特色和发展优势。

苏州现有的服务外包产业布局是2009年以来,采用服务外包1.0和2.0时代的外包模式,借助苏州本地服务业、科技等优势,并吸引国内外知名服务外包企业,经过多年发展所形成的。服务外包的六大支柱产业和"一轴两翼"的空间布局,都是在"大、物、云、移"新的信息技术和由此产生的服务外包新业态出现之前发展并形成的。同时从全国范围看,服务外包企业在2012年利润已经出现下滑势头,其原因是企业人力成本偏高、融资渠道单一、研发投入不足,以及其他各种硬性商务成本的上涨,导致经营成本不断上升,服务外包企业利润空间进一步压缩。从服务外包发展趋势看,成本导向性发展模式已难以持续,转型升级成为服务外包企业、服务外包产业的必然选择,苏州服务外包产业布局也需要相应进行调整和升级。

上述苏州服务外包的空间布局和产业布局,是在服务外包1.0和2.0时代,各地区在原有产业、科技等资源优势基础上,服务外包产业在发展中逐步形成的布局结构。在服务外包3.0时代基于云计算、物联网和移动互联网的服务外包业务模式和交付渠道,以及专业服务外包公司与垂直行业的深度结合,突破了时间、空间、规模对服务外包产业的局限,弱化了现有产业的集群效应和空间布局效应。现有布局必须根据服务外包3.0时代的发展趋势进行调整、升级,并提升与电子商务、移动支付、移动互联网等相关的服务外包新业态的业务规模。

(二)现有布局向3.0时代过渡升级的变革思路

1. 以3.0时代的高端服务外包带动,各区域高、中、低端外包分工协作

服务外包3.0时代,现代科技弱化了空间甚至时间因素对服务外包产业发展的限制,但城市基础设施、经营成本和人才因素成为影响服务外包产业发展的主导因素。贯穿苏州高新区、姑苏区、苏州工业园区和昆山市的"一轴"是苏州服务外包产业发展的核心区域,是对接上海、走向国际的主轴线。这一区域,特别是高新区、姑苏区和苏州工业园区,汇集的人才远远超

过昆山和两翼的其他地区,但同时也存在着工资水平、运营成本高的不利因素。昆山和两翼地区虽然服务外包产业发展已初具规模和水平,但在3.0时代发展高端服务外包产业时,存在的最大弊端是难以吸引到大量中高端人才。因此3.0时代服务外包的空间布局整体思路应该是高新区、姑苏区、工业园区重点发展与大数据、云计算、物联网、移动互联网、智慧城市相关的中高端服务外包,以高附加值的外包业务吸引高端人才,对冲运营成本高的不利影响。两翼地区除少数独居优势的服务外包产业外,大部分地区应发挥低成本优势,大力发展中低端服务外包,在此基础上拓展高端服务外包业务。苏州市整体上的空间布局应该是以3.0时代的高端服务外包带动,高、中、低端合理分工,错位发展,密切协作,提升整体竞争力。

2. 现有六大服务外包支柱产业和"大、物、云、移"的衔接转型

苏州的软件开发、设计研发、金融后台服务、动漫创意、生物医药研发以及物流与供应链管理等六大服务外包支柱产业,经过几年的快速发展,已具备一定的规模优势和竞争实力。在服务外包向3.0时代升级的背景下,为拓展六大产业的发展空间、保持发展动力,必须和"大、物、云、移"衔接转型,借助新兴的服务外包业态向高端延伸,实现转型升级的跨越。

软件开发外包要借助云外包模式,针对用户的定制软件、嵌入式软件、套装软件、系统软件和软件测试、应用软件集成及维护管理,以及供应链、客户关系、人力资源和财务管理等外包业务,建立标准化的外包服务平台,通过规范的流程、统一的模块化,构建云平台外包。

针对汽车工业设计、冶金工业设计、新能源和新材料研发设计、电子产品设计、芯片设计、样本测试/样机研究、内置系统/解决方案、工厂与工艺设计等工业设计研发外包,其重点是通过云计算、移动互联网等技术手段,密切和发包企业沟通协作,由目前承担部分环节的研发外包转型为提供完整的解决方案,并与发包企业的创新活动融为一体。

金融后台服务外包在现有前台、后台业务外包的基础上,借助大数据的新兴外包业态,提升金融后台服务能级,通过数据加工和挖掘能力,向高端金融服务外包领域延伸,特别是运用大数据进行金融数据挖掘与分析、信用分析与评级、金融衍生产品研发咨询等业务。

动漫创意产业需要顺应文化产业信息化、虚拟化、体验化、跨界化和国际化的发展趋势,因此苏州动漫创意产业必须充分发挥泰山动画、神游科技、园区动码动画等在业内有一定知名度和实力的动漫企业的竞争优势,借

助大数据、云计算、移动互联网等技术手段来拓展新兴业态和发展空间。

生物医药研发外包拥有工业园区生物产业园、吴中医药产业基地等优质载体,药明康德、昭衍等知名企业,以及从研发、中试、测评、生产到成药的产业链的生物医药服务外包。在3.0时代生物医药研发外包应运用大数据、云计算提升外包业务的科技含量和价值附加,运用云计算、移动互联网等技术手段开拓潜在用户,拓展服务外包市场范围和规模。

物流与供应链管理外包需要借助物联网、移动互联网技术,为客户提供完整的物流信息管理系统、物流规划组织和供应链管理的整体解决方案,由单纯的承接物流业务升级为供应链的重要环节,为企业价值链提供增值服务。

3. 检验检测外包和跨国公司共享服务中心的拓展升级

检验检测是企业产品经营的重要环节,苏州作为长三角制造业聚集区和全球重要的工业品、电子产品制造基地,检验检测认证的外包市场潜力很大,苏州在这一市场上要有效拓展,并和3.0时代做到同步发展。在开拓检验检测外包业务时,检验检测机构需要运用大数据、物联网和移动互联网技术,借鉴3.0时代的服务模式、运营模式、交易模式、商业模式、供给模式,以符合3.0时代外包发展趋势的成熟业务模式,开发软件评测服务、质量检验测试、设计试制验证、检测试验咨询等外包市场。跨国公司共享服务中心是一种特殊的外包业态,是在跨国公司内部各分支机构之间进行的业务流程集中处理。苏州应借助跨国公司机构众多、现有的共享服务中心成功运作的优势,加大云计算、移动互联网的基础设施建设,形成"大、物、云、移"技术的应用环境,以新技术引领外包产业发展方向,推动跨国公司在苏州设立共享服务中心。

二、推进品牌战略,扩大国际知名公司辐射作用

服务外包的品牌是一个服务外包企业或产业竞争力的直接体现,对展现企业实力和行业竞争能力,对拓展服务外包业务具有积极作用。苏州服务外包产业总体业务量在全国处于前列,但企业规模偏小、品牌效应不足已经明显制约了苏州服务外包产业的进一步发展,无法适应3.0时代对服务外包企业转型升级的更高要求。苏州应重点强化国际知名公司品牌的辐射效应,带动本地企业和产业的品牌建设,同时积极引导服务外包细分行业内部企业的集聚协作,打造细分产业的品牌效应。

（一）品牌效应是服务外包企业竞争力的关键要素

从国内外服务外包市场发展情况看,大型企业的品牌效应和由此带来的规模优势是发挥竞争优势的重要因素。大型服务外包企业具有人才、技术和规模优势,有较强的外包项目承接能力,在市场上已经形成了一定的品牌效应,在服务外包市场上拥有较强的竞争力。面对3.0时代服务外包产业转型升级的趋势,大型企业也有资金和技术实力进行投资或转型,更快地顺应产业发展方向。

印度在国际服务外包市场上之所以处于领先地位,一个很大的特点是印度本地的服务外包企业规模巨大,单个企业即有能力承接咨询、集成服务、软件外包和业务流程外包等全方位服务,因此在接包能力上具有明显的竞争优势。如印度的TCS(塔塔咨询服务)、Infosys等公司,在印度当地的员工分别为26万和15万人以上,年收入分别达到101亿美元和70亿美元。全球一些跨国公司在印度设立的地区总部或分公司开展服务外包业务,如表5-1所示,这些公司的规模也很大。

表5-2　部分在印度的大型服务外包企业名单(2012)

公司名称	在印度的员工	业务范围	企业总销售收入（亿美元）
TCS	263 637	IT咨询和服务外包	101.7
Wipro	140 569	IT咨询和服务外包	73
Infosys	155 629	IT咨询和服务外包	70
HCL Technologies	85 195	IT咨询和服务外包	44
Cognizant	160 400	IT咨询和服务外包	73.5
HP	30 000	企业咨询	614.1(2011)
IBM	150 000	企业咨询	601(2011)
Cisco	8 700	网络产品和服务	460.6
Accenture	257 000	IT咨询和服务外包	279
Ericsson	13 853	网络产品和服务	14

苏州服务外包产业总体业务量在全国处于前列,但在企业规模方面处于劣势。从企业人员规模角度看,2012年苏州千人以上规模的服务外包企业屈指可数,仅有14家;3 000人规模的服务外包企业为零。2012年苏州服务外包企业数已达1 900余家,从业人数达到18.5万人,平均每家企业人

员规模不到100人。同期南京服务外包企业1 339家,平均每家企业人员规模在180人左右;无锡服务外包企业1 249家,平均每家企业人员规模在110人左右。从产值角度看,2012年苏州服务外包离岸执行额超过1 000万美元的骨干型企业仅为24家,同期南京为113家,无锡为60家。从品牌角度看,苏州服务外包企业中,中国服务外包十大领军企业仅有方正软件有限公司1家、全球外包企业100强企业仅有新宇软件1家。2013年度中国服务外包企业最佳实践50强企业中苏州只有2家,仅占总数的4%,而在2013年度苏州服务外包企业数量占据全国总企业数量的9%。

在上述对试点城市服务外包产业综合竞争力的研究中,产值超过1 000万美元的服务外包企业数量这项指标明显落后于其他同等水平的样本城市,表明服务外包企业规模偏小、品牌效应不足已经明显制约了苏州服务外包产业的进一步发展,无法适应3.0时代对服务外包企业转型升级的更高要求。

(二)强化国际知名公司品牌的辐射效应,带动本地企业和产业的品牌建设

经过近几年的蓬勃发展,在全国服务外包示范城市中,苏州已成为服务外包大市。今后服务外包产业转型突破的一个着力点是强化服务外包产业的品牌建设,通过引导服务外包企业注重品牌建设来提高竞争力,使苏州由服务外包大市向服务外包强市转变。

首先把发挥国际知名企业品牌效应作为突破。欧美和印度知名的服务外包品牌企业,在全球服务外包市场拥有规模和品牌优势,这些公司在苏州进行产业布局,会快速形成苏州服务外包产业的品牌效应。对已经在苏州开设分支机构的知名企业,提供各项优惠和扶持政策,解决人才、基础设施、商务运营等问题,创造条件吸引它们把更多的业务处理中心放在苏州。对未在苏州投资的公司,应作为今后招商引资的重点对象,把更多的知名公司引入苏州,把服务外包业务放在苏州。国际知名公司的引入和业务布局可以直接形成苏州服务外包的品牌效应,对苏州本地服务外包企业的品牌建设也将起到推动作用。

其次把建设本地服务外包企业品牌作为一项长期的重点工作。行业主管部门要立足苏州现有服务外包企业资源,分析苏州服务外包市场有哪些在国际、国内有一定知名度的本土企业,借鉴国际知名公司的品牌建设经验,制定塑造苏州服务外包品牌的发展规划。对苏州本地有一定规模和竞

争实力的企业,主管部门要协助企业对品牌进行差异化定位,引导企业进行品牌规划和建设,通过研发投入、服务模式创新、提供个性化和标准化的行业解决方案,形成企业自身的经营特色和竞争力,形成企业品牌的核心。引导企业开展员工诚信教育,并通过高质量的外包项目执行、准确的交付时间、完善的后续服务,从精神和物质两个层面展示企业品牌形象。根据企业业务发展规划,在国内外建立相应的销售网络,建立企业品牌的推广和营销渠道,以品牌营销来获取外包项目,以外包项目来扩大业务规模,降低经营成本,更好地展示品牌效应。同时积极引导细分行业服务外包企业的集聚协作,打造细分产业的品牌效应。

三、提升离岸外包竞争力,打造贸易竞争新优势

在商品进出口贸易增长乏力的背景下,大力发展服务贸易将成为国家关注的重点,2014年4月国务院部署支持外贸稳定增长工作,提出扶持服务贸易发展,扩大服务进出口的对应措施。离岸服务外包属于服务贸易的一部分,提升离岸服务外包竞争力,保持离岸服务外包稳定增长,可以直接扩大服务贸易规模,增加服务贸易出口,缩小服务贸易逆差,改善服务贸易结构。苏州服务贸易也面临着增速放缓、整体处于逆差状态等问题,因此提高离岸服务外包竞争力对推动苏州服务贸易发展具有重要意义。

(一)离岸服务外包是推动服务贸易发展的重要因素

服务贸易(International Service Trade)是指服务的输入和输出的一种贸易方式。按照商务部2012年版的《国际服务贸易统计制度》,服务贸易分为以下14类:1.运输服务;2.旅游;3.通信服务;4.建筑及相关工程服务;5.金融服务;6.保险服务;7.计算机和信息服务;8.教育服务;9.环境服务;10.医疗、保健和社会服务;11.文化和体育服务;12.特许使用费和许可费;13.分销服务;14.其他商业服务。服务贸易的类别中,部分内容与服务外包的ITO、BPO和KPO的业务是相同的,因此服务外包和服务贸易是相互独立又密切联系的两个概念(如图5-9所示)。

图5-9 服务外包和服务贸易的关系

计划经济时期我国基础产业发展落后,服务业发展相对滞后。但随着改革开放以来的经济体制改革,服务行业不断发展,服务业劳动生产率不断提高,在国民经济中的作用越来越大。2013年,我国服务贸易进出口总额达5 396.4亿美元,比上年增长14.7%,超过货物贸易进出口总额增速7.6%近1倍。我国服务业虽然得到了快速发展,但与发达国家相比,差距仍然较大。虽然我国服务贸易进出口总额增长迅速,国际市场占有率也不断提升,但服务贸易逆差依然很大。2013年的服务贸易逆差,已从2007的76亿美元,急剧上升到1 184.6亿美元。逆差主要集中于旅游、运输服务、专有权利使用费和特许费、保险服务等领域,2013年上述领域逆差金额合计为1 718.5亿美元;而其他商业服务、咨询、计算机和信息服务、建筑服务等,则实现了较大数额的顺差,顺差额合计为527.7亿美元。

服务贸易在快速发展中仍然存在一些问题,比如苏州市商务局最新的统计数据显示,2014年上半年服务贸易额增长14%,低于前几年的增幅,特别是加工服务贸易下降3.7%,服务贸易快速发展面临压力。同时苏州服务贸易也存在明显的结构问题,加工服务、研究成果转让及委托开发、运输服务等行业处于顺差状态,而研发成果使用费、特许贺商标使用费、留学教育服务等逆差严重,导致服务贸易整体处于逆差状态。因此无论是从全国范围还是苏州的服务贸易发展现状看,都需要新的增长因素,承接离岸服务外包可以带动服务贸易发展,增加服务贸易出口,缩小服务贸易逆差,改善服务贸易结构。

(二)从促进服务贸易发展的高度,提升苏州离岸服务外包竞争力

改革开放以来,我国对工业发展的重视程度远远超过服务业,导致在国民经济中服务业处于弱势地位。服务业占发达国家GDP的比重平均为70%左右,其中美国高达80%,国家统计局公布的统计数据显示我国2013年服务业的比重为46.1%,甚至低于发展中国家50%的平均水平。与此相对应,目前我国货物贸易已发展成为世界第一大国,并且总体上保持顺差状态。但在服务业贸易方面处于弱势,2013年的服务贸易进出口总额达到5 396亿美元,只占据中国出口份额的8.7%,以及进口的14.4%。而且我国服务贸易连续12年出现逆差,贸易赤字从2012年的897亿美元,增长到2013年的1 185亿美元,同比上升32%,为全球最大的服务贸易逆差国。

从国际范围看,自20世纪80年代以来,在传统商品贸易发展成熟的条件下,当今世界贸易的重心已向服务贸易倾斜,服务贸易的增速已经超过商品贸易,服务业的发展水平、服务贸易的竞争能力成为衡量一个国家现代化水平的重要标志。为了摆脱金融危机对经济的负面冲击,世界各国都在寻

找新的经济增长动力,服务贸易受到各国的普遍关注。

从我国经济发展角度看,经济转型升级需要加大服务业和服务贸易在GDP中的比重,促进国内三次产业结构调整。对苏州而言,加速发展服务贸易是对外贸易面临的主要问题。2013年苏州全市服务贸易总额157.56亿美元,占外贸进出口总值的比重仅为5.1%。同期上海服务贸易总额为1 725.4亿美元,占外贸进出口总值的比重为28.1%。苏州和上海相比,服务贸易的规模和比重都有很大差距,在转变苏州经济发展方式、实现经济转型升级的背景下,要落实十八大提出的"发展服务贸易,推动对外贸易平衡发展"的精神,苏州需要提升离岸服务外包竞争力,扩大离岸服务外包规模,助推服务贸易发展。

四、拓展服务外包产业边界,打造苏州经济发展新引擎

服务外包属于现代服务业的范畴,现代服务业是伴随着信息技术和知识经济的发展而产生的,应该用现代化的新技术、新业态和新服务方式改造传统服务业,创造需求,引导消费,打造向社会提供高附加值、高层次、知识型的生产服务和生活服务的现代服务业。现代服务业可以分为基础服务、公共服务、生产性服务、个人消费服务四个重要领域。苏州服务外包应在现代服务业的角度,大力发展政府公共服务外包和生产性服务外包,拓展外包产业边界,形成经济发展新动力。

(一)开拓政府公共服务外包市场

政府公共服务外包(采购)是政府特殊具有的,最具典型性和代表性的形式。政府公共服务外包就是指政府将原来由政府直接举办的、为社会发展和人民生活提供服务的事项交给有资质的社会组织来完成,并根据社会组织提供服务的数量和质量,按照一定的标准进行评估后支付服务费用,这是一种"政府承担、定项委托、合同管理、评估兑现"的新型的政府提供公共服务的方式。

目前各级政府公共服务外包体量总体偏小,潜在市场还有待充分挖掘,2013年7月国务院常务会议研究推进政府向社会力量购买公共服务,将会推动政府公共服务外包的市场开拓。通过政务外包不仅可以提高政府运作效率,同时通过政府公共服务发包,还为服务外包企业提供了巨大的市场需求。十二五期间,应鼓励政府、公共事业单位等积极将不涉及秘密的业务进行剥离,重点发展公共事业外包、政府电子政务外包、电子监管、医疗服务、教育服务、信息数据处理、数字城市等公共信息系统的开发与运维。

(二) 大力发展生产性服务外包

生产性服务业(Producer Services)最早是由美国经济学家布朗宁和辛格曼在 1975 年对服务业进行分类时提出的,是指为保持工业生产过程的连续性、促进工业技术进步、产业升级和提高生产效率提供保障服务的服务行业。目前,国际经济合作发展组织对其定义为"Producer services are intermediate inputs to further production activities that are sold to other firms",即生产性服务是指作为中间性投入提供给其他企业的促进生产活动的服务。生产性服务业依附于制造业企业而存在,贯穿于企业生产的上游、中游和下游诸多环节中,以人力资本和知识资本作为主要投入品,把日益专业化的人力资本和知识资本引进制造业,是二、三产业加速融合的关键环节。生产性服务业是传统制造业升级改造的催化剂,大力发展生产性服务业是工业经济发展到一定程度的内在要求。2014 年 5 月份,国务院总理李克强主持召开国务院常务会议,专门部署加快生产性服务业重点和薄弱环节的发展,促进产业结构调整升级。

苏州作为制造业大市,具有发展生产性服务业、生产性服务外包的巨大潜力。政府部门应制定鼓励制造企业进行生产性服务业外包的相关政策,使企业认识到生产性服务外包已经成为先进制造企业发展核心竞争力的重要方式,可以帮助企业降低资本投入和运营成本,提高企业内部运作效率,并通过各种优惠政策使企业切实从生产性服务外包中得到收益。要加快扶持苏州当地的服务外包企业开展生产性服务外包业务,引进国内外知名的生产性服务外包企业,形成生产性服务外包的供给市场,从供需两方面推动生产性服务外包市场快速发展。

(三) 大力发展云计算领域外包和物联网领域外包等新兴外包业态

服务外包 3.0 时代,借助云计算、大数据、移动互联网和物联网新兴的信息技术手段,技术革新使很多行业可以对原有业务或流程进行创新,这些新兴技术由概念兴起逐步发展到应用于企业经营和现实生活。目前国内服务外包产业出现了 3D 打印、云印刷、网络营销、产品打样、在线内容增值、场地智能化设计等新兴的服务外包新业态。这些新兴业务代表服务外包新的发展方向,也可能形成一个全新的市场,发展潜力巨大。苏州服务外包产业发展应密切跟踪服务外包的新业务、新亮点,及时跟进,迅速拓展,抢占服务外包发展的有利形势。

第三节　苏州服务外包产业转型突破的策略

一、以扶持政策为先导,创建产业新环境

产业政策的引领在我国经济发展中发挥着重要作用,回顾近几年我国服务外包产业的发展,可以发现政策驱动是产业快速发展的重要因素。服务外包产业的转型突破,既需要企业感受到市场变化而自主调整,更需要政府主管部门的政策引导和扶持。苏州应尽快出台鼓励创新、升级的扶持政策,为服务外包产业转型、升级提供良好的政策环境。

(一)顺应产业升级趋势,转变粗放式的外包扶持政策

1. 政策扶持是服务外包产业的重要推动因素

回顾近几年我国服务外包产业的发展,可以发现政策驱动是产业快速发展的重要因素。2006年,商务部根据《国民经济与社会发展第十一个五年计划纲要》关于"加快转变对外贸易增长方式,建设若干服务业外包基地,有序承接国际服务业转移"的要求,为促进服务外包产业快速发展,优化出口结构,扩大服务产品出口,实施"千百十工程",在人才培训、扶持外包企业、基地城市建设、公共服务平台等方面扶持离岸服务外包产业发展,使我国服务外包产业快速起步。

2009年1月,《国务院办公厅关于促进服务外包产业发展问题的复函》(国办函[2009]9号文件)批复北京、天津、上海、重庆、大连、深圳、广州、武汉、哈尔滨、成都、南京、西安、济南、杭州、合肥、南昌、长沙、大庆、苏州、无锡等20个城市为中国服务外包示范城市,并在这20个试点城市实行税收优惠、资金支持、基础设施建设扶持等支持政策,我国服务外包产业进入蓬勃发展时期。

近几年苏州市相关部门制定、实施了一系列推动服务外包发展的政策措施,保障服务外包产业的快速发展。2007年苏州市政府正式出台了《苏州市促进服务外包发展的若干意见》,2010年编制了《苏州市服务外包产业"十二五"发展规划》,2009—2013年连续出台两个"三年跨越发展计划"。几年来,苏州在财政、税收、金融、人才培养等方面实施的优惠、扶持政策在服务外包产业发展中发挥了重要作用。

2. 服务外包扶持政策随产业升级而调整和转型

在服务外包处于转型升级背景下,国内服务外包政策也由简单粗放型

的推动增长速度、扩大规模,向提升层次、转型升级方面转变。2014年教育部、商务部顺应服务外包升级对人才素质的更高要求,发布《教育部商务部关于创新服务外包人才培养机制提升服务外包产业发展能力的意见》,鼓励高校、培训机构和服务外包企业创新人才培养机制,为产业升级提供人才和智力支撑。2014年5月,国务院召开常务会议,部署加快生产性服务业重点和薄弱环节发展促进产业结构调整升级等工作,会议上提出发展生产性服务业、鼓励服务外包发展,有利于引领产业向价值链高端提升,推动经济提质、增效、升级。服务外包产业,特别是新兴的研发服务外包将会迎来新的发展机遇。为落实创新驱动战略,加快经济结构战略转型,发改委发文表示下一步将会同相关部门,重点围绕制约战略性新兴产业发展的体制机制障碍,加快完善产业宏观发展环境,抓紧在云计算、物联网、生物、电子商务等关键领域研究出台一批重大产业政策。

江苏省也根据其服务外包产业发展现状,结合服务外包产业发展趋势,选择工业(工程)设计、医药和生物技术研发、软件研发、动漫创意、企业供应链管理、数据挖掘和数据分析、检验检测、技术翻译、离岸研发中心的BOT(建立—运营—转让)等在行业中带动性强、特色鲜明的高端服务外包业务进行重点扶持,对重点服务外包企业、服务外包载体和公共服务平台提档升级、服务外包中高级人才培训活动等提供财政资金补贴。

(二)苏州创建产业新环境的政策措施

在服务外包产业处于向3.0时代升级、国家和江苏省服务外包扶持政策相应调整的背景下,为推动苏州服务外包顺利转型突破,建议苏州在以下方面尽快出台鼓励创新、升级的扶持政策,为服务外包产业转型、升级提供良好的政策环境。

(1)出台中高端服务外包业务和企业的认定标准和扶持措施。按照服务外包3.0时代发展趋势,以大数据、云计算、物联网、移动互联网等新兴技术手段为标准,认定高端服务外包企业,采取财政、税收、金融等政策支持新兴企业运用ICT第三平台技术,采用云端交付模式,将外包业务嵌入特定行业业务流程,通过鼓励拓展新兴服务外包业务来培育3.0时代的服务外包企业和市场。加大符合3.0时代外包企业的招商力度,着力打造服务外包新业态的聚集效应。

(2)对苏州市范围内的人才服务平台、业务服务平台、技术服务平台、检验检测平台、信息服务平台,结合当地服务外包企业转型升级的需要,给予转型专项资金,开展定位研究和转型的软硬件投资,为服务外包企业提供转型升级的配套服务。

(3) 调整服务外包人才培养方向、层次和结构,重点培养符合3.0时代的服务外包人才。对符合人才培养方向的高等院校、培训机构、服务外包培训基地所开展的中高端人才培训,给予配套资金补贴,加快服务外包转型升级人才培养。

(4) 完善服务外包融资支持政策,在满足现有服务外包企业资金需求的同时,把融资投向的重点调整到中高端服务外包领域,为符合3.0时代发展趋势及"大、物、云、移"相关领域的服务外包企业提供充足的社会资金支持。

二、以国家政策导向为引领,增添产业新动力

近几年服务外包已经由开始的注重离岸外包,发展到离岸、在岸外包并重,拓展在岸外包市场也获得了市场的关注和政府的政策扶持。服务外包3.0时代接包商必须了解发包企业的行业相关知识,提供与发包企业业务流程相关的垂直行业(某一行业及其上下游的相关领域)解决方案,因此面向垂直行业外包,特别是生产性服务外包是符合外包产业发展趋势的。2014年7月国务院发布《关于加快发展生产性服务业促进产业结构调整升级的指导意见》,为生产性服务外包打开了广阔空间。政府公共服务外包是一种新型的公共产品供应模式,2013年7月国务院常务会议研究推进政府向社会力量购买公共服务,推动了政府公共服务外包市场的启动和发展。因此以生产性服务外包和政府公共服务外包为拓展方向,可以增添服务外包产业发展的新动力。

(一) 生产性服务外包和政府公共服务外包是苏州外包新的发展动力

1. 生产性服务外包和政府公共服务外包是在岸外包市场新的增长点

在服务外包3.0时代,离岸外包和在岸外包是并行的(可以称之为泛岸),重点在于借助第三次信息技术革命,采用云外包等新兴业态,接包商通过业务创新和提供完整的业务解决方案,与发包企业的业务流程融合,创造更大的价值。在这一背景下,服务外包已经由开始的注重离岸外包,发展到离岸、在岸外包并重,拓展在岸外包市场也获得了市场关注和政府的政策扶持。

按照传统的三大产业划分,第一、第二产业属于农业和工业,只有第三产业属于服务业。但深入分析,第一、第二产业内部又可以细分出特定的服

务环节。以第二产业为例,工业领域的每一个行业都可以再细分为生产制造和生产性服务两部分。1992年台湾(地区)宏碁集团施振荣提出"微笑曲线"理论,他认为工业完整的产业链分为产品研发、制造加工、流通三个环节,包含市场调研、创意形成、技术研发、模块制造与组装加工、市场营销、售后服务等环节,形成了一个完整链条。可以发现左边的研发、右边的营销附加值较高,中间环节的制造附加值是最低的,因此形成一条微笑曲线。而研发、营销属于为保持工业生产过程连续性、促进技术进步提供保障的服务性活动,属于生产性服务业,是价值链高端的服务。开拓生产性服务业外包,可以拓展在岸外包市场空间,也符合服务外包转型升级的发展趋势。生产性服务外包和3.0时代"创新导向型"服务模式是一致的,接包商必须了解发包企业所在垂直行业的相关知识,熟悉发包企业的战略目标,为发包企业研发或与发包企业共同研发设计,提供与发包企业业务流程相关的行业解决方案。

政府公共服务外包是把原来由政府部门承担的、为社会发展或居民生活提供的公共服务,或政府部门的后勤服务、与行政相关的技术服务,外包给专门的有资质的机构承担,并根据其提供服务的数量和质量付费,是一种新型的公共服务供应模式。政府公共服务外包可以减少政府开支、打造高效服务型政府,并推动在岸服务外包产业发展。浙江省慈溪市2009年实施"数字城管"外包,5年内每年支付300万元的系统使用费,由电信公司承担软硬件设备的设计、建设、运行、维护、培训等工作。如果政府直接承担该项目,则项目至少需要一次性投资1 217万元,每年系统维护费用130万~230万元,展示了政府公共服务外包的良好效果。政府把项目外包既缓解了财政支出压力,降低了项目成本,又获得了专业的技术支持,有效提高了政府的服务能力。据国泰君安预测,2014—2016年我国政府云服务采购额投资比重预计将从2014年的6%上升到2015年的17%,政府云服务外包更是直接推动了服务外包产业的转型升级。

2. 苏州发展生产性服务外包和政府公共服务外包的优势

作为制造业大市,苏州具有发展制造业服务外包得天独厚的条件。2013年全市实现工业总产值35 685.2亿元。电子、钢铁、电气、化工、纺织、通用设备制造六大支柱行业实现产值20 502.6亿元。2014年上半年实现规模以上工业总产值14 886亿元,低于上海(15 769亿元),稳居20个城市中的第2位。雄厚的工业基础和转型升级需要催生了大量的研发外包等高端的生产性服务业外包需求。近年来苏州也非常重视生产性服务业的发展,2007年即发布《苏州市人民政府关于加快发展生产性服务业的实施意见》,随后又实施非生产性服务业剥离,把制造业企业的科技研发、现代物流、贸易营销、专业配套、设计策划等进行分离,成立相应的专业服务公司,提升生产性服务业专业化、社会化水平,提升企业核心竞争力,促进产业转型升级。

苏州市各级政府在"小政府、大社会,小机构、大服务"和"精简、统一、效能"改革过程中走在全国前列,苏州工业园区管委会网站运营外包,苏州工业园区地税局非执法、非涉密、非程序"三非"业务外包,相城区环保局第三方环境监测服务外包等政府服务外包项目越来越多。2014年苏州市出台《政府向社会购买服务实施意见》,明确实施范围、购买方式等。在保证服务质量的前提下,苏州各级政府部门将会积极支持社会组织参与和承接民生福利类的服务项目。

(二)苏州加快发展生产性服务外包和政府公共服务外包的政策措施

1. 鼓励生产性服务业外包发展的政策措施

(1)继续推动苏州工业企业的非生产性服务业剥离工作。考虑到制造业企业原来的非生产性服务业运营对企业利润和所得税的冲抵作用,在鼓励企业剥离非生产性服务业的工作中,通过税收、财政、金融等经济手段,引导企业进行非生产性业务的剥离。

(2)对重点产业剥离出来的非生产性服务业进行资源整合,形成优势互补,提升服务水平和科技含量,使工业企业从企业外部可以获得更好的服务资源,同时使剥离出来的非生产性服务业能够经营得更好。

(3)引进高端的研发、品牌运营、咨询等非生产性服务企业,以高端服务引导制造企业对先进技术和管理的需求,带动服务外包整体转型升级。

(4)对生产性服务外包企业运营实行各种优惠,包括减免企业所得税和个人所得税、给予非生产性服务外包人才培训资金补贴、设立相应的公共服务平台、支持企业进行国际认证和评估、鼓励政策性银行给予优惠贷款等。

(5)加强非生产性服务外包企业的知识产权保护。非生产性服务业属于高附加值的中高端服务业,特别是科技研发企业,苏州相关部门应加强服务业知识产权保护力度,引导企业严格履行合同,保守客户机密。支持企业申请专利、著作权、商标等知识产权,对相关费用进行适当补贴。

2. 鼓励政府公共服务外包的相应政策措施

(1)从转变政府职能角度提高认识,树立公共服务外包理念。政府把公共服务移交给专业的社会组织,政府通过必要的监督和管理保障公共服务的效率和质量。政府从公共服务提供者的身份中解脱出来,才能把主要精力用在市场监管和宏观调控方面,实现政府职能转变。

(2)完善苏州各级政府部门服务外包的制度环境。针对不同级别政府部门、不同公共产品,出台具有较强操作性的公共服务外包指导意见和详细的管理办法,明确相关部门的管理职责、外包操作流程、购买方式和监管责任。加强政府服务外包业务的沟通交流和示范推广,形成良好的运作氛围。

(3)把公共服务外包支出列入公共预算,健全评估监督体系。把外包支出列入预算可以保障政府外包的财政资金投入,把更多的资金投入到社会公共福利,保障外包项目的公共产品属性,强化政府部门的监管责任,保证公共服务外包项目实施达到预期目标。

(4)鼓励、扶持政府服务外包接包商、社会组织发展。财政部门提供一定的专项扶持资金,加大知名公共服务接包商的招商工作,为政府服务接包商、社会组织提供项目扶持、专家指导等支持措施,为这类机构融资、接受捐赠提供便利条件,培育公共服务外包供给主体。

三、以"大、物、云、移"为突破,提升产业新高度

在服务外包3.0时代,以云计算、大数据、移动、社交商务为基础的ICT第三平台技术正在引领服务外包,云计算和云端交付、大数据成为服务外包新业态的推动因素。服务外包企业借助大数据、云计算等技术手段,整合行业相关知识来形成创新解决方案,提供前瞻性、主动性的服务,为发包方带来战略价值,属于高端的服务外包。拓展"大、物、云、移"相关高端服务外包,符合国家加快发展科技服务业的政策导向,同时可以有效提升苏州服务外包产业新高度。

(一)高附加值项目是服务外包3.0时代发展的重点

服务外包1.0时代发包方是出于降低运营成本的目的,将特定业务或流程外包。这种"成本导向型"的业务外包关系,发包方成本的节省来源于发包方和接包方之间员工工资的差异,或接包方在专业领域的经济规模、较高的管理水平和生产效率。外包实质上是人力资源或知识资源在不同国家或地域的"套利"活动,没有价值的创造,属于低端的服务外包。服务外包2.0时代发包方专注于开发能够满足现在及将来竞争优势的资源,对于其他资源则可以借助互联网寻找离岸的专业化资源予以整合,从而获得竞争优势并增强企业对环境的应变能力。从价值链角度看外包业务环节附加价值的含量也有所提升,接包方提供较为复杂的外包服务,帮助发包企业提高服务质量和盈利水平,接包方自身也可以获得更高的附加值、更大的增长空间和利润,因此2.0时代的服务外包属于中端的服务外包。

在服务外包3.0时代,发包企业为了进行柔性化经营与管理,积极参与革新,使自身能够高效地进行业务转型,和接包方建立联盟伙伴关系,是一种"创新导向型"的联盟关系。接包商需要具备发包企业难以获得的高端知识、资深的领域知识和行业相关知识来形成整合的创新解决方案。接包商需要熟悉发包企业的战略目标和行业发展趋势,需要懂得发包企业的需求并且能主动适应,提供前瞻性、主动性的服务,为发包方带来战略价值,属于高端的服务外包。我国服务外包产业发展水平以2.0时代为主,仍有部分低端的处于1.0时代的业务,因此服务外包转型突破,从发展阶段上看,是由1.0、2.0时代向3.0时代转变,是由中低端服务外包向高端服务外包转变。

近几年大数据、云计算、物联网和移动互联网等新兴信息技术改变了传统的服务外包业务模式,以云计算、大数据、移动、社交商务为基础的ICT第三平台技术正在引领服务外包,云计算和云端交付、大数据成为服务外包业态的推动因素。3.0时代的服务外包以互联网、物联网等渠道汇集与客户相关的大数据,通过云计算为发包企业提供有价值的信息或解决方案。以大数据为例,阿里金融通过对淘宝网站上卖家的大数据进行汇总,掌握了商家的订单信息、发货物流信息和货款回收信息,可以根据上述信息分析判断商家的信用风险状况,进行准确的信用评级,开展商业银行无法进行的小微企业贷款。截至2014年3月份,阿里小贷已经为70万家小微企业提供了贷款服务,平均每笔贷款额度大约为4万元,不良资产率只有1‰左右。大数据的成功运用,使阿里小贷开拓出一片新的市场并获得成功,揭示了"大、物、云、移"带来的巨大商机,也成为服务外包转型的突破口。

(二)苏州推动"大、物、云、移"高端服务外包,提升产业新高度的政策措施

经过近几年的快速发展,苏州的服务外包产业结构不断优化,KPO占据服务外包的半壁江山,符合3.0时代的高端服务外包产业也有一定的发展基础,苏州国科数据中心、IBM、微软、风云科技、盈联智能零售大数据体验中心等在相关领域已开展不同的高端业务。苏州应通过以下措施进一步推动以"大、物、云、移"为代表的高端服务外包,加速转型升级。

1. 整合现有服务外包扶持政策,向鼓励高附加值外包领域倾斜

3.0时代的高附加值外包,与现有的中低端服务外包有质的区别,服务外包企业采用的现代信息技术和设备、员工技术水平、和发包企业之间的业务整合、业务交付模式的变革等,对众多传统的服务外包企业都是全新的课题。必须按照产业升级趋势,整合各项优惠政策,把有限的财政扶持资金进行合理配置,向"大、物、云、移"等高端服务外包企业、服务外包业务、服务外包人才培养倾斜,给高附加值外包项目提供宽松的发展氛围和良好的发展空间。

2. 加大资金投入,打造"大、物、云、移"公共服务平台

3.0时代高端服务外包产业必须依赖现代信息技术,对软硬件设备投入有较高要求,单个服务外包企业可能无力进行相应投资,需要政府部门或企业联合实施。河北省、北京市将投资100亿元在张家口张北县建设"京北云谷"数据基地,该基地定位为京津冀区域规模最大的云计算与数据产业基地。中企通信和上海科技网在上海宝山共建云计算数据中心,以云计算数据中心为核心,打造"智慧城市云"。苏州应依托国科数据中心、中创软件为"云计算创新服务平台"的现有基础,以财政资金投入,或整合社会资源进行相应的服务平台建设,为企业提供良好的产业平台。

3. 整合政府、行业协会、骨干企业、科研机构的资源,形成产业集聚效应

产业发展必须形成集聚效应,才能够形成规模经济效应和品牌效应,形成产业良性发展的局面。为此,政府应加大对"大、物、云、移"高端服务外包企业的招商力度,为市域范围内的相关企业发展提供良好环境,通过外部引入、内部培育来打造产业集群。行业协会把大数据、物联网、云计算、移动互联网各领域的企业组织起来,通过沟通、培训、合作来整合行业资源。微软、IBM、华为这些知名企业进入苏州后,将会推动高端服务外包产业发展,并带动其他小企业或上下游企业,形成一个分工合作的产业集群,这是推动高端服务外包产业发展的重要途径。高等院校、科研机构应发挥技术优势,为企业拓展高端服务外包业务提供技术支撑,加速企业技术更新和产业转型升级。

4. 完善知识产权、信息安全和个人隐私的保护措施,保障行业平稳发展

高端服务外包产业,特别是基于大数据、云计算进行的研发设计、咨询方案等外包业务,必须通过主管部门、行业协会等采取有效措施,提高知识

产权保护意识,加大知识产权保护力度,规范合同文本,明确知识产权归属,建立有效的商业机密保护机制,切实保护高端服务外包业务中相关的知识产权。基于大数据的服务外包业务,可能需要搜集消费者的活动信息和消费行为,为保护消费者个人隐私,相关部门和行业协会应事先制定行业规范,明确个人信息的搜集界限、信息使用权限和信息安全储存等事宜。

四、以知名公司为主导,形成产业新格局

微软和IBM作为世界知名的信息技术企业,在资金、技术及把握产业发展趋势方面有独特的优势,在苏州已经形成了大数据、云计算和移动互联网的业务布局,是苏州服务外包产业向3.0时代转型突破的主力军。因此发挥微软、IBM等公司的主导作用,与其他公司形成共生的产业生态,可以形成规模、技术的梯形布局,接包、转包的业务形态,形成综合的接包能力,打造3.0时代的外包产业集群。华为技术有限公司是一家生产销售通信设备的民营通信科技公司,苏州研究所在为行业、企业提供整体解决方案的同时,把部分研发、测试业务外包给中软国际、软通动力等公司。以华为公司为主导,推动苏州高科技企业把非核心的研发测试等业务外包给本地接包商,培育高科技类的服务外包发包市场主体。由此在接包市场、发包市场形成产业发展新格局。

(一)以IBM、微软等公司为龙头,培育3.0时代服务外包接包市场

在"大、物、云、移"时代背景下,IBM、微软等国际知名公司紧跟信息技术发展潮流,在苏州进行了相应投资和布局。2013年3月,微软在苏州工业园区建立互联网工程院分院,研发方向涵盖微软Bing搜索引擎、在线广告、MSN社交平台技术、语音及自然语言处理技术、移动互联网五大领域,并注重面向中国市场的产品开发。移动互联网是微软技术平台总体的发展趋势,微软的技术平台也将体现"云+端"的发展趋势,通过基于云计算的技术,实现产品的一次性开发和便利的、不同的终端发布,简化针对不同平台的适配过程。

2013年12月,IBM公司在姑苏软件园成立卓越云计算及移动互联定制中心,该中心作为IBM公司在我国移动互联、云计算市场战略布局的重要一环,将把IBM公司传统的软件、硬件、技术服务的产品销售方式转化为服务和运营模式,发展成为大中华区第一个移动互联定制中心,运用移动互联网、云计算等技术平台承接国内外的服务外包业务。而且IBM公司通过其在中国云计算的战略合作伙伴软通动力公司,在苏州成立江苏灵科信息

技术有限公司（下文简称INCITO），投资建设移动互联定制中心、移动互联展示中心、后台云计算中心，并研发适合我国本地化的智慧城市和智慧商务领域移动互联解决方案。

政府部门今后应重点围绕微软、IBM公司在移动互联网、云计算和智慧城市几个方向，为其经营运作提供良好的政策环境，加速业务布局和推广；同时调整招商方向，吸引更多大数据、云计算、移动互联网、智慧城市和物联网相关企业来苏州投资；指导、扶持苏州现有服务外包企业向3.0时代转型。通过微软、IBM的龙头带动作用来形成竞争力的制高点，承接国内外服务外包高端项目；在服务外包市场形成先发优势。通过引进更多企业和培育本地服务外包企业，和微软、IBM形成规模、技术的梯形布局，接包、转包的业务形态，形成综合的接包能力，打造3.0时代的外包产业集群。

（二）以华为公司为突破，培育发包市场主体

服务外包产业的平稳快速发展，必须有供给、需求两个市场，特别是需求市场决定了服务外包业务的规模和产业发展空间。苏州服务外包产业的发包需求主要是离岸市场和在岸市场，其中苏州本地服务外包需求是在岸市场的有机构成部分。培育苏州本地的服务外包发包市场主体，既能够推动在岸服务外包市场规模增长，更重要的是本地服务外包业务需求和服务外包企业空间距离更近，沟通、合作更顺畅，一定规模、活跃的本地服务外包市场有助于服务外包企业成长壮大，更好地参与在岸、离岸服务外包市场竞争。

2012年华为在苏州成立研究所，利用在电信网络、企业网络、消费者和云计算等领域端到端解决方案的优势，为电信运营商、企业和消费者等提供有竞争力的ICT解决方案和服务。华为苏州研究所在为行业、企业提供整体解决方案的同时，把部分研发、测试业务外包给中软国际、软通动力等公司，构建合作共赢的服务外包产业生态。

苏州服务外包今后发展的方向，除了继续推动承接离岸、国内在岸服务外包业务外，应注重培育本地服务外包需求。一是以华为苏州研究所的业务发包为示范，在财政税收政策、项目对接等方面提供优惠和便利措施，推动苏州高科技企业把非核心的研发测试等业务外包给本地接包商，培育高科技类的服务外包发包市场主体；二是配合苏州非生产性业务剥离的政策，推动工业企业把非生产性业务流程发包给独立的服务外包企业，在各类经济主体中形成外包的意识和主动性。

五、以"长三角一体化"为契机,拓展产业新空间

苏州服务外包产业的中期发展必须放在区域经济的背景中,长三角一体化、上海自贸区建设是影响苏州经济发展的区域重要因素。深入分析长三角一体化给苏州服务外包产业带来的机会,在长三角三省一市范围内布局,将会极大地拓展产业发展空间。上海自贸区建设为区域经济发展和服务外包产业注入了新的活力,关注自贸区对上海、苏州服务外包产业带来的机遇,采取必要措施,把潜在的外包机会转化为现实的外包业务,把苏州服务外包产业和上海经济发展进一步融合,形成优势互补的发展格局。利用区域两大发展机遇,把苏州服务外包拓展到整个长三角区域,可以有效拓展产业发展新空间。

(一)分析长三角一体化带来的机遇,在长三角拓展新的市场空间

苏州作为长三角的重点城市,长三角一体化的不断深化,将对苏州经济发展的区域环境产生重要影响,对苏州服务外包也会带来新的机遇和挑战。2008年国务院通过《进一步推进长江三角洲地区改革开放和经济社会发展的指导意见》,把长三角一体化提升到国家层面。2010年《长江三角洲地区区域规划》出台,标志着长三角一体化正式进入加速发展阶段。经过几年的协调发展,长三角在基础设施、区域共同市场、社会经济一体化、历史文化旅游资源等方面的一体化协调发展逐渐成熟,长三角区域合作由初级的要素合作进入到制度合作层面。苏州经济发展面对的要素约束和政策影响范围都在不断变化,今后苏州服务外包产业的转型升级必须考虑这一区域背景变化带来的机遇和挑战,挖掘长三角一体化过程中新的商机,提升苏州在长三角区域服务外包市场的竞争力。

对苏州服务外包产业而言,长三角一体化首先是服务外包市场的整合、扩大,特别是在岸服务外包,伴随着长三角旅游一体化、长三角物流一体化、长三角通关一体化等逐步实现,为服务外包产业提供了新的业务增长点。以通关一体化为例,企业可根据实际需要,自主选择口岸清关、转关,各海关的业务量会出现调整和变化,业务量增幅较大的海关会把报关代理、备案、盘点核查等业务外包给专业机构处理,进出口企业也会把通关、物流、退税、外汇、金融等业务委托给专业的接包商,由此产生了新兴的服务外包市场,拓展了新的增长空间。

在长三角一体化的进程中,类似的市场机会遍及长三角的三省一市,需要服务外包企业借助长三角一体化的各种便利政策,在长三角三省一市拓

展新业务。在企业发展壮大过程中借助长三角市场一体化,服务外包企业可以通过兼并、联合、开设分支机构等形式,在长三角范围内进行网点和业务布局,深耕长三角服务外包市场。

(二)借助上海自贸区的发展机遇,开拓来自上海自贸区的服务外包业务

上海是中国经济发展的重心,拥有雄厚的经济基础、高素质的专业人才和较高的对外开放程度,而且作为国际金融中心、国际贸易中心、国际航运中心和国际物流中心,上海在发展服务外包产业,特别是离岸服务外包产业方面具有得天独厚的优势。苏州作为邻近上海的服务外包示范城市,在近几年的发展过程中已经和上海形成了错位发展、协同共进的良好局面。特别是昆山花桥,借助良好的地域和劳动力成本优势,发展中低端金融服务外包,已成功融入上海金融服务外包产业,形成优势互补的发展格局。

上海自贸区不仅扩大了上海的开发幅度,为上海经济发展和服务外包产业注入新的活力,作为"近水楼台先得月"的苏州,也可以获得一定的改革红利。在苏州争取建立自贸区取得成果之前,应密切跟踪上海自贸区发展动态,关注对上海、苏州服务外包产业带来的机遇,以苏州工业园区综合保税区贸易多元化试点为契机,迅速采取必要措施,把潜在的市场机会转化为现实的商机。一是围绕自贸区衍生的相关服务外包潜在业务,协调海关、税务等相关部门,简化、创新管理流程,争取把上海或上海自贸区由于土地、成本限制而难以容纳的市场机会吸引到苏州。二是进一步厘清苏州在发展服务外包产业方面和上海相比具有的比较优势,在发挥现有的劳动力成本优势、地缘优势的同时,通过服务外包品牌建设,以及生产性服务外包等领域打造自身特色,在某些服务外包领域细分市场形成独特竞争优势,和上海形成错位发展,争取获得更多来自于自贸区的市场机会。

六、以中高端人才的培养为支撑,注入产业新血液

服务外包属于人力资本密集型产业。当前,苏州服务外包产业发展的人才供应已经存在不足,3.0时代的服务外包人才技术和素质水平的要求更高,中高端人才的有效供应对苏州服务外包转型升级起着决定性作用。因此必须采取有效的中高端服务外包人才培养和引进措施,为服务外包产业注入新生力量,满足转型突破对人才的需求。

(一)中高端服务外包人才供给是服务外包转型突破的人力资本保证

1. 人力资本是推动服务外包产业发展的关键因素

服务行业提供的是熟练劳动力和人力资本密集型的产品,美国等发达

国家人力资本充裕,因此服务业领域具有明显优势。而且随着技术进步和资源在全球配置,服务部门的劳动生产率更依赖于人力资本的质量,即劳动力的受教育程度及技能熟练程度,而不是物质资本。伴随现代通信技术的普及和科技进步,缩小了不同地区乃至发达国家和发展中国家之间的差距,为在岸外包和离岸外包提供了难得的发展机遇。以印度为例,印度的离岸服务外包一直处于领先地位,除了在印度广泛使用英语、法律制度和商业惯例与西方类似等因素之外,关键因素是印度有大量受过高等教育的熟练劳动力,而工资只相当于美国同等熟练劳动力工资的20%左右。因此一个国家或地区是否具有发展服务外包的竞争力,是由该国熟练劳动力的可利用性决定的。

人才在发展服务外包产业的过程中起到关键性的作用,其作用主要体现在以下几个方面:人才素质是发包商选择承接地和接包商的重要决策因素,人才因素在发包商选择外包地点时起到了举足轻重的作用。欧美分包商选择接包商主要考虑对方的商业信誉、专业水平、项目报价合理、质量工期保障、交流沟通顺畅、及时应答客户、骨干员工的稳定性、双方企业工作时间重叠等因素。其中除最后一个是地域因素外,其他都与接包商员工素质、技能等人力资本状况有很大关系。人才的可获得性是接包商投资选址时考虑的主要因素。接包商订单的快速增长需要大量的从业人员,离岸外包业务更需要具备外语技能的复合型人才,而这类新的人才供应明显低于传统产业。因此接包商在进行企业选址时与传统企业相比,更关注人才的可获得性,尽可能选择在人才聚集度高的地区进行投资,以便获得充足的熟练人才供给。

2. 中高端人才对3.0时代服务外包转型升级起决定性作用

从服务外包的发展趋势看,3.0时代的服务外包正在向知识密集型的服务领域扩张,发包企业不仅把数据录入、档案管理等常规业务外包,而且逐步把产品研发、金融分析、风险管理等技术含量高、价值附加大的业务外包出去。目前离岸和在岸服务外包已经扩展到金融、保险、医疗、人力资源、抵押、信用卡、资产管理、顾客服务、销售及研发等各个领域,从价值链角度看层次越来越高,对人力资本和知识水平的要求也日益提高,服务外包的人力资本密集型特征更为明显。

按照服务外包人力资本的层次划分,技术人才是外包企业的基础,他们是外包业务真正的实施者,需要具备计算机技能、专业技能、语言能力和综合素质,具体要求即具备出色的沟通能力、技术上和概念上的基本知识,以及团队工作能力、时间管理能力等。中层项目管理人员需在掌握服务外包应用技术的基础上拔高管理知识,具体要求即具备出色的沟通能力、团队管理和项目管理能力、出色的人员管理能力、分析和解决问题的能力、发现人与人之间效率差异的能力、将业务机会最大化的能力等。服务外包高层次人才是懂管理、懂业务且熟悉发包方(主要是欧、美、日、韩等国家)的语言、文化、法律等的高级管理人员。高层管理人员的角色是战略性的,他们是决策者和组织愿景的构建者。具体要求即具备决策能力、解决问题能力、战略预测能力等。在服务外包3.0时代,信息技术对上述各层次的人才提出了更高的要求。

(二)中高端服务外包人才培养和引进的政策措施

苏州服务外包近几年的发展情况表明,现有服务外包人才的数量、结构和素养无法满足服务外包产业对人才的需求。人才供应不足,尤其是中高端人才的缺乏成为苏州服务外包产业发展的瓶颈,严重制约了产业的进一步发展。在服务外包3.0时代,外包产业对人才需求有更高要求,在解决传统人才培养的同时,迫切需要探索适应3.0时代的中高端服务外包人才的培养和引进机制。

1. 明确3.0时代中高端服务外包的人才标准,为人才培养、引进提供依据

3.0时代的服务外包业务层次比传统的服务外包有明显提升,高端服务外包对人才的技术水平、与发包企业之间的沟通能力、创新能力等有更高的要求。苏州服务外包主管部门和行业协会首先应该和国内相关机构协作,制定各类高端服务外包人才标准,为苏州市3.0时代服务外包人才的培养和引进提供依据和目标。

2. 加大高端服务外包人才的引进力度

3.0时代高端服务外包人才不但包括企业中层项目管理人员和高层管理人员,也包括胜任大数据、云计算、物联网服务外包业务处理的基层技术人才。从国内外引进高端服务外包人才是满足3.0时代服务外包人才需求的快捷途径,政府部门要为人才引进提供优惠政策,特别是基层技术人才的需求量大,但不适用现有高层次人才的优惠政策,需要修改、完善其人才引进政策。

3. 完善服务外包行业、企业人才素质提升机制

随着服务外包产业升级突破,对服务外包企业现有员工的素质相应提

出更高的要求，对新招聘员工的技能要求也在提高。企业必须按照3.0时代高端服务外包产业需要，对所有员工进行有针对性的系统培训。政府部门在原有的新进员工培训补贴之外，对老员工的技能提升培训也应安排相应的资金补贴。企业根据服务外包转型要求和趋势，制定员工进修计划，形成员工队伍素质提升的稳定机制。

4. 构建区域性的服务外包高端人才培养、培训体系

随着产业转型突破及服务外包产业、企业对人才的需求，需要通过政府、高等院校、行业协会、企业配合协作，构建区域性的服务外包高端人才培养体系，满足产业对高端人才的需求。通过市场引导和政府政策支持，高等院校与服务外包企业应强化合作，形成符合3.0时代要求的专业化、多层次、综合性人才培养机制。政府部门和行业协会应紧密跟踪国内外服务外包发展趋势和人才技能变化趋势，组织国内外行业专家为市域内高等院校人才培养方向调整提供行业权威信息，为服务外包企业提供产业研讨、员工培训等活动，使人才培养和培训紧跟国内外高端服务外包产业发展趋势，使人才培养、培训体系和产业发展紧密对接。

2014年11月26日，国务院总理李克强主持召开国务院常务会议，部署加快发展服务外包产业，我国服务外包产业将迎来新一轮发展高潮，成为经济"新常态"中的新亮点。会议提出的拓展行业领域、支持高附加值项目、鼓励品牌化龙头企业等推动服务外包产业发展的一系列举措，与课题研究内容不谋而合。希望苏州服务外包产业在前期研究的基础上能够率先发力，顺利实现服务外包产业的转型突破，提升"三高"（高技术含量、高附加值、高竞争力）业务比重，推动向价值链高端延伸，打造苏州经济升级版。

下 篇

服务外包企业案例

信息技术的高速发展开启了一次重大的时代转型。"服务外包"使得信息技术不再仅仅是一个孤单的概念，而是以前所未有的姿态第一次站到全产业链的最高点，成为所有产业的共同技术平台以及新时代的第一驱动力。基于信息技术的发展与"服务外包"理念的深度融合，催生了信息技术外包（ITO）、业务流程外包（BPO）、知识流程外包（KPO）三大业务领域，使得企业通过外包运作重组价值链、优化资源配置等，降低成本的同时增强了企业核心竞争力。

作为国家级信息产业基地，雄厚的电子信息产业实力为苏州的服务外包产业腾飞奠定了坚实基础。在苏州服务外包产业的发轫阶段，信息技术外包业务在苏州的服务外包舞台上是主角，由此形成了信息技术外包的主导地位。然而，经历了金融危机的考验之后，在全球经济持续下滑的大局势下，苏州的信息技术外包产业发展经历了一次次阵痛。随着"大、物、云、移"的新技术发展，服务外包产业进入一个跨界融合的时代，创新融合成为服务外包企业发展的核心驱动力。目前苏州的服务外包产业呈现出由原来的ITO（信息技术外包）为主导，转变为ITO、KPO并驾齐驱的良好格局。作为传统的ITO和BPO的高端产业升级模式，KPO为众多从事外包业务的中国企业提供了高附加值、蓝海市场等丰富的想象空间。目前，苏州ITO、BPO、KPO的比例约为3.7∶1.3∶5，KPO占比最高，这一重要变化，呈现出苏州向高端服务业发展的趋势。由此可见，服务外包发展已在苏州渐入佳境，成为经济转型升级的一个新支点。

从最初的萌芽状态成长为经济发展不可或缺的一部分，服务外包业在苏州的长足发展过程中，涌现出一大批具有代表性的服务外包企业，这些企业在推动苏州社会经济发展、促进产业结构调整、解决就业等方面发挥了重要作用。依据苏州形成的"1+2+8"服务外包发展框架，及其着力发展的软件开发、设计研发、金融后台服务、动漫创意、生物医药研发以及物流与供应链管理等六大优势产业,本书选取了近年来落户苏州的全球外包百强企业、中国服务外包百强企业及苏州技术先进型服务外包企业20家进行分析,涵盖了苏州大市范围的ITO、BPO、KPO三大业务领域。这些企业从事服务外包的实践经验、企业特色、优势及核心竞争力等可以为我们提供一些非常好的借鉴,更好地促进苏州服务外包产业的发展。

无数事实说明,专注是走向成功的一个重要因素。在服务外包产业,拥有专业的核心优势,才能在市场上立于不败之地。苏州的服务外包企业,各具特色优势,仅以我们选取的案例就可窥见一斑。

在ITO领域,我们选取的苏州大宇宙信息创造有限公司专注对日IT外包,凌志软件股份有限公司则是对日金融领域IT高端服务外包行业的翘楚,江苏国泰新点软件有限公司是国内最为专业的电子政务信息外包服务企业,仕德伟网络科技股份有限公司为广大中小企业提供电子商务一体化解决方案,新宇软件有限公司则探索了一条价值提升、实现精细化增长的转型创新之路,而新电信息科技(苏州)有限公司创新性地提出以价值为基础的服务交付模式。

在BPO领域,我们选取了落户苏州的全球外包公司思隽(苏州)信息咨询有限公司、苏州萨瑟兰信息咨询有限公司、张家港孚宝仓储有限公司。思隽(苏州)信息咨询有限公司通过商业智能的应用,建立了智能化的呼叫中心,苏州萨瑟兰信息咨询有限公司开创了RightSourcing混合交付业务模式,创立了收益共享模式,通过商业模式的创新不断地赢得新的增长点。张家港孚宝仓储有限公司以卓越的供应链管理服务,成为中国最大的第三方液体化工品仓储外包企业。我们选取了人力资源外包企业汇思集团,其"生产作业外包"与"整体项目外包"成为当今人力资源外包管理的重要模式。我们还选取了苏州市银雁数据处理有限公司,其深耕全产业链管理,创新了金融外包服务。

盘点苏州的KPO企业,涵盖了医药和生物技术研发测试、检验检测服务外包、产品技术研发、动漫设计、分析学和数据挖掘等多个业务领域;有以苏州诺华化学工艺及分析研发中心为代表的全球化的共享服务中心,拥有全球最领先的适合大生产的中间体和原料药的化学工艺;有以药物安全评价服务为主的苏州药明康德新药开发有限公司,核心技术处于国际领先地位;有医药生物技术研发外包服务提供商中美冠科生物技术(太仓)有限公司，拥有亚洲最大的PDX模型库，专注于治疗肿瘤及代谢疾病药物的临床前开发；有DNA测试与基因合成外包服务提供商苏州金唯智生物科技有限公司，该公司在世界上首家合成了H7N9病毒基因；也有天可电讯软件服务（昆山）有限公司，是通信费用分析的专家并引导全球的商业行为；有专注餐饮行业数据挖掘外包服务的苏州客凯易科技有限公司，依托商业智能，为餐饮业提升人性化服务；有PC（笔记本电脑）研发共享中心——华硕科技（苏州）有限公司，其设计思维与"五感触合"的理念引领了全球PC研发的风尚；有第三方综合电器科研监测公共服务平台苏州电器科学院股份有限公司，其电器检测技术在国内行业独占鳌头；有在3D虚拟数字技术领域保持世界领先地位的苏州蜗牛数字科技股份有限公司，依托超强的虚拟技术和数字娱乐内容开发能力成为中国最大的拥有数字科技全产业链闭环的企业之一。

我们选取的服务外包企业各具优势，集先进的工具、成熟可靠的IT技术、丰富的管理经验和专业高效的服务团队于一体，为客户提供了高品质的外包服务，已经在各自的专业领域内产生了较大的影响力，逐渐树立苏州服务外包的企业品牌，具有积极的导向意义和示范作用，使苏州的服务外包产业蓬勃发展。

服务外包企业之

ITO篇

专注金融IT研发，致力高端信息服务
——凌志软件股份有限公司

一、公司介绍

凌志软件股份有限公司(以下简称凌志软件)于2003年成立,是一家致力于软件产品研发、软件外包及IT系统集成服务的高新技术企业。公司专注于对日金融领域的IT服务外包,其业务几乎涵盖了金融领域所有前台机能的开发。经过十余年的发展,凌志软件已拥有丰富的大规模证券项目开发经验,成为对日金融领域IT外包企业的行业翘楚。2013年,凌志软件总资产为1.8亿元人民币,年度销售收入为2.24亿元人民币,利润总额为5731万元人民币。预计2014年销售收入将继续增长,并将大力开拓国内证券业、保险业的IT应用市场,形成新的业务增长点。

凌志软件在上海、北京及东京均设有分支机构,现有员工750余人。公司于2010年9月通过CMMI5级认证;并于2011—2012年、2013—2014年连续两次被认定为"国家规划布局内重点软件企业";2012年、2013年分别获"中国软件出口和服务外包杰出品牌"和"中国软件出口第七名";2014年7月,凌志软件已成功在全国中小企业股权转让系统(新三板)挂牌。

二、企业核心竞争力

(一)专注金融业务领域

凌志软件专注金融领域的软件外包、系统集成、软件产品解决方案的咨询与实施,在证券、银行、保险等金融领域积累了国际先进的业务经验,形成了自己的业务特色。为打造企业的核心竞争力,凌志软件成立了企业技术中心及工程技术研究中心,进行尖端技术的研究及技术框架的自主研发。

在互联网金融、财富管理、精细化服务和营销、大数据分析平台等方面拥有成熟的解决方案和应用案例。

(二) 致力高端服务外包业务

与其他涉足金融领域的IT外包商不同,凌志利用多年积累的业务知识,积极发展技术难度大、盈利程度高的软件外包业务,并参与到客户核心业务流程设计中,业务附加值高。公司90%以上的业务是系统设计、架构设计及研发等高端服务外包,在软件外包产业链中占据了高端市场,并注重提案能力及控制能力建设,从而提升了公司的抗风险能力和可持续发展能力。

(三) 构建精细化管理体系

为了实现项目的可视化管理,凌志软件建立了一套严谨的质量管理体系,针对不同的项目建立了不同的质量控制流程,并使用统计学的方法建立了质量控制模型,实现了精细化的项目管理。

1. 建立公司知识库

知识库主要用于知识的积累与共享以及收集发布公司的标准过程,量化管理的各类基线等。在具体实施项目质量管理的过程中,可以根据公司的裁剪指南,确定项目的质量控制流程,包括需求开发、需求管理、项目计划与监控、风险管理、设计、开发、测试、确认、决策分析、配置管理、度量、培训等各个环节。

2. 组建EPG(工程过程组)

为保证质量管理体系的有效运行和持续改进,公司成立了由各部门项目经理以上人员组成的EPG(工程过程组),负责公司新过程、新基线的审核发布,新技术推广和各种改善建议的审核,重大革新的实施与评估以及知识库的维护等。

3. 设立品质管理部

为了评估项目的实施效果和持续性,公司成立了品质管理部,设专职的质量管理人员负责每个项目开发过程中标准流程及质量目标达成状况的检查与改进指导,收集项目中的品质数据、改进建议及成功的案例等。

4. 成立PMO(项目管理办公室)

为了保证项目的实施效果,公司还成立了PMO(项目管理办公室),不定期对项目的运行情况进行检查,确保质量管理体系的持续实施以及质量管理体系的有效运行。

5. 借助 CMMI 认证,提升管理水平

凌志软件持续进行自我完善和学习,通过高效的管理手法,结合自主研发的自动化工具,在产品质量和生产效率上逐年提升,从而大幅提高了公司的交付能力。通过 CMMI 过程改进之路,凌志软件的生产效率、项目分析能力、诊断能力以及风险评估能力等都得到了很大提升,在应对瞬息万变的国际形势和市场环境时,能够更主动、更快速地反应,使企业的发展更加稳健。

(四)注重技术创新

凌志软件建立了灵活的产品创新机制,在产品知识库管理的基础上,利用国际国内市场经验,研发紧贴市场需求并具有国际竞争力的产品。公司设有专门的研发中心,关注尖端技术的研究,研发自主知识产权的产品,已研发出多款国内金融行业应用软件,并已同国内证券领军企业合作,赢得了很高的评价。同时企业还设立了"博士后工作站",专门从事投资银行综合管理系统、金融衍生品交易平台、面向证券公司的前台 Web 交易系统、面向金融机构的证券服务系统等方面的研究。截至 2013 年 12 月,公司已申请专利 5 项,获得软件著作权 25 项,其中凌志投行综合管理系统软件、凌志 MOT 引擎软件、凌志金融衍生品交易平台软件等已经投入到商业应用,并得到客户的高度评价。

三、成功案例

(一)项目背景

该客户总部设在日本东京,其投资项目遍及世界各地。主营业务是单元式住宅、集合住宅等不动产的相关中介服务和房屋租赁合同管理等不动产管理。该客户在房屋租赁业处于领先地位。为了及时应对业务和制度的变化,持续在更大程度上抑制成本,该客户需要开发有助于本公司业务稳定运营和维护的技术支持系统。

(二)选择凌志软件

该公司要求合作伙伴必须具有良好的项目管理经验和实施能力,以及成功的案例。经过前期调研,该公司一致认为凌志软件一直以来以稳定发展、保持较好的业绩、拥有完善的质量保证体系(通过 CMMI L5 认证)、注重技术创新、具有先进的开发能力和高品质的服务水平等拥有良好的口碑。该公司于 2012 年 1 月和凌志软件建立长期合作关系。

(三) 项目实施

针对项目的具体要求及房屋建造及租赁行业的实际情况，凌志软件派了一支强大的咨询调研团队进驻客户公司，进行调研和流程优化工作。在项目具体实施过程中，凌志软件采取总体设计、现场支持的方式进行项目实施。现场实施顾问和技术顾问负责基础数据整理、业务指导、业务跟踪和业务需求收集工作，并有一套严格的"现场实施反馈流程（规范）"作为服务保证。

凌志软件针对客户的开发系统包括在线网络审批系统、非本公司施工建造房屋统一租借管理系统、建材物流系统等。在线网络审批系统主要是完成总部和分支机构之间的交互流程，实现包括供应商管理、工程费发放和历史数据追溯分析功能。非本公司施工建造房屋统一租借管理系统主要对非该客户公司内建造施工的房屋资产（即既有房屋资产、土地资产）进行统一管理。同步于该公司的会计系统、租赁人管理系统。实现包括：合同管理、房间管理、房间租金管理、支付实际管理、基准租金变更、合同初始保证金计算、每月累计租金变更、回收业务、原状恢复业务等20余项子功能。建材物流系统用于该客户公司内部施工用建材的采购、库存管理、出入库管理等。该系统属上层主系统，下设收发情报系统、购买情报系统、自动装卸控制系统、配送情报系统、库存情报系统、经理科支援系统、保险契约子系统、随时运作制御系统等10多个子系统，同步于该公司内施工支援系统、购买系统、设计系统、成本控制计算系统。

(四) 客户评价

凌志软件为该客户开发的业务支持系统，在上线之后，运行稳定，并收到了很好的实施效果。

1. 在线网络审批系统

该客户的组织结构比较庞大，分支较多，系统导入前主要通过纸媒传递信息，而通过本系统导入后取得了明显功效：100%使用电子媒介，为客户节省大量成本；避免了信息丢失，信息安全方面得到大幅提升；审批效率提升了30%，客户和供应商满意度得到保障；供应商管理更加方便高效，建材采购价格更加透明。

2. 非本公司施工建造房屋统一租借管理系统

该系统导入后实现如下便利成果：

实现统一管理功能，针对每个房间的建筑信息、物品、装饰等进行统一管理。减少各分支机构工作人员的重复工作量,规避人机交互时易出现的单纯错误,工作效率提高了约100%。

提供房屋"空置中"租赁保证、转借、原状回复等管理功能。为拥有者提供及时收益情报,减少可控收益风险。提供一站式管理服务,从房客合同签注到租金回收再到房屋装饰清洁实施全程电子化监控,提高服务质量,从而增加客户数量,提高收益。

为该公司主管部门提供业务数据情报,对每日工作信息及时进行管理、统筹,使数据快速导入会计出纳系统,缩短审计、审批时间。减少冗余数据交互量,缩短1个营业日的处理时间,减少了约30%运营成本。

3. 建材物流系统

凌志软件开发的建材物流系统操作简单,减少了收发订单时间,减少了仓储、运输等待时间,从而减少了成本;追加扩展海外建材运输过程中船只运输、装卸管理系统和电子化操作流程。该系统能够随时跟踪物流状态,减轻工作量,并能够实现有效及时的监督;通过改修、加快车辆配送、搬运、入库、交货手续等,减少在港时间,提高报税效率。此外,该系统导入了损保系统,对物流中的损益保险金进行管理,加快了工作效率,降低货物滞纳率,提高了客户满意度。

四、发展展望——战略转型,实现弯道超越

近两年,受到日元贬值及全球经济不景气的影响,国内对日软件外包整体处于低谷状态,许多企业着手通过压缩成本而获得存活空间。但对于凌志软件看说,这正是一个实现"弯道超越"的好时机,可以沉淀下来梳理自身的优势与发展战略,促进公司的内部改革与管理,从而把危机当作契机,实现低谷中的弯道超越。

一方面,巩固并深挖日本金融市场,拓展市场渠道直接接包。另一方面,开始关注中国市场,将从软件外包中积累的技术和管理经验融合到自主研发的产品中,为国内企业提供IT解决方案。为了更好地开拓国内市场,凌志软件于2008年1月成立了技术中心及工程技术研究中心,将注意力放在了大型项目基于平台的基础研究。凌志软件已经在苏州工业园区购买科研用地16.35亩,自建凌志研发大楼,形成产业集聚,带动中国金融软件产业的发展。

创新与科技双轮驱动，提升客户核心价值
——新电信息科技（苏州）有限公司

一、公司介绍

新电信息科技（苏州）有限公司（以下简称新电苏州）是NCS集团在中国的第一家离岸开发中心，成立于1998年，是母公司NCS集团全球最大的研发中心，也是苏州首家通过CMMI5认证的软件企业。公司现拥有800多名资深软件技术人员，专注于大型复杂软件的研发和生产，以及前沿软件技术如J2EE、.NET的研发等。新电苏州一方面承担总公司的软件开发项目，另一方面为上海、苏州的企业提供信息系统软件的开发、维护等，客户分布于全球的金融、医疗、教育、制造、证券、物流、电信等各个行业。

2013年，新电苏州已承包430多项工程，产值近3亿元人民币，其中离岸执行额为2 290万美元，离岸业务占比47.4%。新电苏州是苏州工业园区第一家获得江苏"外商投资先进技术企业"称号的企业，是首家获得原新加坡生产力与标准局颁发的ISO9001证书的外国IT企业。凭借强大的实力，NCS集团位列2011年IAOP100强第50位。在Gartner Dataquest2005年举办的评选中，被选为新加坡的首位IT专业服务供应商，在亚太地区位列前十。

二、企业核心竞争力

（一）以价值为基础的Bizval™模式

Bizval™即（Business Transition for Value），是新电获得专利的商业价值模式。新电深谙目前市场竞争的激烈，新电建立了以价值为中心，以流程为驱动的Bizval™方法论，以结构化、有组织的三个阶段，即价值定义、价值实现和价值保持引导所有的业务，通过创意和科技，帮助客户从现有阶段达到未来理想状态。

Bizval™体现在基于革新的业务价值管理方面，业务价值管理即从利益相关者的角度来持续管理、衡量客户要实现的价值，并提供创造价值的整体方法与手段。新电苏州通过了解客户的愿景和战略方向，将愿景与其价值成果有机地联系起来，并以制度化的方式对其业务价值进行定义、量化和管理。

1. 通过流程再造以创设价值

流程再造能从根本上改变企业的运营方式，特别是在业务流程外包业

务中,流程的控制、管理能够直接创造价值。新电苏州一直以业务为中心、以价值为基础,替客户管理并优化公司日常业务流程,通过流程的再造,让客户能够将有限的时间、精力与资源投入到核心业务中。

2. 通过科技变革以创设价值

在信息化时代,科技变革对企业发展起至关重要的作用。新电苏州提供 ICT 和通信工程服务交付的各种解决方案,包括:套装软件、应用程序开发、应用软件维护、信息通信基础架构、IT 服务管理与实施等。这些科技变革为企业提供了有关评估、规划、设计、开发和实施 ICT 工程应用及基础架构方面的指南,从而有效地为其业务和需求提供强力支持。

3. 通过利益相关者转换以创设价值

通过利益相关者转换以创设价值即在服务交付过程中,从客户角度以及客户员工角度出发进行变革管理。当员工在企业的变革过程中真正理解了即将发生的变革,并能够正确评估变革的影响时,企业就能够从内部真正焕发创新的动力。

4. 通过设施革新以创设价值

设施创新是指规划、提供和重新部署物理建筑和设施(如数据中心),以及通过安装和管理智能建筑设施等方法,为企业提供一个系统的管理指南,对那些要求大规模变革的新设施进行评估、定义和管理。譬如新电的数据中心是东盟最大的数据中心之一,有众多的 IT 专家提供综合解决方案以识别潜在威胁并帮助灾备业务恢复正常。新电在苏州科技园建立的数据中心,按照第四级国际最高标准设计和建造,是国内首家获得美国 Uptime4 级设计认证的数据中心,可以为客户提供卓越的信息服务。

(二)鼓励创新的企业文化

新电苏州持续发展的动力来源于鼓励创新的企业文化。走进新电苏州,你会看到公司的墙壁上有工程师自己创作的各种应用软件及各种设计方案说明书。新电苏州为员工提供宽松的企业创新环境,持续为公司的发展注入活力。为鼓励员工创业的积极性,新电苏州从 2013 年开始每年举办一次企业内部创业大赛,挖掘创新人才,并为公司寻找新的业务增长点。在 2014 年举办的第一届创业大赛上,公司收到了 15 个团队的创业方案,最终选出了 6 个项目予以鼓励和支持。像"iSafe 安全浏览器"、"iShare 知识管理平台"都是员工内部创业大赛的优秀项目,这些项目已经在新电苏州得到了推广与应用,时机一旦成熟,就可推向市场。

创新需要技术支撑,也需要时间保障。新电苏州不同于其他的企业仅一味地关注员工效率,而是采用每周"4+1"的工作模式,即员工每周有一天从事自己感兴趣的研发工作,其研究成果极大地为日常工作提供了便利。譬如为了增强项目管理的透明度,有效管理客户需求,掌握项目开发进度等,员工根据这些实际需求,设计了iTeam软件开发协同平台,该平台优化了软件生命周期管理,使工程师能够将更多的精力集中在开发上,不必再被烦琐的项目管理程序所累。创新离不开创意的交流、共享与碰撞。新电苏州每年举办两次公司内部的技术分享会,邀请业内专家与员工分享交流IT研发经验,给员工技术交流提供一个良好的平台,让他们获得新的知识和经验,迸发新的创意火花。

三、成功案例

（一）项目背景

Praxair是北美和南美洲最大的工业气体生产商,是一家拥有百年历史的财富300强企业,也是全球最大的工业气体供应商之一。Praxair在全世界30多个国家设有气体生产厂,拥有27 000名员工。其服务领域包括生产、销售和配送大气气体、工业气体、特种气体、高性能表面涂料以及相关服务和技术,客户行业遍布航空航天、化工、食品饮料、电子、能源、医疗、制造以及金属等。

（二）项目需求

Praxair以市场为导向,以研发为依托,目前已成为全球领先的金属、陶瓷处理技术供应商之一,随着亚洲业务的高速发展,以及对未来市场的看好,对于保留既有客户、拓展潜在客户、管理销售团队以及对市场信息的分析变得非常迫切。Praxair需要开发一个IT应用系统Opportunity & Contract Database(简称OCD)来支持越来越大的销售业务。

2010年,为了支持未来业务的高速成长,Praxair开始酝酿在现有的OCD系统基础上,为其未来选择支持业务运作和管理的Customer Relationship Management(简称CRM)系统。Praxair希望未来的CRM系统能够达成以下目标:支持灵活的多层组织架构衍生拓展;支持多语言功能;支持企业销售渠道获利的扩展模型和先进报表机制;系统兼容现有企业ERP系统JDE的通信接口API(应用程序编程接口)。

（三）项目实施

由新电苏州为Praxair开发的CRM系统使Praxair实现业务流程自动

化、精益化,提升了企业市场拓展能力和营销经营竞争力。

NCS CRM 系统是基于 Praxair 大中国区已有 OCD 营销模式设计并实施的新型营销模式管理软件,也是该机构在重要业务领域实现卓越运营的关键要素和指标。其中包括多层级组织架构拓展和衍生、多语言拓展、项目及合同管理、销售机会管理、销售及市场预测、渠道管理、计划管理、预算管理、财务与客户集成、激励量化管理和先进的可定制化报表集成。通过 NCS CRM 系统的运营管理,可以削减市场拓展成本、增加机会和收入,最大限度提高利润并提升客户服务。

NCS CRM 系统实现了多层组织架构拓展,灵活配置因组织架构变动而带来的风险和底层数据维护量,降低运营成本,帮助 Praxair 解决复杂地区组织架构带来的营销管理运营风险和评价体系的再平衡。NCS CRM 系统实现了多语言拓展,系统支持 Praxair 对跨国运营的需求,扫清了困扰 Praxair 多年的本地化障碍。NCS CRM 系统帮助 Praxair 实现了从销售产品和服务到管理专业服务的支付和内部流程的优化,支持 Praxair 对库存的物流管控以及订单预测的准确性。借助 NCS CRM 系统所提供的拓展和衍生功能,Praxair 能够全力支持这些战略性企业活动:完善销售全生命周期的管理,包括审批工作流程、计算目标价格、销售激励管理、工作日历、预测和预算、综合报表查询等。

(四)项目效果

2011 年该系统在韩国、西安、泰国与印度上线后,运行稳定,完全达到设计要求,目前,超过 100 名销售员和管理人员正在使用这个系统。作为全面、整合的 CRM 管理软件,NCS CRM 管理解决方案帮助 Praxair 的营销部门转变为核心战略业务单位,为管理层提供重要的业务信息,并提高公司盈利能力。

四、发展展望

从 2012 年开始,新电苏州整合各方面资源,力争拓展管理咨询、业务流程外包、研发攻关服务、专业测试服务、质量顾问服务、数据中心服务等新服务。新电苏州致力于以创意和科技与客户共同实现商业价值,以知识和诚意激发全员潜能,通过科技协助社群改善生活,从而让世界变得更美好,成为一个为客户实现商业价值的国际通信信息公司。

内培外引合力创新,引领电子政务外包
——江苏国泰新点软件有限公司

一、公司介绍

江苏国泰新点软件有限公司(以下简称新点软件)成立于1998年10月,是江苏国泰国际集团的下属子公司,全力打造信息时代政府管理与服务新模式,在电子政务、公共资源交易和建筑行业信息化整体解决方案方面处于国内领先地位。多年来,新点软件累计承接了2 400多个应用软件项目,政府用户6 250多家,市场覆盖江苏、上海、安徽等全国20多个省市。新点软件共有员工1 500多名,2013年营业收入达1.91亿元人民币,为苏州政府创收4 000多万元人民币税收。江苏国泰新点软件有限公司先后通过ISO9001、ISO27001、CMMI L3认证,是江苏省创新型企业、江苏省规划布局内的重点软件企业、江苏省首批软件企业技术中心、江苏省国际服务外包重点企业、苏州市服务业发展重点企业。

二、公司核心竞争力

(一)内部与外部合力创新

新点软件自成立以来,一直致力于内部与外部合力创新。从内部角度看,新点软件一方面整合企业内部各条线软件的应用知识研发统一知识库,为公司内部员工和客户提供统一的知识库。2012年新点软件推出了《新点开发者》季刊,介绍业界主流技术、公司平台框架动态以及相关成功的项目管理经验,使知识在整个公司得到分享。另一方面,新点软件开发了项目管理平台,将CMMI管理规范固化到软件系统中,为管理层、项目团队、客户提供统一的平台,使项目研发过程可视、可控、可管,进一步提高项目质量。

从外部角度看,新点软件通过与南京大学、苏州大学等高校紧密合作,壮大研发规模,提高研发团队的整体实力。并与苏州大学建立省级研究生工作站及教学实验室,构建富有企业特色的专业课程体系。通过成立南京、苏州研发分中心和大规模的岗前培训,扩大研发队伍的规模,并通过建立网上培训学校,为各级技术人员提供能力提升的通道。同时,新点软件还定期邀请高校的教授、专家参与公司的技术研发,以提高企业内部创新能力。

(二)品牌营销创新

新点软件一直重视产品质量,强化品牌管理,每年按照卓越绩效评价准则对公司的领导、战略、资源、过程、经营结果等进行测量、评价和改进。经过长期的精心策划和市场培育,"新点软件"、"智慧软件"、"一点智慧"、"清单先锋"已成为业内著名产品。2012年,"新点(EPOINT)"商标获得苏州服务业名牌产品称号。"一点智慧"评标软件V1.0及工程项目网上交易综合平台软件V7.0分别荣获第六届、第七届江苏省优秀软件产品奖(金慧奖);"e路阳光"南京市建设工程网上交易平台被评为南京市科学技术进步奖;建设工程招投标网上运行平台V5.0被评为辽宁省2012年度住房城乡建设领域应用软件测评优秀软件及示范工程;"e路阳光"南京市建设工程网上交易平台及张家港"网上村委会"农村综合信息服务平台获得"2013年江苏省重大信息化示范工程"称号。

(三)创新人才培养

新点软件成立以来始终坚持以人为本,十分重视人才的引进和培养,一方面公司通过高层次人才引进计划,多渠道吸纳专业技术人才和管理人才。另一方面关注人才的培养和发展,鼓励个人报考或申报高级学位和高级技术职称,并给予相应的津贴和职位晋升的机会。公司还专门建立了"e学习"网站,约有500门培训课程供员工选择学习。同时,公司开放内部项目评审会、技术会议、管理会议,可以让创新人才在实战中快速提高自己。公司与微软、甲骨文、Intel等一些国际软件巨头建立了伙伴关系,定期派员工学习新知识。

为调动科技人员的创新积极性、鼓励创新,新点软件一方面在产品研发中,采取课题招标、项目重奖等激励措施调动技术人员的积极性和创造性;另一方面,建立了"Y"型双职业梯岗位模型,比如"技术职务"分四星、三星、二星、一星工程师,员工可以通过评审和推荐实现职务晋级。公司对技术岗位骨干员工设定了最低年收入标准线,并为其提供良好的创新工作条件和进修深造的机会等。公司还引进股票期权、期股、利润分享等新型报酬形式,对中层以上的技术、管理人员授予了股权,大大调动了人员的积极性。

三、成功案例

(一)项目背景

江西省公共资源交易中心是承担当地工程项目(含建设工程、水利工程、交通工程等)、政府采购、土地(矿产)使用权、国有产权出让等交易活动的政府机构。为了保证各类业务流程的公开、公正、公平、透明,有效提高工作质量和效率,新点软件凭借在全国25个省,300多个地区的实际项目建设经验成功中标该项目,建立了"新点公共资源电子交易系统",为构建公正开放、竞争有序、服务到位、监管有力的目标提供系统平台。

(二)项目建设目标

江西省公共资源电子交易系统的建设目标是:按照《中华人民共和国招标投标法》《招投标法实施条例》《电子招标投标办法》及《电子招标投标系统技术规范》《政府采购法》《招标拍卖挂牌出让国有建设用地使用权规定》(国土39号令)等有关法律、法规,根据内部管理制度和工作流程,对各类信息资源进行整合和集成,构建信息监控机制,提高工作效能,实现公共资源交易运行动态透明,从而建成一套与实际业务和应用基础相适应,面向各类交易用户,安全可靠、稳定高效、操作方便、可扩展的一体化信息管理系统。

通过系统的建设,最终将实现四个目标:交易全程所有文件全部电子化;场地、网络、服务机构等资源信息共享,评标专家信息共享,企业诚信记录共享,做到"一次录入、全程共享;同类资源、统一管理";全方位规范化网上备案、监管、监察;通过数字证书技术,对公共资源交易过程进行安全保护,确保交易全程合法、有效、安全。

(三)项目实施

江西省公共资源电子交易系统在系统功能架构的设计上,包含了公共服务平台、项目交易平台、行政监管平台三大平台。三大平台之间以及与外部其他相关系统通过统一标准的数据交换平台进行各类数据信息的实时交互。

江西省公共资源电子交易系统在技术框架及实施上,包含了基础层、数据层、支撑层、应用层、表现层、接入层6个框架。基础层包括了建设信息化系统需要的网络、设备、中间件等资源;数据层包括了公共资源电子交易系统中涉及的项目、企业、人员三类业务数据库,三类业务数据库数据相互关联、信息共享;支撑层包括了统一用户管理、统一内容管理、统一服务管理、数据交换管理、工作流管理等一些中间件组件或支撑组件,为上层系统应用的快速构建提供技术保障;应用层包括了公共资源各类业务、全流程业务管理功能及其他行政办公功能;表现层包括公共服务平台、项目交易平台、行政监督平台;接入层包括了公共资源电子交易系统使用对象的接入及访问。

(四)项目实施结果

江西省公共资源电子交易系统是"省市合一"的公共资源交易平台,较好地实现了场地、网络、服务资源共享,投标企业、评标专家诚信信息共享,招投标过程中交易数据信息共享,减少了人为因素对招投标活动的影响,提高了公共资源交易管理部门的工作效率,有效降低了行政运营成本。系统实现了网上招标、网上报名、网上资格预审、网上投标、网上答疑、网上开标及电子评标等功能,后期还实现全省公共资源项目的远程异地评标。使得各方对中标结果的人为影响因素大大降低;弱化了建设单位经办人对评标结果的影响,减少各方对评委的操控可能;投标单位分散且名单保密,通过网络联系有效实现投标单位的相互保密,有效地杜绝了围标、串标现象。

公共资源招投标活动所涉及的所有环节均在网上进行,涵盖招投标全过程,交易参与各方可登陆江西省公共资源网上招投标运行平台实时掌握、了解与其相关的各类公开信息,实现了招标、投标的阳光运行,避免了因信息不对称造成的暗箱操作。通过对公共资源基础数据库的挖掘和分析,该系统为领导和主管部门工作人员提供多种数据查询、统计服务,从宏观到微观,对业务数据进行多角度的深入分析,为招投标各方主体提供有价值的信息,为政府职能部门提供决策参考。

四、发展展望

新点软件未来期望做大做强自主品牌,实现从外包商到发包商的角色转变。未来三年,新点软件的发展目标是在全国各省会城市设立分公司,构建分公司盈利模式,实现 6 亿元人民币软件销售,每年 1 亿元人民币以上的盈利,并保持每年 45%~50% 的快速增长。新点软件期望通过不断创新,提升信息服务能力,为客户创造更大价值,并依靠点点滴滴、持之以恒的艰苦追求,实现所有利益相关方的共赢目标,立志使新点软件成为具有行业影响力的领先企业。

转型发展提升价值,精细管理赢得信赖
——新宇软件(苏州工业园区)有限公司

一、公司介绍

新宇软件(苏州工业园区)有限公司(以下简称新宇软件)成立于 2003 年,是新宇软件在中国的总公司,在上海、广州、苏州及美国波士顿、旧金山、波特兰等地均设有分支机构。新宇软件致力于为客户提供全方位的 IT 服务及行业解决方案,业务范围涵盖应用软件开发与维护、软件测试、离岸研发中心等。新宇软件专注于金融、零售、制造、高科技、快销品及游戏等领域,已经成为众多财富 500 强企业的重要合作伙伴。

新宇软件遵循业界领先的质量与安全认证标准,先后通过了CMMI 5、ISO9001、ISO27001等资质认证。新宇软件先后被评为中国IT外包十强企业、IAOP全球外包100强、Global Services全球100强、国家布局内重点软件企业、中国服务外包成长型企业等。2013年新宇软件入选"中国服务外包企业50强"。

二、公司核心竞争力

(一)采用ODC业务模式——从服务提供商向客户合作伙伴转型

ODC(离岸研发中心)是在客户所在地之外专为客户而设立的开发中心,专门用于开发、测试和维护客户的各类IT解决方案。新宇软件是国内最早采用ODC模式的公司之一,通过ODC模式,新宇软件成功实现了从服务提供商向成为客户合作伙伴的转型。

新宇软件在ODC运营模式上有着突出的优势:

1. 有效管理

成功的ODC能够成为客户团队的无缝扩展。新宇软件认为,ODC成功的关键因素就是要通过对交付过程的可见性和对主要人员的精确管理来建立客户的信任,并将客户的回应及时反馈到项目管理中,使其成为持续改进计划的一部分。新宇软件在ODC运营模式实施中,建立了有效的项目管理方法,通过全球共享的标准、流程、工具和全球项目管理方法架构,对项目现场和离岸团队实现了无缝整合,实现了客户和离岸团队的有效沟通以及客户对离岸团队和项目的可控性。

2. 弥合差距

在ODC运营中,尽早弥合由空间和时区上带来的距离、差距非常重要。在这方面,新宇软件善于利用驻场人员的管理,以处理运营问题和预测交付风险。新宇软件任命全职的驻场技术组长,使得交流更加简单并可加快交付流程,同时,新宇软件定期派遣工程师到离岸公司,这不仅是知识转移和需求分析的最好方式,也是建立团队士气、改善团队面貌和加强合作关系的绝佳方法。

(二)持续稳定的交付能力

保持持续稳定的项目交付能力是新宇软件的最大竞争力,新宇软件设计了实用的衡量软件外包性能的项目统计方法。项目统计通过数量、效率和质量三个指标来测评项目的绩效,根据测评的数据形成绩效报告,项目团队通过对绩效报告的分析、总结再进行有效改进。测评的数据有时候可能含有正常的数据收集流程之外的数据,比如,记录每一个通话时间超过15分钟的活动,通过分析发现团队的大部分时间用在了代码提交等低效率的活动上,那么这个指标也将作为自动化或流程改进的目标。因此,在项目实施的过程中选择一个或两个具体的行动,定期进行绩效审查并跟踪其执行和结果,可以测试是否已经取得了预期效果,从而保证持续稳定的项目交付能力。

三、成功案例

（一）项目背景

作为全球最大和最知名的公司之一,宝洁公司拥有13.8万名员工,遍布在80多个国家。凭借广泛的被信赖的品牌,包括帮宝适、汰渍、佳洁士、金霸王和吉列,宝洁公司决定积极扩张亚洲市场。为了支撑市场的占有率,宝洁意识到中国、日本、新加坡和韩国的销售和分销机构对移动和桌面应用的需求非常大,宝洁决定选择一个在亚洲当地有实力的全球性合作伙伴,与其IT团队一起开发应用程序。

（二）选择新宇软件

为了寻找资源弹性和高水平服务,宝洁从2005年起就选择新宇软件作为正式合作伙伴。在过去的几年里,新宇软件一直为宝洁客户开发定制应用程序及应用系统运营和维护以及业务流程外包。服务于宝洁公司专业的技术人员有100多名。随着合作的深入,新宇软件对宝洁公司的业务有了更彻底的了解,并在消费品和零售业领域积累了深厚的专业知识。

（三）项目实施

新宇软件为宝洁开发了众多的网页、桌面和移动应用程序,包括柜台管理、专柜销售、客户门户平台、流动销售跟踪、电子订单交易、商业智能、数据收集与存储及销售培训等。新宇软件开发和应用支持程序已经帮助宝洁吸引了更多的客户,提高了他们销售和分销过程的效率和效果。宝洁公司全球业务高级经理 Vayne Wei 表示:"我们选择新宇软件很大程度上是由于它的灵活性和卓越的服务水平。我们常常依靠新宇软件在苏州的团队与我们在华的开发者相互交流、沟通和协作,保证了我们的软件应用程序开发过程的整体效率。"

（四）项目效果

在新宇软件解决方案的支持下,宝洁已能够提高销售终端数据的准确性,并将用于这些数据的维护及更新时间减少75%。此外,宝洁的供应链更为明晰,从而减少脱销,确保消费者的满意度。

四、发展展望

近年来,以离岸外包为主的软件服务外包提供商频频受到印度、爱尔兰等国家竞争者的挑战,如何应对挑战,是国内每个服务外包提供商亟待思考的问题。降低成本、提升效率仍然是一条可以选择的发展之路,而对于新宇软件来说,成为解决方案的提供者才是价值提升、实现精细化增长的必由之路。新宇在未来的发展中,致力于倾听客户需求,借助对客户的深入洞察,使科技变得更为简单,并通过不断创新的解决方案为客户提供值得信赖和长期的价值,成为全球领先的IT服务与解决方案提供商。

打造智慧电商平台,全程服务中小企业
——仕德伟网络科技股份有限公司

一、公司介绍

江苏仕德伟网络科技股份有限公司(以下简称仕德伟科技)是苏州最大、江苏前三、华东地区有重要影响力的电子商务运维服务和网络营销服务提供商,公司在江苏省内拥有12家子公司,业务覆盖江苏省主要经济地区,经营面积超过2万m^2,员工总数过千人,服务客户近5万家,2013年度营业收入8亿元人民币。

经过多年努力,仕德伟科技形成了以电子商务及网络营销人才培养、理论研究、产品研发及外包服务为特色的服务体系。仕德伟科技通过ISO9001:2000版质量体系认证、CMMI LEVEL3软件能力成熟度体系认证,截至2013年,公司获得软件著作权50余项,申请国家发明专利29件,通过江苏省软件产品50余件、江苏省高新技术产品5件。

仕德伟科技自成立以来,相继获得商务部电子商务示范企业、中国服务外包成长型百强企业、全国优秀诚信网络营销服务机构、江苏省成长型国际服务外包企业、江苏省互联网信息安全工作先进集体、江苏省著名商标、苏州市骨干服务外包企业、知名字号企业、苏州市科技创新示范企业、苏州市创新先锋企业、苏州市企业技术中心、苏州市质量奖等资质及荣誉称号,成就斐然。

二、公司核心竞争力

（一）中小企业网络营销一站式服务

1. 完善的中小企业网络营销决策支持系统

随着电子商务进一步渗透到我们的生活，网络营销成为开启电子商务大门的钥匙，特别是对中小企业来说，进行网络营销尤为迫切和重要。仕德伟科技自主研发的网络营销决策支持系统，是专为中小企业量身打造的网络营销集成平台，通过对集成网站流量分析、网站体检、竞争对手分析、舆情分析、网站健康检查、SEO优化助理等应用，为企业提供全方位、多角度的网络营销支持，以帮助中小企业不断提升网络营销效果。

2. 为企业打造智慧门户

进入互联网营销时代，为了使中小企业能够充分利用企业门户网站进行宣传营销，仕德伟科技利用数据挖掘技术，通过"个性化设计＋标准化应用系统"的"建站工厂"模式为广大中小企业快速构建企业营销型电子商务门户。仕德伟科技根据营销型电子商务门户的需求特点，开发出上百种不同功能的应用系统模块，通过统一的中间件平台对功能模块的管理和灵活配置，快速生成用户所需要的营销型电子商务门户的后台管理系统，为企业打造出智慧门户。

3. 建立"电子商务公共服务平台"

仕德伟科技"电子商务公共服务平台"是面向广大中小企业提供电子商务运维服务和网络营销顾问服务的公共服务平台，平台涵盖远程知识分享、政策发布、解决方案咨询及展示、案例分享、SAAS服务等。在标准化的应用系统之下，仕德伟科技可以根据不同企业理念和需求实现个性化设计，满足用户需求。

4. 全程电子商务平台

除了"电子商务公共服务平台"，仕德伟科技还为企业建立了全程电子商务平台。它是以电子商务时代所需的管理模式为核心，通过网络技术和SaaS交付模式，为企业提供在线管理以及电子商务服务，实现企业内部管理以及企业之间的商务流程的有效协同，用以实现资源、信息的有效整合。全程电子商务平台通过贯穿企业交易前、中、后期的电子商务行为，形成电子商务信息流、商务流、物流和资金流的完美整合，以帮助企业实现全程电子商务服务。

(二) 搭建平台,鼓励员工创业

仕德伟科技可以为员工投资,让员工无成本创业。目前像这样从仕德伟科技内部孵化出来的创业团队有"江苏风铃科技有限公司"、"北京中清瑞能科技有限公司"。其中,"江苏风铃科技有限公司"已迅速发展成为华东地区提供最专业微营销服务的企业之一。2013年8月,江苏风铃网络科技有限公司自主研发了基于微信的第三方建站平台——"微商通"。截至2014年3月,用户已超2 000家,赢得了市场的一致认可和赞誉。

三、成功案例

(一) 宝玛数控公司介绍

苏州市宝玛数控设备有限公司隶属于宝玛集团,是中国最具价值品牌的数控机床制造商。"宝玛"牌高速小孔加工机以其"高品位、高质量、超稳定、低价位",在中国市场销售中遥遥领先,市场占有率达70%以上;宝玛公司出资与德国专业机床设计公司合作开发生产的BVMC系列立式加工中心、BMDX系列雕铣机等,远销荷兰、德国、美国、意大利、俄罗斯等欧美国家。

(二) 项目背景

随着企业的飞速发展,原有市场的可开发潜力日渐减少,苏州市宝玛数控设备有限公司需要一个更大的平台去开拓新市场。此时,苏州宝玛数控设备有限公司就将目光投向了网络营销,来实现市场的新突破。

(三) 选择仕德伟科技

由于公司没有配备专业的网络营销团队,所以苏州市宝玛数控设备有限公司决定选择网络营销外包的形式来进行。在选择网络营销服务商时,宝玛数控设备有限公司有非常清晰的要求:首先,公司需要一家有高信誉度,能进行长期合作的企业;其次,服务商要有足够的网络营销实战技术能力,要有足够敏锐的营销嗅觉和熟练的网络运营能力;第三,要求合作伙伴具有足够的创新力和学习力以实现共同创造价值。仕德伟科技以其强大的品牌优势和在业界的美誉成为苏州市宝玛数控设备有限公司的战略合作伙伴。

(四) 项目实施

针对苏州市宝玛数控设备有限公司的需求,仕德伟科技安排了一个由7人组成的项目团队,团队成员分工明确,从行业数据分析、公司现状分析、推广方案制作,再到具体操作,都有专人对应负责,保证每个环节都能达到精准。为了实现双方沟通及时、无障碍，仕德伟科技对每个推广团队均配有一名资深客服人员，专门用于双方之间的沟通与协调，全程跟进，第一时间发现和处理问题。

1. 数据分析

仕德伟科技对苏州市宝玛数控设备有限公司进行了一系列数据采集与分析，包括搜索引擎蜘蛛抓取数据；网站 IP、PV 等基本数据；网站的 HTTP 响应时间数据；网站流量来源数据；行业发展状况；竞争对手数据等，以便在数据分析基础上精确定位有效客户群。

2. 网站运维服务

为提升宝玛数控营销网站流量及转化率，使网站具备营销能力，仕德伟科技对苏州市宝玛数控设备有限公司的网站进行了结构调整，分析调整了网站关键词，完善网站 meta 标签及网站各页面标题，更新网站内公司新闻及产品，帮助网站进行 5 大搜索引擎登录，完善了网站用户体验度。

3. 网络整合营销

为了树立企业品牌形象，提升公司产品曝光度，达到品牌传播和产品行销的效果，仕德伟科技为苏州市宝玛数控设备有限公司进行了网络营销整合，包括：通过百科营销、文档营销、地图营销建立品牌基础；通过 B2B 平台、分类广告平台提升品牌曝光率；通过软文营销与博客营销实现品牌宣传。

4. 网络舆情监控

仕德伟科技为苏州市宝玛数控设备有限公司进行了对网页、论坛等的 24 小时监控。通过网页内容的自动采集处理、敏感词过滤、智能聚类分类、主题检测、专题聚焦、统计分析，筛选出与宝玛数控相关行业的网络舆情监控数据，最终形成舆情简报、舆情专报、分析报告、移动快报。仕德伟科技为苏州市宝玛数控设备有限公司每月生成一份舆情监控报告。

5. 人才培训

为帮助苏州市宝玛数控设备有限公司更好地开展网络营销，仕德伟科技帮助苏州市宝玛数控设备有限公司建立网络营销团队，通过每月开展网络营销培训课程等形式提供网络营销顾问式服务。

（五）项目实施结果

项目实施 10 月之后，网络营销的效果已经开始显现：

1. 网站流量得到提升

宝玛数控企业网站浏览量提升了 20.3%；网站独立访客数提升了

31.1%；企业网站 IP 提升了 50.9%；网站新增独立访客数从 4 099/月提升了 16%。

2. 网站关键词增多

网站搜索词从 2013 年 8 月的 1 280 个能搜到苏州宝玛数控设备有限公司的长尾词，截止到 2014 年 5 月，已经提升至 11 160 个长尾词，增加了 9 880 个长尾词，增加幅度达到 771.9%。

3. 品牌曝光率提升

目前，累计已经在 50 多个 B2B 平台为客户建立专属店铺，店铺浏览量平均 2 000 左右，最高店铺浏览量累计达 6 200 多，收获了许多全国各地的咨询电话。

四、发展展望

江苏仕德伟网络科技股份有限公司未来发展将以电子商务人才培养为基础，以电子商务理论研究为核心，以软件产品为载体，以"五行理论"为指导，按照 PDCA 循环面向中小企业提供电子商务运维服务和网络营销顾问服务，使企业专注于自身产品的设计、制造，把企业的营销行为通过电子商务和网络营销服务进行外包，以持续提升企业的核心竞争力。到 2015 年，仕德伟科技预计可培养电子商务人才 10 000 人次/年，从业员工超过 3 000 人，销售收入超过 20 亿元人民币。

专注对日 IT 外包，严格管理成就品质
——苏州大宇宙信息创造有限公司

一、公司介绍

苏州大宇宙信息创造有限公司（以下简称苏州大宇宙）是主要从事对日软件开发、系统集成及维护、客户支持等综合信息服务，并为国际和国内企事业提供信息化解决方案的 IT 外包企业。苏州大宇宙成立于 2008 年 10 月，是中国十大软件出口企业——大宇宙信息创造（中国）有限公司全资子公司，是全球服务外包百强 transcosmos 株式会社的全资关联公司。2013 年 ITO 销售额近 3 000 万元人民币，其中离岸外包收入占总收入 70% 左右。公司员工 150 人左右，其中近一半员工是曾在日本进修和工作、业务经验丰富的高级研发人员。

苏州大宇宙先后被评为国家高新技术企业、江苏省软件企业、江苏省技

术先进型企业、苏州非独立研发机构等。公司通过了ISO27001信息安全认证、CMMI3级评估。

二、企业核心竞争力

（一）大宇宙Way（方法论）

大宇宙方法论是大宇宙信息创造（中国）公司核心竞争力的来源，它由一套不断改进完善的方法论（管理文档）组成，包括公司层面的企业文化、管理制度、行为规范以及企业运营的各个环节，涵盖项目的开发立项、计划和流程、质量管理、品质保障，以及公司所有岗位的能力要求、培训安排、评定标准等。大宇宙方法论来自于企业内部的实践积累，并在实际工作当中不断进行充实完善，有着极强的现实性和可操作性。大宇宙把公司的各种制度、规章和方法建成文档，形成了一套完整的方法论（管理文档）供员工工作和学习。

苏州大宇宙自成立以来，专注于对日软件开发及信息系统运营维护外包服务，经过金融危机的洗礼，苏州大宇宙已经成为目前规模较大的能够承接日本大客户项目的企业之一，在对日IT外包服务上积累了丰富的经验。苏州大宇宙借助日本总公司的品牌效应和对日软件外包行业强大的服务能力与高质量的团队，获得了众多日本大客户的认可，日本大中型企业客户有800多家，并根据不同的市场形势，采用更加柔性的合作模式与战略，增加客户的黏合性，形成了长期稳定的合作模式。

（二）严密的质量管理体系

为了提高产品质量，更好地满足客户要求，苏州大宇宙持续加强内部质量管理，严格规范各部门工作，使工作流程更加高效合理。公司特别成立了质量管理（QM）部，主要负责公司内部的质量管理。

苏州大宇宙善于运用自动化工具监控项目的执行与操作，为保障产品质量增添了一道防线。苏州大宇宙自主研发了FROGGY障害追踪系统，该系统对于项目中BUG的发生和修正可以进行有效的应对，实现了迅速有效的开发和测试的交流，项目负责人可以对BUG的发生和修正即时进行观测，把握项目的品质和进度。项目完成后，对BUG的比率进行的统计，也可以作为对开发者和测试者的评价参考。

三、成功案例

某客户为日本某大型商社下属专门从事国内国际物流和贸易的全资子公司，年营业收入超过2千亿日元。主要经营产品有电子通信器材、电机、交通运输系统、家电业相关材料配件以及工业用制造设备和工具等。随着客户业务范围的不断拓展，原有管理系统已经越来越无法满足现有业务的需要，该项目的目标就是要解决客户所面临的这个难题。

苏州大宇宙主要负责整个项目的开发和测试工作，项目周期是1年，项目总金额达到1.3亿日元。根据客户的要求，苏州大宇宙提供了一个针对大型国际物流和贸易公司所提出的包含公司所有核心业务的信息化解决方案。苏州大宇宙首先明确原有系统的可保留功能和需要新开发的功能，移植原有系统的需保留功能（包含部分改修作业），并开发了一些譬如销售管理、采购管理、仓库管理、物流管理、财务管理、系统管理等新功能。

苏州大宇宙采用了高效的开发流程和方法，最后实现了项目的高利润，由于按期交出了高品质的产品，最终获得客户公司的一致好评。

四、发展展望

自2013年开始，日元汇率就呈现直线下降趋势，日元持续贬值已致中国对日外包企业陷入困境，企业利润被汇率变化大幅吞噬。作为主要业务为对日软件外包的企业，苏州大宇宙也一直在开辟新的利润增长点，以提升企业的抗风险能力。未来，苏州大宇宙将在"大、物、移、云"、智慧城市、金融和电商等新兴领域寻找市场机遇。并在平板、智能、移动设备电商领域加大资金和技术投入，2014年底将推出海外代购的网站"一帆海购"。

未来中国将逐步进入老龄社会，中国养老产业市场广阔，苏州大宇宙看到了养老产业蕴藏的巨大市场潜力，将信息服务与养老产业紧密融合，将在国内主推养老产业信息化平台建设与居家养老解决方案，其中"温馨之家，养老院ERP管理系统"已经在上海长宁区新区得到应用，居家养老解决方案在上海浦东陆家嘴社区得到应用。日本在养老产业方面相对比中国发达，苏州大宇宙一方面有日本母公司的强力支持，另外一方面又拥有强大的技术解决方案，未来势必在这一新兴市场上占有领先地位。

服务外包企业之 BPO 篇

模式创新赢得发展,流程优化提升价值
——苏州萨瑟兰信息咨询有限公司

一、公司介绍

苏州萨瑟兰信息咨询有限公司(以下简称萨瑟兰)是全球领先的业务流程与技术管理服务提供商 Sutherland Global Services 在华投资的第一家公司,向客户提供一体化的分析驱动型后台管理以及面向用户、支持用户整个生命周期的解决方案。苏州萨瑟兰信息咨询有限公司成立于2012年,目前员工共有60多名,主要为零售业与电子商务业企业提供后台管理、金融支付、呼叫中心等外包服务,发展前景广阔。

二、企业核心竞争力

(一)建立 RightSourcing 混合交付业务模式

RightSourcing 是基于外包业务需求,采用不同的交付模式组合,选择采购服务的最佳途径。RightSourcing 混合交付模式由以下几种模式构成:在岸交付、近岸交付、离岸交付、Sutherland@Home 交付,根据客户的不同需求进行组合。该业务模式打破地域的局限,基于全球的交付中心统筹安排,资源整合,能够获得最能满足客户需求的适当服务。萨瑟兰一直致力于成为在目标市场上信息技术启用服务及业务流程外包行业的首选及优选供应商,运用 RightSourcing 模式,通过合理整合、配置资源,仔细遴选符合客户需求的人才,依据客户的业务模式以及终端客户的需求量身定制个性化解决方案,并由全球多个交付中心协同完成符合客户需求的服务提供。

(二)创建无缝集成服务模式

萨瑟兰创造了完美的无缝集成服务模式,向包括技术、电信、金融服务、保

险、政府、旅游、零售和医疗等多个行业提供 BPO 服务。该模式集成了 BPO 领域的前台和后台管理、知识和企业转型服务，管理客户整个生命周期内的所有业务功能，能够利用世界一流的客户管理和后台管理支持提供真正的端到端业务周期解决方案，它无须各种形式转换，可以直接进行各种来源的业务数据管理和操作，完成 BPO 领域的各种解决方案的设计与实现。萨瑟兰通过强大的综合 BPO 平台解决方案，在帮助客户提高生产率和效率的同时提供出众的成果，进而使客户实现其用户终生价值的最大化，并提高竞争优势。

无缝集成服务模式将贯穿客户整个生命周期过程，并涵盖客户业务运营的收入和成本两方面，其中包括财务、会计、人力资源等企业职能。萨瑟兰通过无缝集成服务模式对客户业务流程的多个方面进行绩效提升，能够有效地提高收入、降低成本、改善现金流和资本利用率，最大限度地提高客户满意度，提升客户的整体竞争优势。

(三) 实施收益共享(revenue sharing)计划

萨瑟兰与客户积极沟通，实施"收益共享"(revenue sharing)计划。收益共享即 BPO 供应商在执行发包商的业务任务时，通过创新思维，改进信息服务平台，优化业务流程，为发包商提供更优质的服务，并通过与发包商通力协作创造更多的价值，共同投入时间和精力进行创新，与客户共担风险、共享利润，最终产生的新利润由发包商与供应商共享。

萨瑟兰收益共享的模式实现了发包商与供应商之间的资源整合，其业务流程外包并不仅仅局限于业务流程中单一的某个方面，而更强调对客户业务流程多个方面的绩效进行提升。通过商业模式的改革，萨瑟兰与客户的利益紧密相连，将市场对于服务的反馈和效果同萨瑟兰的收益直接挂钩，从而推动萨瑟兰更加积极主动地考虑客户需要的是什么，有针对性地实行技术及服务等的改革创新，提升服务的附加值。这种模式不仅能改进客户公司的业绩，同时也提升了萨瑟兰的收益和品牌效益，真正地达到了双赢。

(四) 应用净推荐值来提升客户忠诚度

萨瑟兰通过密切跟踪净推荐值，提升客户的忠诚度。净推荐值(NPS)又称净促进者得分，是一种计量某个客户将会向其他人推荐某个企业或服务可能性的指数。净推荐值作为一个客户满意度衡量指标，直接反映了客户对公司的忠诚度。近年来，萨瑟兰通过净推荐值(NPS)衡量客户的可能性，以更好地推荐产品、服务或品牌，提升客户对萨瑟兰的忠诚度，以顾客口碑影响企业未来成长。在萨瑟兰，NPS 已经成为一种生活方式，苏州萨瑟兰定期进行 NPS 调查,NPS 在公司业务预测、价值评估和内部考核方面都得到很好的应用。

三、企业文化——致力于全球青年的进步

萨瑟兰从公司成立到走向世界,非常注重领导力的建设以及顶层设计,萨瑟兰的业务模式创新与核心竞争力的构建,都是杰出的顶层设计的体现。此外,萨瑟兰从成立以来一直致力于全球各地青年的进步提升,在 2007 年萨瑟兰发布的慈善使命中,明确地提出要努力改善世界各地的青少年及所工作、生活的社区中青少年的生活。

在印度,萨瑟兰与微软结成联盟,联合向金奈社区普及技术供给和技能培训,在专业的萨瑟兰培训师的指导下,通过向学生传授现代计算机技术,提升社区人员的就业能力。迄今为止,该社区技术中心已向逾 1 200 位学生提供了培训并颁发了结业证书。萨瑟兰进入苏州之后,为园区服务外包职业学院、港大思培提供了 BPO 免费课程,投入人力资源、教材等,一方面萨瑟兰通过此举帮助青年人就业,以回馈社会;另外一方面,萨瑟兰可以将对公司所需求的人才的培训推到前面,这样有效地缩短了员工适应的时间以及新员工与萨瑟兰之间的磨合期。萨瑟兰一直践行着企业的慈善使命,在企业社会责任领域交出了完美的答卷。

四、发展展望

在未来发展上,萨瑟兰在项目实施前的问题发掘与差距分析阶段,力求通过流程优化与技术创新不断为客户缔造持续价值。当项目运作稳定后,将会把重点放在持续的流程优化上,并根据需要对流程进行重新评估。在战略选择上,为了保持领先地位,萨瑟兰将会在技术基础设施上做出巨大投资,采用最新技术不断创新,主动预测出所需要的显著流程优化。同时,萨瑟兰的流程咨询团队还将与客户及利益相关方积极协作,保证提供持续的流程和技术优化,以便不断地为客户创造价值。

按需定制解决方案,成就 HR 外包品牌
——汇思集团

一、公司介绍

汇思集团(以下简称汇思)成立于 2001 年,总部设在苏州,是华东最大、全国领先的专业蓝领 BPO 服务提供商。从率先引入劳务派遣模式服务苏

州外资企业开始，汇思不断升级服务产品，实现了从"用工外包"到"作业流程外包"，从"就业服务"到"就业技术研发"的转换。截至2013年年末，汇思累计为2 000多家国内外优质企业提供了超过50万人次的人力资源服务，实现营业收入约70亿元人民币，税收约8 500万人民币。汇思在上海、常州等20个城市建立子公司，在福建、江苏、陕西三省投资有自己的人力资源培训基地，拥有3 500多名员工，初步形成全国性集团化运作，并建立起一条集"资源开发—优化配置—人力管理—方案解决"于一体的专业人力资源服务产业链。

作为唯一的一家民营企业，汇思于2005年、2010年连续两届当选为国家劳动和社会保障部中国就业促进会副会长单位。2007年，汇思入围"2007CCTV年度雇主调查"60强、"江苏省非公共职业介绍（劳务）服务机构"20强，2013年荣获"江苏省著名商标"，2011—2014年连续四年荣获"苏州市知名商标"企业。

二、公司业务模式

汇思从传统的HR服务（如招聘、劳务派遣）升级为生产作业外包与整体项目外包，并根据企业需求量身定做BPO服务。汇思研发创建了基于产业优势的"汇思BPO"服务模式，即人力资源外包—岗位外包—生产作业外包—整体项目外包，统称"汇思BPO"服务模式。

（一）生产作业外包

生产作业外包即客户把内部非核心工段作业外包给汇思，由企业提供厂房、机器设备及技术支持；汇思按照企业标准，自行招募员工、自主经营管理，接受企业监督，最终以合格产品的数量与企业进行结算。该产品的价值在于帮助客户进行风险规避（产量变动、员工改组）与成本优化（产品品质提升、产品效率提升）。汇思的生产作业外包业务涉足食品、电子、家电、机电、塑胶、玻璃、机械、钢铁等近十个行业的数十家企业，已为卡夫食品、北京诺基亚、希捷电子、上海宝钢等多家世界500强企业提供了优质的外包服务。截至2013年12月，汇思通过生产作业外包为企业年均降低原材料损耗40%，年均产品不良率下降35%。

（二）整体项目外包

整体项目外包即客户将某项任务或服务的执行或管理责任转由汇思来承担，按照项目成果支付费用。整体项目外包可以解决企业在正常业务管理运营过程中遇到的临时性项目或短期项目需求。企业在遇到临时性项目或短期项目时,如果重新招聘人员,不但增加成本,项目结束后的人员去留问题也会是人事管理上的隐忧,因此企业可采用整体项目外包策略来解决这类项目问题,汇思目前已为明基友达、百特医疗、富士通等多家企业提供了该服务。

三、企业核心竞争力

(一)卓越的产品研发与方案设计能力

汇思成立了BPO研究中心,紧紧围绕客户需求,将人力资源服务的各细分环节作为研究对象,通过产、学、研为一体的"8+1"模式,成立"八大研究室"(蓝领跨区域转移、蓝领职业发展、人力资源外包策略、生产作业外包、员工关系与劳动争议、新生代员工心理需求、人力成本精算、班组长胜任力)和一个"智汇堂共享中心"(包含劳动争议案例库、企业经典管理模型库、企业经营管理图书馆与智汇堂沙龙)来联合外部专业力量,推进人力资源BPO业务的产品研发和方案设计。

目前,汇思已为宝钢、江铃汽车、宇通客车、浩远集团等数百家企业提供招人难、留人难问题解决方案,外包整体规划咨询方案,后勤管理优化方案,福利设计优化方案等。2010年,汇思集团针对三洋家电面临的组织内部消极怠工缺乏竞争力、人员流失率高的问题,通过引入人力资源研究所,综合研究员工稳定性构成要素,分析员工素质能力模型与工位设立,创新性引入计件制模式,引导组织内部的良性竞争,配合绩效管理提升员工的生产效率。三洋家电通过使用汇思解决方案后,员工离职率连续10个月以上为0,年度总离职率在3%以下,综合效率提升28%。

(二)完善的BPO管理体系

汇思建立了一套完善的BPO管理体系,自主研发了BPO项目标准设计与评估系统、BPO项目成本核算和管理系统、BPO项目人员配置与监控系统、BPO项目员工服务后勤系统四大系统,为汇思全力打造人力资源外包产业链提供了强有力的管理保障。BPO项目标准设计与评估系统是一个具有整体功能的管理平台,解决了外包项目不同行业、不同工段、不同的结算模式等问题。BPO项目成本核算和管理系统解决了外包项目中人力成本测算的问题。BPO项目人员配置与监控系统可有效实现对人员的自由调度和有效配置。BPO项目员工服务后勤系统可以及时反映员工的培训绩效、活动参与等职业成长状况,以及通过该系统掌握员工的部分家庭信息,洞悉员工的各种心理变化并予以指导帮助和应对。

四、发展展望

汇思成立之初即明确了企业发展三步走战略:"汇思江南—汇思中国—汇思天下"。目前汇思正处于从"江南"向"中国"迈进的征途上,已实现20个城市的战略布局,在未来3~5年时间里,将继续拓展市场,最终实现全国50个主要城市的业务布点。目前汇思已在申请认定"中国驰名商标",力争让"汇思"成为享誉全国的人力资源品牌。

实施精细化客户管理,打造智能化呼叫中心
——思隽(苏州)信息咨询有限公司

一、公司介绍

思隽(苏州)信息咨询有限公司(以下简称思隽)成立于2010年,是美国业务流程服务外包市场提供客户管理服务的最大供应商Convergys Corporation在苏州的分公司。经过四年发展,思隽已和IT、金融、快销行业的巨头公司展开合作,提供其售前、售后以及技术支持的呼叫中心服务,为财富500强公司提供客户关系管理服务的全球性业务流程外包(BPO)服务,从事在岸外包、近岸外包和离岸外包服务,足迹遍布北美、南美、欧洲和亚洲等国家,服务语言达47种。思隽自成立以来实现了每年10%的业务增长额度,2013年营业额达到4 400万元人民币,其中离岸占比29%,目前有员工600多名。

二、企业核心竞争力

(一)卓越的客户管理战略

在竞争日益加剧的全球市场上,缩短产品生命周期及产品商业化的时间、提供完善的客户体验以增强客户关系,比以往任何时候都重要。作为客户关系管理龙头,思隽一直以来对客户体验以及客户满意度非常重视。思隽利用四种方式提高客户满意度:第一,实施客户细分的战略,也就是对于不同的客户要不同对待。其次,考虑成本的因素,思隽更多地通过技术手段来管理客户关系,最大程度鼓励客户使用自助服务。譬如采用语音识别技术,可以极大地减少通话时间,成本可以减少30%。第三,采用主动出击的服务,在客户联系你之前,主动去联系客户。通过这三种方式,思隽牢牢把握住了客户的需求,提升了客户的满意度。

(二)多元的交互服务方式

由于客户期望值越来越高,企业必须找到让客户满意的非传统的方法。思隽提供了更加个性化、更贴近用户的交互服务,以此提高客户的满意度和忠诚度。思隽通过有效利用自动化技术,带给客户一种个性定制、以人为本、注重环境和客户的感受。呼叫中心向自动化发展,可以消除呼叫中心的人为影响,让许多流程实现了自动化,但也存在许多自身的隐患,譬如客户的满意度会降低。因而,思隽实现客户交互自动化时,采取一种自动和人工客户服务相结合的方式,把各种不同偏好都考虑在内,最终让客户感到满意。例如,思隽智能型自助解决方案(ISS),让企业能够以智能方式实时地向每位客户发送相关的信息,还可以在需要时实现向人工服务的无缝转移。

(三)基于 BI 的高效呼叫服务

思隽非常善于利用商业智能工具,提高呼叫中心的效率,让呼叫中心在以客户为本的企业中发挥了全新的重要作用。有效的呼叫中心商务智能工具并不取决于某一个解决方案,而是依靠一个融集成技术、分析工具、训练有素的座席代表和高超的运营技能于一体的综合性架构。该架构的维护价格不菲,且操作复杂,因此越来越多的公司转而寻求外包合作。思隽通过提供专业的知识、技术、工具和优秀的座席代表等,以及一定的规模效应的优势,来为客户创建和维护呼叫中心。

1. 为呼叫中心流程自动化提供支持

思隽实时利用相关的跨渠道数据、自动化工具和先进技术,创建一种个性化、以人为本、简单直观且"顾及"周边环境和相关客户的体验,还有效减少了客户流失。例如,思隽采用了一种优选合作伙伴和评估工具从网络、互动式语音应答(IVR)和座席代表方面汇集客户信息。该数据被放在一个单独的知识库中并用于标出这些客户有哪些共同体验,又有哪些个别体验。然后,公司可以确定在何处客户会进行选择,在何处客户获得的信息不足,在何处客户会放弃呼叫,以及完成率和每次完成的成本,等等。通过此类分析,公司可以确定最有效、最贴近客户的方法来实现流程自动化。

2. 为业务改进提供决策支持

商务智能工具和实践方法能够帮助呼叫中心发挥新的作用——作为一个客户智能中心,为整个公司搜集客户的信息、数据以及对公司服务进行反馈。思隽利用商业智能工具把迅猛增长的客户数据转换为有用的信息,从而有利于做出明智的商业决策。每天,客户都会提出问题、汇报故障,告诉思隽如何为他们提供更好的服务。客户呼叫中心汇集的这些问题、意见、观点和疑问,为思隽提供了宝贵的第一手信息,让思隽能够充分了解企业的运营方式以及改善的方法。思隽通过对呼叫中心收集的客户数据进行分析,并把结果返回公司,得出的结论能够使企业流程和性能得到改进,帮助企业与客户需求保持同步。

3. 为呼叫中心增加收入

思隽利用商务智能技术提高了呼入电话在交叉销售和追加销售上的效果,为呼叫中心增加了收入。由于竞争的加剧,赢得新客户的代价更高,同时,越来越多的国家实施了"谢绝电话推销"法规,进一步增加了接近新客户的难度。思隽通过掌握的客户资料数据并对这些资料数据进行分析,根据数据挖掘产生的客户需求,有针对地进行交叉销售与追加销售,从而为呼叫中心创造了更大的经济效益。此外,思隽高效的客户智能中心为公司削减了成本、提高了客户满意度、创造了更有利的客户关系,为客户增加了隐形财富。

(四)个性化的 Home Agent 模式

"Home Agent"即在家上班的呼叫中心座席代表,这种更加灵活与人性化的服务方式将会是未来呼叫中心发展的趋势。思隽采用这样的方式,一方面可以保证所有客户的问题都由有着专业技术背景的客服来解决,另外一方面能够带来非常灵活的劳动力安排。

(五)"关怀人"的企业价值观

思隽自成立起来,一直遵循着"caring people, building business, building careers"的价值观。在思隽,完全改变了"呼叫中心"工作的概念,员工在思隽讨论的不是"工作"而是"事业",思隽会结合员工的个人情况制定奖励与表彰计划,并给他们营造一个职业愿景,从而使员工愿意在公司服务更长的时间。数据表明,在思隽的母公司 Convergys,79%的员工得到了内部晋升机会。在对员工的福利待遇上,思隽一直遵从在合法的条件下合理,比较参照从宽、从优的政策。思隽在企业文化上的一系列努力,最直观的效果就是 2013 年员工流失率只有 7%,而同行业的员工平均年流失率要达到 50%以上。

三、发展展望

全球 BPO 产业前十大公司 Convergys 和 Stream 强强联手,在 2014 年 3 月完成并购重组,新成立的 Convergys Corporation 已成为全球 BPO 产业第二,并在公司的战略目标中设定了成为全球第一的目标。新的合作对思隽在中国的业务发展更是带来了巨大的发展契机。伴随着中国巨大的消费市场,根据全球各知名公司对于拓展中国市场的需要,思隽(苏州)信息咨询有限公司作为全球各知名公司在中国的合作伙伴,将协助全球客户不断拓展在中国的业务和服务。

优化供应链全程服务,引领液化品物流管理
——张家港孚宝仓储有限公司

一、公司介绍

张家港孚宝仓储有限公司(以下简称孚宝)位于张家港保税港区,是由全球最大的独立第三方液体散货罐区服务供应商荷兰皇家孚宝公司于2004年年底设立的专业从事液体化工品第三方仓储管理服务的公司。作为中国最大的第三方液体化工品仓储企业之一,孚宝提供相应的仓储、装卸、管道运输、中转等液化品供应链一体化管理服务。经过近十年发展,孚宝可以操作的化工品已超过50种,在张家港保税物流园区已建成可停靠500~50 000吨级化工品船舶的液体化工品码头,并建有储罐88个,仓储容量从2007年的12.46万立方米增长到2014年的50万立方米。截至2013年年底,张家港孚宝仓储有限公司有员工136名,2013年服务外包总收入超过人民币2亿元人民币,其中离岸服务外包收入超过人民币1.5亿元人民币。

二、企业核心竞争力

(一)动态对接市场需求

在全球范围内,石油及液化气产品、化工产品和植物油的生产与消费区域呈现出越来越不均衡的趋势。这一现象导致相关行业对产品运输、有效安全储存及装卸产生了巨大需求。为了更好地连接制造厂商、贸易商和经销商的物流网络,在关键地区设立可靠的基础设施的需求也日益增加。在这种市场需求导向下,孚宝集团提供的独立第三方的罐区和装卸设施服务能够大大缓解地区及全球供应链所面临的压力。为了更好地服务客户,更快响应上、下游顾客的需要,孚宝的罐区服务针对市场的变化及客户的需求及时调整,通过不断优化其罐区设施和专业系统的仓储解决方案,在液体化工品第三方物流服务行业占据一席之地。

（二）提供一体化解决方案服务

作为世界上最大的独立第三方液体油品及化工品储蓄运营商,孚宝提供专业的第三方液体油品及化工品物流整体方案设计服务。随着公司的持续发展以及经营规模的扩大,孚宝已经成为道康宁等全球及各地区大客户的忠实合作伙伴,为他们在全球范围内提供一系列仓储、接卸、物流一体化解决方案服务。

仓储关系到生产的稳定性和持续性,企业愿意选择更加可靠的、信誉良好的仓储企业。首先,作为一家具有几百年历史的企业,孚宝并不追求短期利益,更看重与客户的长期伙伴关系,能够为客户提供长期稳定的服务支持。孚宝拥有遍布全球的相关服务网络,专注液体油品及化工品存储400年,拥有丰富的存储及转运经验,可以为客户提供标准统一的全球化服务。其次,孚宝能够快速应对客户的需求,提供集仓储、物流设计等多功能为一体的液体化工品配送服务。第三,孚宝建立了规范、高效的业务流程体系,物流方案与客户的实际需求无缝对接,并可以借助信息系统提供物流与仓储数据的共享和监督机制,对相关操作进行严格控制,尽量避免人为失误。最后,孚宝仓储在物流领域扮演的是客户的战略同盟者的角色,在服务内容上,它不仅能为客户提供一次性简单的仓储服务,而且能提供具有长期契约性质的综合仓储配套服务,与客户生产线无缝连接,最终保证客户生产及物流体系的高效运作和供应链管理优化。

（三）坚持全球统一安全标准

为保障全球服务的一致性与安全性,孚宝公司始终如一地应用和实施严格的标准、规则和程序。出于安全性、稳定性的考虑,孚宝公司所建造罐区设施、设备都采用全球统一的标准。储罐选材以及配套设施的设计标准都普遍高于国家标准。孚宝的安全以及运营标准与时俱进,与孚宝客户群体的主要组成部分——石油及石化公司的标准相一致,并随着客户安全标准的变迁而最快做出改变。作为世界上最大的液体仓储公司,孚宝在日常运营管理上除了严格遵照CDI-T(化工品分销行业协会—罐区标准)的标准和规范外,还以CDI-T为原型通过增加100多个孚宝集团总结归纳的与罐区安全操作管理密切相关的审核项目而制定形成了THA标准。THA标准在全球严格推广并执行每3年一次的审核工作。

三、成功案例

（一）项目背景

某公司是一家由世界两大化工巨头均等持股的合资公司,总部设在美国密歇根州米德兰市,致力于探索和开发有机硅的应用潜力,现为全球硅基技术和创新领域的全球领导者。2005年,该公司在张家港市江苏扬子江国际化学工业园成立了有机硅综合一体化生产基地,该综合生产基地总投资达18亿美元,占地约一百万平方米,包括由该公司和其合作伙伴共同投资运营的两家有机硅上游产品生产设施——硅氧烷厂和气相二氧化硅厂,以及两家公司各自拥有运营并独立进行市场和销售的有机硅下游产品生产厂。硅氧烷和气相二氧化硅的综合产能预计可达到每年21万吨。

（二）项目需求

该公司旨在张家港建立规模较大的有机硅生产基地,因而,对于原料的供应链管理商,除了需要有与该基地规模相匹配的液体化学原料及产品仓储设施外,还要求按照该基地的生产计划提供24小时供料和装卸船的综合配套服务。与此同时,该供应商应有兼具与该公司在张家港地区未来2期发展规模需求相配套而预留扩展空间的长期发展能力。

（三）项目实施

鉴于该公司的投资方均与孚宝集团在全球范围内有着多年的良好合作基础,该公司最终选择孚宝公司作为其张家港地区的长期合作伙伴,并签署了长期的配套协议。孚宝公司依据道康宁公司的特殊需求,设计并建设了一个专用罐区,在该罐区内配置了8个独立储罐以及专用码头管线和与该公司在张家港的分公司生产线相连接的专用送料管线。同时,配备独立的泵组、专用变配电站及空压站、消防水罐等,形成了一个从码头装卸料到储罐存储再到管线送料为一体的配套体系,并确保全年24小时不间断供料操作的实现。另外,为配合该公司张家港分公司未来发展的规划,孚宝公司还在该专用罐区附近预留了一块储罐用地以备未来开发。

（四）项目实施结果

该公司在张家港市江苏扬子江国际化学工业园成立的有机硅综合生产基地,目前不但成为中国最大的有机硅生产基地,还业已成为世界上最大、最先进的有机硅综合生产基地之一。孚宝公司提供的专业的第三方供应链管理服务,为客户在张家港的发展提供了必要的支持。

四、发展前景

孚宝仓储的使命是成为中国市场领先的独立第三方罐区运营商,并追随客户需求优化全球罐区设施,为创建更有效的物流过程做出持续的贡献。为了完成这一使命,未来五年,张家港孚宝仓储有限公司将加速投资管理的步伐,配合扬子江石化园区的项目发展提供优质的配套服务,争取成为亚洲最大的液体化工品仓储基地之一,促进其全球网络的发展,提升客户服务质量以获得持续的运营改善。

动态对接行业需求,彰显金融服务优势
——苏州市银雁数据处理有限公司

一、公司介绍

苏州市银雁数据处理有限公司成立于2005年(以下简称苏州银雁),是位列国内前茅的深圳银雁金融配套服务有限公司在苏州的子公司。苏州银雁自成立以来,专注于金融外包服务,主要为银行、保险、证券及基金公司等金融机构和政府、企事业单位提供金融物流、数据处理、网点服务与营销、风险管理、文档管理、现金管理等个性化和全流程综合解决方案,与国内100多家银行、保险公司、证券及基金公司结为合作伙伴。苏州银雁2013年实现收入12 000万人民币,目前拥有员工1 000余人,上缴各类税收近千万元人民币。

二、企业核心竞争力

(一)品质保证,赢得信任

作为专业的金融BPO服务商,苏州银雁拥有完备的质量保证体系,包括项目管理体系、信息管理体系、质量管理体系、风险管理体系、服务水平管理体系五大体系确保项目服务品质,以高品质保证,赢得客户的信任。

苏州银雁先后通过了ISO27001:2005信息安全管理体系认证、ISO9000质量管理体系认证、ISO9001:2008认证,依照"规范服务,体贴客户"的理念,将质量管理意识贯彻到日常服务和运作中,运用项目管理的系统方法,用标准化、流程化的理念和手段管理金融外包业务。苏州银雁强化信息安全控制措施,确保客户信息资产的保密性、完整性和可用性。在风险管理上,采用风险控制体系,全面识别、分析、评估风险,制定风险应对措施,导入业务运营,实现过程控制,并通过法律手段和商业保险管理转移风险。

在服务水平管理上,全面导入服务水平管理,根据业务需求,建立服务目录,确定服务标准与服务水平,依据 SLA(服务水平协议),实现服务的动态、分层等细致化管理。

(二)着力创新,提升价值

对于金融服务外包公司来说,必须不断满足银行客户增长变化的金融服务需求,以"创新能力"为核心竞争力,提高客户满意度和忠诚度。银行业从部门银行到流程银行、零售银行的转型对外包服务的需求,是苏州银雁服务创新的着眼点。

1. 创新服务理念,提升外包服务价值

从过去被银行需求推动,到现在主动研究银行变革趋势,有能力为银行业务流程创新提供咨询方案,从简单完成银行交办的工作事项,转变为以银行成本下降、服务质量提升、风险可控为项目交付标准,在服务过程中为银行的利润、品牌、口碑、美誉等间接创造价值。苏州银雁的服务创新思维,不再单纯从单个银行出发,而是跳出某个部门、某家银行,从金融市场整条服务供应链、价值链的关系思考问题。苏州银雁现在思考的问题还会更进一步,从供应链、价值链扩展到金融外包服务产业网络和价值网络,通过追求公司总体利益最大化,建立可持续发展的项目运营管控系统平台和信息综合服务平台。

2. 创新服务产品,最大化满足银行需求

苏州银雁多年来专注于银行等金融领域服务外包,让苏州银雁有更广阔的视野来分析、研究银行在业务创新中的需求。围绕银行的产品特点、质量标准、技术水平和管理要求,苏州银雁不断开发金融服务外包产品,深入到银行前台、中台、后台各环节,既能设计并落地实现单个服务产品,也能够整合银行各部门或者业务流程上下游多样化的需求,提供整体解决方案。凡是银行各部门能想得到的服务外包需求,苏州银雁都有相应的案例。譬如苏州银雁根据银行的实际需求,适时推出了贷后管理系统、一体化金融档案解决方案等服务。在服务形式上,根据银行需求,提供离场或者驻场、集中或者分散服务形式。

3. 创新管理模式,与银行共谋发展

当前来看,银行在将自身业务流程委托外部公司服务时,主要会考虑技术、财务、管理和法律上可能面临的风险。其中法律风险是银行最为担心的。金融外包服务的法律风险包括了知识产权保护、数据安全、合同实施担保、财务损失赔偿条例、合同失败补偿（质量、交付日期）等方面。基于对银行发展趋势的深刻认识，苏州银雁通过了 ISO9001 质量管理认证保证服务质量，通过了 ISO27001 信息安全认证确保银行的信息安全。导入 SLA 服务水平协议，满足银行个性化的需求，引入 PMP 项目管理体系，提升外部服务的专业度。

除了管理理念的创新，在管理的技术手段上，苏州银雁研发拥有自主知识产权的管理软件，搭建系统平台，提升管理效率。管理理念和技术手段的创新，确保了苏州银雁服务标准的统一性和及时性，未来苏州银雁给客户提供的将不是单个产品，而是银行可以快速、便捷掌控运营数据和运营状态，流程化、信息化程度较高的金融外包产品。

三、成功案例

苏州某银行为加强营业网点环境管理，实现网点内外部环境管理的规定化和标准化，持续提升营业网点综合管理能力和服务水平，决定全面有效推进全行的网点 6S 管理工作，请苏州银雁公司作为第三方顾问公司负责项目具体实施。

网点 6S 管理是指在营业现场对人员、机具、材料、方法、环境等工作要素进行有效科学管理的管理理念和管理方法，是其他管理活动的优质基础管理平台。其核心思想是通过整理（Seiri）、整顿（Seiton）、清扫（Seiso）、清洁（Seiketsu）、素养（Shitsuke）及安全（Safety）6 个方面的管理措施，实现现场科学管理、合理定置及清理、整顿，使机具、物料、流程、环境、人员管理持续改善，现场人流、物流、信息流通顺流畅。苏州银雁公司根据 6S 管理原则，明确银行网点 6S 管理创建目标，制定网点 6S 管理导入具体实施标准和要求，在银行网点规范了画线与标示、物品整理整顿、人员行为等三个方面的内容，根据行方要求制定了《银雁网点 6S 管理标准手册》。

这是将 6S 管理理念导入苏州金融服务行业的首个案例。通过这个项目的实施，该行营业网点的面貌发生了很大改观，在网点服务水平提升的同时，客户又获得了人性化的体验感受。项目获得该银行一致好评并向其他城市推广。

四、发展展望

目前外包政策对金融服务外包行业支持力度比较有限，特别是在人才培养、税收优惠等方面，金融外包行业面临需求仍集中在低附加值领域、行业利润率较低、优秀人才匮乏、整体竞争实力较弱等问题。苏州银雁面对行业的挑战,未来将通过渠道建设、品牌建设、区域拓展来提升整体实力,同时进行产品线整合,让客户感受更便捷的服务体验,降低成本和资源消耗。在保持传统产业稳健发展的前提下,大力发展知识密集型业务作为未来产业升级的方向,提升竞争实力。

服务外包企业之 KPO篇

前瞻设计创行业先河，数据挖掘做智能管家
——天可电讯软件服务(昆山)有限公司

一、公司介绍

天可电讯软件服务(昆山)有限公司(以下简称天可电讯)是全球最大的电讯费用管理(TEM)独立提供商 Tangoe 在昆山的分公司，于 2010 年 6 月成立，公司位于昆山高新区清华科技园内。天可电讯主要业务是为 500 强企业在亚太地区的分公司提供全球通信费用管理解决方案及外包服务，为 Tangoe 总公司 13 个运营中心、97 个通信费用发票处理中心提供技术支持、研发及运维服务等，已建立全球 24x7 全年无休的服务网络，与 3 100 多家电讯运营商合作，处理 125 余种计费币种以及 1 800 余种不同的账单格式。目前拥有员工 250 人，2013 年服务外包离岸执行额近两千万元人民币。

二、企业核心竞争力

天可电讯始终专注于通讯管理服务，通过健全的财务结构及充裕自有资金进行业务扩展，追求稳定的利润率，在通讯管理信息服务外包领域积累了丰富的业务经验，获得了众多海外国际用户的信赖，建立了长期稳定的合作关系，业务规模不断增长。天可电讯主要竞争优势如下：

(一)"套件＋颗粒化"研发服务

天可电讯在各式连接管理软件系统的开发设计上，始终强调软件即服务的理念。Matrix 是一个按客户需求提供的以软件和服务为模块的整体套件。Matrix 由 MatrixMobile、MatrixFixed、MatrixMachine、MatrixCloud、MatrixIT 和 MatrixSocial 等 30 几个模块组成。该解决方案可以使客户更有效地管理企业通讯战略、风险、费用、效率、可见性等。这些软件模块和相

应提供的服务使企业能够管理各式不同通讯,用以启动、管理,取得及支持企业全生命周期,包括固定、移动、企业社群网络、云应用版权及费用、IT资产及费用和M2M(Machine To Machine)的实施等。

Matrix强大的软件整合平台,不仅能够融合不同的客户需求,而且能够通过按需供应的颗粒化的软件开发,实现对服务的细分,尤其是对客户核心需求的细分。一方面,Matrix平台的不同模块整合了不同的客户需求,能够为客户提供通讯及其他连接全生命周期的软件及管理服务;另一方面,Matrix通过软件设计将服务颗粒化,根据客户群体的差异化需求进行细分,可以进行私人定制,实现个性化服务。

(二) 全生命周期管理

在"大、物、云、移"新技术的影响下,传统的企业通信费用管理——语音、数据和无线费用的管理已经发展为移动通信费用管理、云计算服务的咨询管理、IT资产费用使用管理、社交运营管理等新管理业务,天可电讯凭借强烈的市场敏感度,科学把握市场趋势,形成先发优势。2013年,天可电讯创新提出了通信费用的全生命周期管理CLM(Connection Lifecycle Management),集合了移动通信管理、固定通信费用管理、云、社交、IT等模块的管理技术,并自主研发了通信费用管理平台,解决了企业在账单可视化以及复杂合同下通信费用管理方面的难题,也使天可电讯成为该领域的专家并引领整个行业的发展。此外,天可电讯相继收购了Profitline、HCL、Telwares等在固定、移动资费管理等业务中表现优秀的企业,通过资源整合成为了世界上最大的、服务网络最齐全、技术最先进、涵盖范围最广的通讯全生命周期管理解决方案的提供商。

三、成功案例

(一) 项目背景

该客户是一家世界排名前列的饮料制造及分销商,营业额达140亿美元,在全球拥有6万名员工,主营饮料制造及分销,并自行或通过第三方分销商、经销商递送饮料至各零售点。其经销商遍布各地。客户需要在移动通讯方面节约更多费用并从TEM(Telecom Expense Management电讯费用管理)的投资中提取最大增值效益。该公司曾做出对其无线、移动费用进行集中化管理的决策,该决策最终造成该公司在移动设备数量上的迅速扩增。公司每年用在通讯移动的支出高达1 800万美元,这些支出源于包括手机、平板等共计30 000个移动设备。虽然已有其他TEM厂商承诺可为其节约费用,但客户想和 TEM 的市场领导者天可电讯合作,以帮助他们达成最成熟的 TEM 解决方案。

(二)客户需求

该公司正在寻找其他方法来推动移动费用的节约,以期达成:提供全公司范围内移动设备的使用和支出的可视性;改善设备库存管理的准确度;需要制定移动管理相关的政策来应对包括采购、使用、安全、法律责任等在内的问题。

(三)项目实施

天可电讯给客户导入 TEM 解决方案,将所有员工涵盖在费用节约计划中,与天可电讯合作实施移动 TEM 服务及以其配套技术来管理正在进行的移动通讯生命周期。优化国内手机通话计划(创建个人电话费用概况及分析其使用量模式),提供公司移动设备安全的管制政策,在公司内部开展终端用户对移动设备使用认知的宣传活动。整个计划的着眼点在于减少手机的通话及流量的使用,重建公司内部各区域站点报告方式,审核及检讨每月、每季绩效的计分卡。

(四)项目效益

成熟的 TEM 解决方案不仅达成了费用节约的初衷,同时矫正了员工使用移动设备的行为:方案目标为每年节约 150 万美元,实际节约了 250 万美元;两个月内即产生可衡量、可视性的结果报告;减少了 89% 高峰时段之通话时间;依各个成本中心分列的部门报告增加了费用的可靠性及部门人员的认知;在移动费用管理上的成功,使得客户决定将其固定资产的全生命周期管理也交由天可电讯一并管理。

四、发展前景

天可电讯丰富的行业经验、有力的技术支持、领先的意识与高质量的增值服务为今后的长足发展提供了可靠的保障与支持,能够在满足客户个性化需求的同时不断帮助客户实现商业价值的最大化。未来,天可电讯将继续探索各式连接关系的解决方案和服务方式,加强现有成熟的通信行业解决方案,同时加大对其他领域的研究和投入,使天可电讯能够成为行业中解决方案和商业服务的佼佼者。与此同时天可电讯还将专注在新地区的业务拓展,并加强对服务延伸及团队组建的投入,来满足快速增长的业务需求。目前天可电讯积极在亚太市场布局,期望将产品及商业模式尽速导入中国市场及客户群中,并在中国市场为客户创造最大效益。

贯通数媒产业链，缔造网游"中国梦"
——苏州蜗牛数字科技股份有限公司

一、公司介绍

苏州蜗牛数字科技股份有限公司（以下简称蜗牛数字），是中国最早的3D虚拟数字技术研发企业，业务涵盖网络游戏、移动通信、虚拟科技等多个领域，是目前中国最大的拥有数字科技全产业链的企业之一。蜗牛数字成立于2000年，拥有近2 000名员工，其中60%以上为研发人员，拥有多项自主知识产权的3D虚拟数字技术，并始终保持着在3D虚拟数字技术领域的世界领先地位。

2004年蜗牛数字开发出了中国第一款自主研发的3D网络游戏《航海世纪》，震惊了业界；2007年，蜗牛数字首次将"虚拟社区"概念引入网络游戏，打造了中国首个虚拟社区网游《舞街区》；2009年，蜗牛数字推出精品页游《英雄之城》《帝国文明》，开创了页游精品化的时代。2012年，蜗牛数字历时五年研发的武侠网游革命之作——《九阴真经》全球同步上市，重新定义了中国武侠网游标准。2013年开始，蜗牛数字开发多款手机游戏，快速进军移动游戏市场。2014年，蜗牛数字开始进军移动通信市场，成立蜗牛移动。提出"游戏通信化、通信游戏化"的产品理念，开发多种移动通信产品、数据流量产品、移动终端，并成为第一批获得国家工信部颁发的"虚拟运营商"营业牌照的科技企业。蜗牛移动将最终打造成为智能机以及4G时代核心应用的服务专家。

至今，蜗牛数字已在全球发行50多款不同版本虚拟数字产品，全球拥有8 500万注册用户。蜗牛数字连续多年获得"中国十佳游戏厂商"称号，荣获"最佳原创企业奖"、"中国十大最受欢迎的网络游戏公司"、"中国十大品牌游戏企业"等近百个政府、媒体、行业奖项。

二、企业核心竞争力

蜗牛数字现已完成引擎技术、内容研发、全球发行、移动商店、通信免卡、硬件产品等多元化业务模块的全面整合，形成了独特的"三大基因和六大能力环"。

（一）三大基因推进蜗牛数字快速发展

1. 创新基因——将"想象转化成现实"

创新就是蜗牛数字最重要的发展基因。自创业初期开始，就不断克服技术壁垒,实现技术创新。蜗牛数字适应不同文化题材数字娱乐内容的需求,实现研发创新。推广具有创新技术、独特内容的产品,蜗牛数字又展现了商业创新。在新业务领域的拓展经营上,蜗牛数字实现了产业创新。譬如音乐跑酷游戏《音乐侠-谭维维》,是蜗牛数字携手艺人谭维维打造的全球首款手机游戏唱片;《让麻将飞》是麻将与卡牌游戏玩法的创新结合;《仙之痕》用全息 3D 战斗的独特手法表现了萌动亚洲的概念。另外即将上线的全民级 RPG(角色扮演)手机游戏《太极熊猫》和打破三消游戏传统模式的《魔法呆呆碰》都体现了创新。

2. 开放基因——业内首创"双核运营"模式

"双核运营"模式,即引进国内其他网游企业和蜗牛数字利用各自核心优势联手投入运营,共同处理和满足玩家的"个性化的游戏需求"和"标准化的服务需求"。在"双核"运营体系下,达到了优势广泛和深度互补。两家公司都投入各自在行业中最核心的力量,双方不仅仅是简单的运营合作伙伴,更互补打造出了一个开放的网游运营平台,不断探索优化多数用户的需求,从而为用户提供更好的游戏体验与服务。

《九阴真经》是由蜗牛多年研发,投入巨资,融入无等级、创新 PK、奇遇等元素,以真武侠理念诠释还原出真实恢宏的武侠世界的一款游戏。《九阴真经》引入了上海盛大公司实施双核运营。其中,盛大提供包括服务器硬件和网络管理、数据挖掘和模型分析、基于数据体系之上的市场投放策略和执行、客户关系管理、商业化和经济系统管理等运营核心系统,而蜗牛在参与全部运营活动的同时,将更多精力放在产品研发层面,满足玩家更多个性化需求。目前,《九阴真经》已出口至欧洲、北美、俄罗斯、东南亚等 30 多个国家和地区。

3. 国际化基因——网游中国元素的国际化发展

为了加强蜗牛数字全球化竞争的资本与实力,蜗牛一方面按照创造精品游戏的宗旨全球化制造,另外一方面,积极进行全球化运营。全球制造能使蜗牛数字游戏文化全球融合,不仅能够事半功倍地帮助企业开拓海外市场,亦能为未来实现软文化输出打下基础。全球运营使得蜗牛产品在海外输出、文化国际输出及全球商务合作方面获得巨大成功。早在 2005 年,《航海世纪》率先出口韩国,成为中国第一个将国产网游返销韩国的民族网游,自此拉开了中国民族网游走出去的序幕。至今,蜗牛数字产品先后出口韩国、日本、俄罗斯、北美、欧洲等 20 多个国家和地区,在上海、美国、俄罗斯分别设立了全资子公司,2004—2012年,已经连续八次摘得"中国民族游戏海外拓展"的桂冠,成为中国最大的3D数字文化娱乐内容出口企业之一。

(二) 六大能力环形成数字科技全产业链

1. 技术研发能力

蜗牛数字在虚拟数字引擎的核心技术上具备全球领先的研发能力,先后成功研发出拥有自主知识产权的航海者引擎、D1XN引擎、飞仙(Flexi)引擎、蜗牛页游客户端引擎、蜗牛页游服务端引擎、蜗牛平板移动端引擎以及与影视拍摄相关的编辑系统等虚拟数字引擎技术。

2. 内容制造能力

蜗牛数字作为中国最大的数字文化娱乐内容生产企业之一,在娱乐产品内容制造上,有着独到的理解与丰富的经验。先后创作了包括《航海世纪》《舞街区》《帝国文明》《九阴真经》《黑金》在内的数10款数字娱乐产品,并拥有航海、机甲、音乐、武侠、蒸汽朋克等一系列自主独有的知识产权。

3. 产品发行能力

自《航海世纪》成为中国首个返销韩国的中国网游后,蜗牛数字陆续在全球30多个国家和地区成功发行了50多个版本的数字娱乐产品,全球注册用户达8 500万。如今蜗牛数字已和全球众多媒体、知名企业建立了长期的良好合作。

4. 平台运营能力

在PC端游戏时代,蜗牛数字携旗下蜗牛网,形成了一个服务近亿用户的互联网数字娱乐平台。随着移动互联网时代的来临,凭借着免商店以及免卡的成功上市所带来的粉丝用户,将为蜗牛数字的发展注入新的力量,蜗牛数字也将为广大用户带来更为精细化的服务。

5. 流量经营能力

蜗牛移动成为虚拟运营商后,根据用户需求,推出了一系列面向用户的1709号段免卡产品,同时还将推出面向厂商的全球化流量经营合作平台。通过流量经营的方式,蜗牛数字将真正实现通信与游戏的跨界发展模式,成为最好的手游虚拟运营商。

6. 终端制造能力

2013年蜗牛数字联合TCL推出首款Snail手机。2014年,蜗牛数字收购了深圳瑞高公司,推出了蜗牛游戏掌机G2和W1,之后更将推出一系列智能硬件及虚拟技术产品。终端制造将成为蜗牛数字科技全产业链中的最后一环,这也使蜗牛的数字科技全产业链形成。

三、发展展望

今后的蜗牛数字,将以网络游戏融合数字娱乐、移动通信以及虚拟科技,形成基于数字科技的全产业链闭环型企业。放眼未来,蜗牛数字必将凭借多年来积累的虚拟技术和数字娱乐内容开发能力,在虚拟技术领域实现企业的跨越式发展,并将终极目标"让虚拟世界和现实世界成为相互的起点和终点"作为企业进步的动力和愿景,在虚拟世界可能实现的各个领域不断探索追求。

应用 BI 优化服务,提升餐饮管理水平
——苏州客凯易科技有限公司

一、公司介绍

苏州客凯易科技有限公司(以下简称客凯易)成立于 2009 年,致力于为餐饮等多种行业提供世界级的信息化管理解决方案,是客凯易总公司 Cuscapi 的全球研发中心,协调并管理苏州、马来西亚和菲律宾 3 个分支研发中心。苏州客凯易业务涉及餐饮、酒店、汽车、金融服务、电信及公共服务等多个行业,客户包括肯德基、必胜客、麦当劳、永和大王、DQ 冰雪皇后、呷哺呷哺等著名品牌。目前拥有 1 200 平方米开发实验室和 115 名员工,2013 年合同执行额 300 多万元人民币。

二、主营业务

随着中国餐饮业的蓬勃发展,越来越多的餐饮企业需要信息技术来提高自身的管理水平,为企业做大、做强、管理规范化提供信息技术保障。2009 年客凯易着眼于中国餐饮业现状、特点及需求,推出不同类型的餐饮管理信息化解决方案,包括针对大型餐饮连锁企业需求的企业级产品 Transight™、面向中小型餐饮企业的 Transight Ember 和针对小规模餐饮企业运营的单店版 Transight Xpress。

随着"大、物、云、移"时代的到来,客凯易推出了以"定制终端设备迎合餐厅专属需求"为特点的"点点盈"餐饮管理解决方案,包括正餐服务、快餐服务、微笑送达服务等,涵盖了硬件设计及开发、餐厅运营架构设计、菜单设计、促销策划等内容。除了提供餐饮管理信息化解决方案外,客凯易还提供咨询、外包等其他专业服务。客凯易在麦当劳有一个专门的咨询团队,负责

给麦当劳提供经营、决策与行业战略的咨询服务。麦当劳的麦乐送外送服务流程与系统就是客凯易为麦当劳量身定做的服务体系,大幅提高了麦当劳的营业额,同时极大地提升了消费者对该品牌产品的记忆和认识。

三、企业核心竞争力

作为餐饮业信息化支持服务商,客凯易在中国本土化连锁餐饮企业解决方案的研发中,以商业智能(BI)应用为基础,以提升客户的价值为目的,充分考虑到客户企业的现状与今后的发展趋势,提供人性化的服务。

(一)基于客户需求的应用开发

客凯易研发的产品一切从客户的需求出发,尽最大能力满足使用者的需求,为客户提供人性化的服务。依托商业智能的应用,客凯易自主研发了一系列应用系统,提供了从采购、自主点餐、厨房实时展示到顾客反馈分析等全流程的技术解决方案。例如自助点餐系统手持设备,不仅提供"电子菜单",还是多媒体信息化的综合管理载体,可与POS系统无缝连接实现呼叫服务管理及追踪、新菜品及套餐组合推荐、自助餐桌预订及确认、会员服务、在线支付、上网等功能,并可集成后台数据库做企业级BI商业智能分析。

(二)利用商业智能(BI),实现精准营销

利用BI实现精准化营销是客凯易的最大竞争优势。客凯易对永和大王做了调查,发现其堂食在点单速度、客户体验、权限控制、促销和礼券的管理、每日店面营业报表、总部管控等方面均存在问题。而外送面临的问题是占整体营业额比例较低、成本高、无法获得顾客信息等。客凯易根据这些实际情况,基于数据收集和BI智能分析,掌握到各种因素对外送、堂食的影响,提供整套的餐饮服务解决方案,实现了精准营销,提升了顾客满意度,树立了品牌形象。

(三)首家将集中式呼叫中心引入餐饮业

与传统的外卖方式不同,集中式呼叫中心有一个统一的订餐电话,将顾客信息(包括姓名、电话、地址、喜好等)直接放入数据库。当顾客拨打这个统一的订餐电话时,系统可自动生成该客户的相关信息。同时可以对外卖进行跟踪,即由哪个门店提供、什么时候由哪个派送员送出、什么时候送到等,以备客户询问。上海巴贝拉意舟餐饮管理有限公司引用了客凯易的集中式呼叫中心,订单快速增长,会员大量增加,经济效益与日俱增。

(四)餐饮信息化解决方案的无缝对接

作为餐饮业信息化支持服务商,客凯易为中国本土化连锁餐饮企业提

供一站式信息化服务,其服务涵盖了业务报表分析、商业智能挖掘及收银、库存、采购等服务,会员营销、外送订单的营销服务,提升营业额和利润的策略咨询服务。一站式服务不仅体现在从时间的长度上为客户提供贴心的服务,而且在客户发展的广度与深度上也处处有客凯易的身影。实现了从单店版到中小型版再到大型连锁版管理解决方案的无缝对接,为客户省去单纯更换软件、集成数据的麻烦。

(五)建立人性化培训体系

客凯易提倡"优质、创新、热忱、团队精神"的核心价值观,客凯易每年都会招聘10%的新员工,客凯易会提供三到四个月的培训,不仅有一对一的导师辅导,还有企业高管的三堂课。譬如CEO第一课会跟员工探讨"如何实现自己的价值",从第一课开始让员工充分感受到客凯易的企业文化,从而更加从容地实现角色转变。此外,每个员工每年都有一到一个半月时间的免费培训,鼓励员工在技术上学习提升。客凯易内部调查显示,87%的员工认为客凯易的环境有利于工作,69%的员工会建议朋友来客凯易。

四、成功案例

(一)庆丰包子铺介绍

"庆丰包子铺"(以下简称庆丰)创建于1948年,原地址位于北京市西单东南角,坐南朝北。起初是一家普通的小饭馆,只因所经营包子口味地道,1956年公私合营后,专一经营包子。1976年正式更名为"庆丰包子铺",以经营包子、炒肝为主。由于质量上乘,又符合中国人的饮食习惯,自然成为北京城百姓认可的著名快餐品牌。2000年以来,通过走中式快餐连锁加盟发展之路,在短短的5年时间由3家门店迅速扩张到150家,其中直营店23家,加盟店127家。经营网点遍布京城及河北燕郊等地,成为规模最大的包子快餐连锁企业。

(二)项目背景

2012年初,随着庆丰加盟店越来越多,已经达到150家门店的规模。但各门店间却是连而不锁,这让集团总部颇为头痛。如何利用信息化实现各门店的统一管理是摆在庆丰面前的难题。

(三)选择客凯易

客凯易在亚太餐饮信息化市场占有最大份额,有着与众多大型跨区域快餐连锁企业合作的经验。随着与其合作的快餐企业越来越多,客凯易是唯一一家愿意以适当的价格接受与庆丰"信息化系统租赁"合作的企业,即客凯易为庆丰提供信息化建设的硬件、软件及服务,并为庆丰进行软件定制化开发。

(四)项目实施

客凯易按照一切从客户需求出发,尽最大功能满足使用者功能和心理需求的原则,对庆丰包子铺的 150 家门店进行了具体的调研,并对其收银、采购、库存、会员营销、外送订单等进行了业务报表与数据挖掘分析,并根据实际情况,分析了各种因素对庆丰的业绩影响,提出了相应的解决方案,为庆丰重新开发了后厨系统、订货管理系统等,使庆丰实现了精细化管理。

1. 后厨系统

庆丰之前使用的后厨系统体型庞大,不利于后厨位置的高效利用,由于其需固定在墙上,员工在使用过程中极为不便。客凯易采用平板电脑代替大型一体机,避免了机器在高温、高湿、高粉尘的环境中工作,降低了能耗和故障率,使用也更便捷,且无须持续供电。

2. 跨平台订货系统

2013 年 12 月,客凯易为庆丰定制了一套 B/S(浏览器/服务器)架构的订货系统,该系统支持各门店工作人员可以通过不同平台(如安卓手机、苹果 IPAD、电脑等)填写订货单,直接发往工厂。新订货系统上线后门店订货准时率达 100%,工厂订货处理工作量下降 80% 以上,给庆丰整体工作带来实质性的变化。

3. 精细化管理

客凯易信息化系统给企业提供精细化数据处理。例如,可以自动核算出 100 斤包子需要使用多少馅料、多少面粉等,然后系统将拆分的原材料信息传送到总部,总部可以对门店标准化营运进行管控。

(五)项目实施效果

自从习近平总书记光顾庆丰包子店之后,据不完全统计,庆丰月坛店每天来买包子的消费者都需要排队 40 来分钟,同时其他门店销售上涨 30%～50%。销售几乎是瞬间暴涨,但丝毫不影响庆丰包子铺的整体营运,这些都得益于客凯易为庆丰量身定制的信息化系统,譬如新订货系统上线后门店订货准时率达 100%,工厂订货处理工作量下降 80%。

五、发展展望

为用户创造新价值是客凯易的信仰。客凯易并不满足于仅仅提供解决方案,在达成完美的产品交付的同时,能够确保企业成功地发掘并支配客户潜力是客凯易的发展愿景。客凯易未来三年将实现 Transight 方案 1 万家门店覆盖，"点点盈"平板电脑方案在中国市场收入达 3 亿，税后利润增长 5 倍以上。构建 3 个呼叫中心支持 CODS（上门服务）业务。客凯易的目标是能够超越企业系统需求范围，实现从 B2B 到 B2BC 模式的转变，从而成为客户的战略合作伙伴。

创意思维贯通全程，"五感融合"引领风尚
——华硕科技（苏州）有限公司

一、公司介绍

华硕科技（苏州）有限公司（以下简称华硕）前身为华鼎科技有限公司，成立于 2003 年，是华硕电脑股份有限公司旗下最大的子公司，也是其在大陆的研发中心。华硕科技（苏州）有限公司是江苏乃至全国最大规模的 3C 产品自主研发中心，现有员工 1 550 名，2013 年合同执行额为 3.3 亿元人民币，100％为离岸外包业务，2003 至今保持 21％的年增长率。华硕科技（苏州）业务范围包括笔记本电脑、平板电脑、主板、显卡、无线网络通信产品、手机等的研发。

截至 2013 年 12 月，华硕科技（苏州）有限公司拥有发明专利 9 项，2012 年荣获"商务部重点服务外包企业"、"江苏省开放型经济先进企业"、"江苏省跨国企业功能性机构"、"苏州高新区科技创新工作优秀服务外包企业"等荣誉。

二、企业核心竞争力

（一）提出"Happiness 2.0"理念

创新是华硕的生命力。2011 年，华硕提出了"Happiness 2.0"理念，即将顾客的快乐消费体验放在最重要的位置，特别是在进入数字媒体时代，客户的完美体验就是指导产品研发设计的灵魂。"五感融合"（美、声、触、感、云）的产品设计理念力求最大限度地给客户提供快乐体验。在外形方面，华硕为产品注入感动人心的精致外观，华硕设计的平板电脑是业界最薄、最轻的（7 寸平板 MeMO Pad 重仅 302 克）；华硕独特的 SonicMaster 音响技术，则将移动设备上的音响水平提升到了前所未有的高度，让笔记本音响也能展现广阔音域及如水晶般清透的音质；华硕拥有笔记本行业内首个专注触控体验的 Magic Touch 团队，为笔记本产品创造出更灵敏、使用更直观的触控板，Smart Gesture 技术让更多功能轻松玩转于三指之间；华硕笔记本搭

载 Instant On 功能,可实现 2 秒随开即用、2 周超长待机。同时借助 Instant Connect Link,就算不在 Wi-Fi 的环境下,也能借由联机程序及 IC Link 传输线,让笔记本透过手机实时上网。华硕笔记本搭载三年 32GB ASUS WebStorage 华硕云端存储服务,快速同步手机、平板、笔电中的数据、图片、影片,实时分享生活点滴精彩。

(二)贯穿"Design thinking"思想

用设计师的眼光,加上理性的思考,制造满足用户需求的产品,就是"design thinking"。华硕始终从使用者角度、改善客户体验方面来推动新产品的研发,并且持续地提供具有创意、可改变游戏规则的解决方案和新产品,这些产品将激励使用者在工作及娱乐方面达到更高的境界。为了将"design thinking"思想内化到华硕的方方面面,华硕通过设计理论课程、美学设计理念的灌输等让公司惯用左脑的工程师学习设计理念、敏感度和对新数字生活的观察,甚至在公司的电梯处播放一些富有创意的影片。在战情室,包括苹果的产品、三星的产品甚至 HTC 等同行的产品,都被拿来一点一滴地比较。华硕的产品在工业设计方面赢得多项享誉业界的奖项,例如日本的"优秀设计奖"和德国的"IF 设计奖"及"红点设计奖"。2005 年,华硕 W1N 型笔记本电脑更是一举夺得工业设计界的奥斯卡——"德国 IF 金奖"的殊荣,创下了该奖项开办 50 余年来华人品牌首次问鼎的纪录。

(三)坚持"品质至上"的原则

华硕科技对品质极致追求,将对"品质、速度、服务、创新、成本"的追求合一,确保客户的效益。华硕科技严格实施"全面质量管理体系",遵守"规划—实行—验收—改善"标准流程,按照 SR(sample run)-ER(engineer run)-PR(Pilot run)阶段研发进行操作。其中每个阶段包含设计、开模、样机生产及验证,才进入到下一阶段,量产前须经过各国之安全规定及电磁相容认证。这使得华硕拥有世界一流的研发设计团队,目前华硕的产品周期已经缩短到小于一年。在"2009 年华尔街日报亚洲企业 200 强"中,华硕荣获"产品与服务品质"及"新"项目的第一名。

三、成功案例

(一)项目需求

2013 年,华硕总部依据市场需求,期望推出 Transformer Book T100TA,该款产品是笔记本、平板二合一的"变形本",融二者之长,并且要发挥华硕在笔记本产品的以往优势:质高而价低,将价格控制在 199 美金到

299美金之间,为消费者带去实际使用中的便利。这款产品将是首款搭载英特尔 Bay Trail 四核处理器的二合一变形产品,实现低功耗、高性能。因为 Bay Trail 是全新的处理器,华硕苏州的研发团队必须在新的平台上重新做电路设计,以便能契合此处理器。

针对华硕总部对于该款产品的定位,华硕科技(苏州)有限公司在研发设计时,基于"happiness 2.0"理念,应用"Design thinking"思想,坚持"品质至上"的原则,就如何提供给用户良好的体验进行了一系列的创新。华硕的触控灵感度直径达6毫米,创新地采用了插拔式设计,按下键盘和屏幕中间的按钮即可取下屏幕,成为一款平板电脑。为了让用户有更好的使用体验,特别在键盘下加了橡皮垫,对笔记本电脑开合的角度做了特别处理,还设计了防泼水功能。并且将智能手机的电源设计运用到了 PC 上,为用户带来像手机一样即时开、关机的体验。

经过华硕研发团队的精心设计,Transformer Book T100 整机重量550g,足足比 iPad 轻了16%,续航时间可达到11小时,一经问世,便受到了消费者的热捧,并在当时创下了华硕笔记本第一的好成绩。Transformer Book T100 展示出了平板电脑另一种面貌,它不再只是一台娱乐工具。这样一款变形产品,在平板电脑盛行的今天,非常具有竞争力,这种"变形"理念值得所有传统笔记本产品思考。

四、发展展望

华硕科技(苏州)有限公司是华硕集团全球战略布局中重要的研发力量,作为华硕集团全球最大的研发子公司,华硕科技(苏州)有限公司始终坚持以创新为驱动力追求完美品质,经由两岸产业的合作共赢,为全球消费者带来快乐的应用体验。对于未来的发展,华硕科技(苏州)有限公司坚持无止境地追求世界第一的品质,并要在品质、速度、服务、创新及成本上跻身世界级的绿色高科技领导群。

PDX 模型彰显创新优势,"冠科模式"开启双赢序幕
——中美冠科生物技术(太仓)有限公司

一、公司介绍

中美冠科生物技术(太仓)有限公司(以下简称中美冠科太仓公司)是国内第一个大规模运用 PDX 模型模拟临床实验并进行抗肿瘤新药研究筛选

的研究机构,也是国内首个运用生物信息学方法对大量PDX模型数据进行分析进而找出预测药物有效性特征指标的企业。中美冠科太仓公司创立于2008年,是美国公司Crown Bioscience Inc.(简称中美冠科)的全资子公司,位于江苏省太仓市科技园区,拥有4 500平方米国际AAALAC认证的动物实验设施,11 000平方米的现代化实验室及3 600平方米的办公区。公司专注于治疗肿瘤及代谢疾病(如糖尿病等)药物的临床前研发,特别是在抗肿瘤动物模型的药效学研究方面,在国内外服务外包市场上占主导地位。目前,中美冠科太仓公司在主要癌症类型(包括肝癌、胃癌、直肠癌、肺癌、食管癌、胰腺癌、卵巢癌、乳腺癌等)拥有着亚洲最大的PDX模型库,分别建立了1 000多个PDX模型,能有效模拟标本来源病人的组织病理学和基因组学特征,来预测各种疗法在该病人身上的治疗结果。

2013年中美冠科太仓公司营业额达1亿元人民币,其中离岸业务占90%。目前,该公司已集聚了近200人的研发团队,并取得了卓越的成绩,在业界影响深远,获得了多项国家、地方政府的奖励。中美冠科太仓公司2010、2011连续两年被评为"苏州市服务外包先进单位",2011年入选"江苏省创新团队",获得1 800万新药研发和人才基金;2011、2012年分别入选"江苏省高层系创新创业领军人才计划(创业类)"、"江苏省高层次创新创业领军人才计划(创新类)";2013年入选第九批"国家千人计划"。

二、中美冠科外包合作模式——"冠科"模式

中美冠科的客户包括全球前20名制药企业中的19家及150多家中小型生物医药研发企业。在与客户的合作中,中美冠科创造出独具特色的"冠科"业务发展模式,即与战略合作伙伴通过企业连横的商务模式共同开发具有专利保护和强大市场竞争力的治疗性创新药物。

客户将高难度的研发任务交给中美冠科,提出研发方向,而专利创制则完全由中美冠科来完成,最终交付客户的是具有专利保护的创新药临床候选化合物。中美冠科根据国内客户的特点,对合作模式作了进一步创新,即降低准入门槛,为合作伙伴设计提供风险、利益共担的研发服务模式,收取相对较低的前期研发费,但分享未来药品最终上市后的收益权。这样,一方面合作伙伴可以有机会早期介入新药研发;另一方面,可以有效地将双方利益捆绑在一起,使得双方更加信任彼此。通过长期收益的绑定,双方都会尽最大努力,完成创新药的研发和产业化。

2009年12月,全球最大制药企业Pfizer(辉瑞)公司在中美冠科太仓基地成立了"辉瑞—冠科亚洲肿瘤研究中心",为辉瑞开发针对亚洲尤其是中国肿瘤病人的抗癌药物展开长期的合作。中美冠科成为辉瑞全球肿瘤研发的一个外延,这种合作模式使双方的能力与利益得以最佳发挥和体现。

除了与辉瑞制药的抗肿瘤药物研发合作外,多家国际大型制药公司积极与中美冠科探讨"辉瑞—冠科"的合作模式,希望开展大规模的、长期的抗肿瘤药物研发合作。中美冠科先后与多家国内外制药公司如 Roche、Merck、Bristol-Myers Squibb、Pfizer、Novartis、扬子江、恒瑞、浦润奥等进行抗肿瘤新药的研发合作,并得到了业界的认可。与此同时,中美冠科也在多个国家和地区不断寻访 PDX 平台潜在合作伙伴,例如:对于中国台湾地区、韩国顶级医院及医药研发机构,中美冠科正在寻求与其合作的机会,旨在开发出更多新的 PDX 模型来促进转化医学研究服务和新药研发的开展与实施。

三、企业核心竞争力

(一)建立了世界领先的小鼠人源性肿瘤模型

利用 PDX 模型进行临床前实验是一种非常有效的新药筛选手段。医生可依据针对不同药物在模型库中显示的实验特征指标为癌症患者选择更有针对性的治疗方案,可为患者节省大量医疗费用,减少不必要的医疗支出并达到最佳治疗效果,同时避免药物带来的副作用,优化患者病情,延长患者生存时间。

中美冠科太仓公司在成立之初就认识到,动物药效在生物医药研发外包业务中占据的比重非常大,但是常规动物模型肯定不能打动客户,必须研究创新动物模型技术。要想达到国际领先水平,并长期保持优势,还须把有限的资源投入到关键领域,并要做得足够专业。因此,中美冠科太仓公司决定以其擅长的肿瘤药理研究作为切入点,下决心集中优势兵力,并最终攻克了这个难题。这是中美冠科太仓公司发展过程中非常关键的一步。正是这一突破使中美冠科抗肿瘤药物研发平台得以建立,并快速发展成国际领先的重要平台。

通过对全球医药市场的分析,中美冠科太仓公司确定了以肿瘤药物研发为主的生物医药研发外包定位,打造出特有的肿瘤药物研发平台。该平台拥有 500 多株来源明确的抗肿瘤细胞系,几乎涵盖了所有人类肿瘤谱系,加上世界先进的实验室全自动工作站,使得对抗肿瘤化合物的普筛成为可能。平台汇集了 30 多名世界级的科学家,建成了 60 个以上专有的活体动物肿瘤模型,从而使得中美冠科太仓公司可以同时开展体内、体外抗肿瘤化合物筛选和药效评价。通过这个平台,结合病理分析、抗体制备、蛋白表达、生物信息学分析,中美冠科的抗肿瘤药物研发水平已走入世界前列。

得益于中美冠科太仓公司核心研发和管理团队成员超过15年的国际制药和生物医药产业的工作经验,经过几年努力,中美冠科太仓公司在大规模运用PDX(病人源异种移植模型)模拟临床实验,通过转化医学平台开展新药研究筛选方面获得了世界领先优势,并成为首个运用生物信息学方法对大量PDX模型数据进行分析进而找出预测药物有效性特征指标的跨国公司。

(二) 3D创新引擎:提升研发效率,扩大价值产能

对于CRO企业来说,其创新能力至关重要,中美冠科太仓公司通过多年的发展,形成了Design(三维设计)、De-risk(可控风险)、Define(有效人群)三个创新引擎。Design(三维设计)即以靶点为核心,同步创制大、小分子专利创新药;De-risk(可控风险)即以世界领先的转化医学研究平台,实现"临床前二期",降低风险;Define(有效人群)以基因生物标记精准定位有效病人,提升临床研究成功率和开发速度,推动个性化治疗。中美冠科太仓公司针对已成功上市药物或进入后期临床试验的药物靶点,总结前人的不足之处,开发具有针对性优势并且有明确专利保护的创新药,与战略合作伙伴通过企业连横的商务模式共同开发具有专利保护和强大市场竞争力的治疗性创新药物,成为亚洲生物医药产业最具价值和优势的创新药研发平台。

(三) 深入的产学研合作

临床前研发服务领域,第一要经受客户苛刻的考验,品质值得信赖;其次,它需要有足够的产学研支撑,以保证技术的竞争力。中美冠科太仓公司聚集了一批生命科学领域的顶级专家和留学海外多年的技术骨干,同时拥有一个专业化、国际化的管理和商务拓展团队。在"国家千人计划"、"江苏省科技创新团队"、"姑苏创新创业领军人才"团队的带领下,中美冠科太仓公司得到了迅速发展。在产学研协同创新方面,中美冠科太仓公司与中科院上海药物研究所、南京大学国家遗传工程小鼠资源库达成战略方面的研究合作协议,充分利用国家顶尖科学研究所和大学的资源优势,开发新型人源性实验动物肿瘤模型,促进肿瘤转化医学和治疗方面的研究,建立世界领先的肿瘤药研发技术平台。同时,中美冠科太仓公司与医学研究机构、医院有广泛的合作。与医院做转化医学临床合作、共同完成肿瘤实验项目,医院提供病历,中美冠科做基础研究,从而找到最前沿的疾病治疗方法,共用医

学设备,共担风险等。

四、发展展望

在今后的一两年时间里,公司会进一步加强抗肿瘤药物研发技术平台的建立,特别是加强人源性动物肿瘤模型库的肿瘤类型建设,使中美冠科太仓公司在这一研究领域占有主导地位。同时,中美冠科太仓公司要从药物研发上游的早期靶点筛选,延伸到临床药物候选物的一站式研发服务外包平台,通过外包跟踪国际最新动态,构建自身的研发链条,建成亚洲生物医药产业最具价值和优势的创新药物研发平台。以助力全球药物研发、服务人类健康为己任,中美冠科太仓公司希望通过卓越的技术团队,结合全新的商务模式,为客户提供优质的新药研发服务,加快客户新药研发速度,降低新药研发的风险和成本,为人类的健康事业做出重要贡献。

解读基因之奥妙,书写DNA之传奇
——苏州金唯智生物科技有限公司

一、公司介绍

苏州金唯智生物科技有限公司(以下简称金唯智)于 2010 年 6 月入驻苏州工业园区,是由金唯智公司美国总部 GENEWIZ. INC 全资投资的一家专注于 DNA 服务的国际 CRO(Contract Research Organization 合同研究组织)公司。金唯智主要致力于基因测序、基因合成以及与合成生物学产业化开发相关的前沿技术研发和高端技术服务。截至 2013 年 12 月,80% 的全球前 20 强制药企业以及诸多国际大型生物科技公司与金唯智建立了战略合作伙伴关系,服务范围覆盖中国、北美、欧洲、东南亚、澳大利亚等多个国家和地区。

自 2010 年 6 月成立以来,金唯智业务迅速发展,并于 2013 年整合北京分公司,成为产值超亿元的公司总部,全体员工总人数已超过 400 人。2013 年苏州金唯智执行额达 6 000 多万元人民币,其中离岸外包占比 50%,较上年相比,合同执行额增长率达到 88%。金唯智先后被认定为"苏州市技术先进型服务企业"、"苏州市工程技术研究中心"、"苏州市企业技术中心"、"苏州市创新先锋企业"、"江苏省博士后创新实践基地"以及"国家高新技术企业"。

由于金唯智卓越的服务水平,苏州已成为中国基因合成服务的据点,以此为中心,建立了覆盖全球的基因合成以及合成生物学网络。这一网络的形成,势必促进苏州本地高校、科研院所以及生物公司在生物学领域的影响力。公司成立4年来,为苏州提供了近400个就业岗位,并吸纳200多名应届毕业生。2013年H7N9关键基因的及时合成以及其后与国家疾控中心关于H7N9抗体的合作,充分体现了苏州金唯智致力于以促进科研、改善人类健康为己任的责任心。2014年8月,金唯智再次受中国疾控中心委托,仅用3天时间便完成了埃博拉病毒关键基因的合成。金唯智的研发团队以卓越的成绩再次为人类的生命健康争取了宝贵的时间。

二、企业核心竞争力

(一)国际领先的基因测序技术

金唯智开发了基因测序、基因合成、引物合成、高通量测序等几大产品线并广泛应用,先后在困难模板测序、基因片段拼接以及微流体高通量芯片的DNA合成方面提供了创新的技术解决方案。在转化基因组学技术上,金唯智率先建立了全球化的高通量测序平台,以及自主研发的新一代基因检测技术平台OncoGxOne™以及PGxOne™,拥有多项国际领先的自有技术,广泛用于癌症机理研究、生物标记物的发现和验证以及癌症临床试验等。同时,金唯智在各种具有复杂结构的样品测序方面积累了丰富的经验,如复杂结构测序、PCR原液测序、文库克隆测序、噬菌体测序等。2013年4月,金唯智率先完成H7N9禽流感病毒的关键基因合成,为H7N9禽流感的成功预防与治疗创造了条件。

(二)严格的质量管理体系

金唯智拥有严格的质量控制体系和项目在线管理系统,结合其在技术上的积累与创新,将为中国的基因合成和分子生物学服务市场带来高品质的国际水平技术服务。金唯智已于2011年首次获得ISO9001:2008质量管理体系认证,秉承着"质量为先,精心策划,持续改进,优质服务"的质量方针,金唯智质量管理体系渗透在服务的每一个技术细节。

金唯智设计并建立了符合GLP(Good laboratory practice of drug 药品非临床研究质量管理规范)标准的分子生物学和化学合成实验室,并由专业技术人员针对客户个体化设计的特殊项目建立客户认可的流程和质量标准;建立了完整的样品管理和追踪系统,实现了高标准的基础设施保障。并针对所提供服务的技术特点,建立了"异常数据调查系统"、"更正和预防措施系统"以及"质量数据趋势分析系统"。三重质量体系环环相扣,可以保证精确的样品跟踪和项目服务质量,取得客户对数据的完全信任。

（三）自主研发的项目在线管理系统

金唯智建立了用于连接客户与内部项目主管的在线管理系统(Customer Laboratory Information Management System,简称 CLIMS),其中包含客户订单、各实验室操作平台流程、质量控制部门、市场销售与项目结算,使得项目的实施和工作流追踪完全电子化。CLIMS 为每个客户设立单独账户,为客户提供的信息包括从项目登记到数据传输的各个环节,包括序列设计结果、样品状况、设备校正、设备性能、试剂质量和数据分析等。CLIMS 能够最大程度方便客户在线了解自己的项目进程,并随时进行在线咨询、结果查询、数据存档、样品记录、技术支持等。金唯智对每一个客户的每一个项目,都指派博士水平的项目主管,全程跟踪整个项目的进展,并及时告知客户项目进展状况,同时提供相应的技术交流,以帮助客户了解项目的技术难点,与客户共同讨论解决方案与结果。

三、成功案例

（一）项目背景

H7N9 型禽流感是一种新型禽流感,于 2013 年 2 月在上海和安徽两地首先发现。H7N9 型禽流感是全球首次发现的新亚型流感病毒,尚未纳入我国法定报告传染病监测报告系统。该病毒禽类感染后不会致病,但人感染后却会引起严重呼吸道疾病,疫情一度非常紧急。2013 年 4 月,H7N9 禽流感病毒肆虐期间,苏州金唯智接受中科院和中国疾控中心的委托,尽快完成 H7N9 禽流感病毒的关键基因合成。

（二）项目实施

病毒的基因合成是生产疫苗最基础也是很重要的一步,有了它,就能开发 H7N9 病毒的免疫检测试剂,就能做结构与功能研究,从而预测该病毒的传染能力,同时为今后生产重组疫苗打下基础。2013 年 4 月 2 日凌晨,金唯智生物科技有限公司接到中科院微生物研究所和中国疾控中心的任务,尽快研制 H7N9 禽流感病毒关键基因的合成基因。公司基因合成平台的研发人员当天便开始了这场"攻坚战",20 多人的研发团队夜以继日,于 5 日下午顺利完成首批病毒基因合成。第二天中午,剩下的一批病毒基因合成也顺利完工,并及时交付到中国疾控中心研究人员手中。

（三）项目效果

正常的基因合成至少需要 2 至 3 周的时间,金唯智仅用 4 天时间在国内率先完成H7N9禽流感病毒的关键基因合成,为后续病毒检测和疫苗开发提供了坚实保障。虽然此项服务仅有短短的几天时间,但金唯智精湛的技术服务、周到全面的后续跟踪以及对社会的高度责任感,使得中科院和疾控中心成了金唯智忠实的合作伙伴。目前,金唯智正在利用自主开发的新技术与疾控中心共同开发相关的治疗用抗体,并已取得一定的成果。

四、发展展望

目前,金唯智已形成研究性服务、GLP服务和临床服务三大服务优势。其中,研究性服务里的测序服务已经位列北美测序第一品牌,基因合成服务也已发展成名列全球前三的品牌。未来金唯智将建立覆盖全球的分子生物学及合成生物学技术服务网络,承接国际药企的大型基因组学相关服务项目,进一步扩大基因合成和分子生物学技术服务市场占有率,并主导或参与合作新药研发和合成生物学研究项目的产业化研究。

近两年来,金唯智逐渐将转化基因组学临床科研和技术服务作为一项核心的业务,在硬件、技术和人才上都给予了重点的投入和支持,加速产品线的临床推广和新产品开发。临床服务是金唯智近两年来新开发的服务线,也是金唯智目前主推的服务项目。金唯智正加大与医院的合作,积极建立研究转化体系,加快产品线的临床推广和新产品的开发。促进中国在转化基因组学领域内的自主知识产权与自主品牌的创新与成长,开发出一系列具有我国自主知识产权、世界领先的应用技术和产品,涵盖医学、农业、食品、生物能源、环境污染等领域,这将会为金唯智以及苏州带来巨大的经济和社会效益。

致力药物安全评价,助力中国药企发展
——苏州药明康德新药开发有限公司

一、公司介绍

苏州药明康德新药开发有限公司(以下简称药明康德)是目前全球唯一一所同时全面通过中国CFDA、美国FDA和欧洲OECD三方资质认证的安全性评价机构,并具备向全球客户提供高质量的临床前安全评价的研究服务能力,为国内外客户提供包括大小动物的急性毒性、长期毒性、药代、毒代、安全性药理、遗传毒性等药物安全性评价项目以及体内外药物筛选、药理药效研究等。公司成立于2006年10月,坐落于苏州吴中经济开发区吴中科技园,建筑面积为30 000平方米,是亚洲规模最大的药物安全评价研究中心之一。截至2013年年底,公司已有员工300余人,其中科研人员超过200人。苏州药明康德2013年营业收入超过1.5亿元人民币,离岸外包业务占比总业务50%以上。目前,苏州药明康德已被认定为"江苏省国际服务外包重点企业"、"江苏省科技公共服务平台"、"江苏省外资研发机构"、"苏州市吴中区十佳科技创新企业"等。

二、企业核心竞争力

(一) 掌握核心技术,彰显平台优势

核心技术是服务外包企业开展业务的基础,苏州药明康德不仅具备药物安全性评价的普通技术能力,同时也已开发出了一批具有国际水平、国内领先的核心技术。为保证业务高质量的持续开展,苏州药明康德建立了一批符合国际标准的关键技术平台,如遥测实验技术平台、免疫原性/免疫毒性实验技术平台等。同时,基于苏州药明康德平台高品质的毒理性检测能力,2011年5月苏州药明康德与苏州出入境检验检疫局共同成立了"毒理测试联合实验室",该实验室开拓了检测服务领域,可提供优质高效的轻工业产品毒理安全评价检测服务,填补了江苏检验检疫系统毒理测试方面的空白。

(二) 优化人才引进、培养机制,彰显人才优势

苏州药明康德一贯以人为本,公司通过多层次、多渠道、多范围、不拘一格地引进培养人才,为人才提供创新机制和施展平台。目前公司已引进打造了一支具有制药、生物技术及医疗器械研发经验的国际化管理团队,其研发创新能力处于国际先进水平,这些人员拥有深厚的行业经验,具备国内外新药研发领域中为数不多的国际认证资质,如美国 DABT 认证资质、日本毒性病理学家认证资质、RQAP-GLP、ACLAM 等多项国际权威行业认证资质。

公司针对新员工也建立了非常好的培训体系,涵盖了语言、实验技能、项目管理、GLP 理论、职业健康与安全等各个层面,结合内部培训、海外学习等培训方式,已成功为公司打造了一支高水准的研究服务团队。

(三) 强化资质认证,彰显服务优势

苏州药明康德发展至今,已获得 AAALAC(国际实验动物评估和认可委员会)认证、中国 CFDA GLP 认证(9项)、欧洲 OECD GLP 认证,并在2014年6月通过美国 FDA GLP 现场审计,是中国具有资质最全的药物安

全性评价中心,新药研究数据被全球大部分国家和地区认可,可以支持制药企业新药进行全球申报,这也为中国创新药物走向国际市场提供了一个方便快捷的渠道。

三、发展展望

未来药明康德将计划加大投入,一方面提升药物安全评价研究服务能力,另一方面将开展全球前沿的新技术研究,力争在今后5年内成为全球药物安全性评价研究的领导者,并成为江苏省乃至全国高层次医药研发的人才和技术高地,推动我国的创新药物研究发展。

引领制药工艺研发,倡导绿色化学理念
——苏州诺华化学工艺及分析研发中心

一、公司介绍

苏州诺华化学工艺及分析研发中心(以下简称为苏州诺华)和瑞士巴塞尔、美国东汉诺威研发中心一起,共同组成诺华全球化学工艺及分析研发战略布局的三大支柱,承担诺华全球的制药化学工艺研发项目。苏州诺华化学工艺及分析研发中心成立于2006年,全程支持诺华开发的创新药物,从临床前研究、临床研究各期、新药申报直至上市生产和上市后的化学工艺技术支持。苏州诺华对合成路线进行持续的创新,开发适合规模生产的安全、高效、稳定、经济、环保的中间体和原料药的化学工艺;并在整个药物研发过程中迅速、保质、保量地提供中间体和原料药,以满足其各药物开发阶段不断增长的需求。

苏州诺华承担全球诺华70%～80%的早期工艺研发,为全球诺华提供新药临床研发所用的样品,2013年研发投资额达到7 500万美元,年运营费用4 000万美元,年科研项目达70个以上。苏州诺华自2006年11月1日成立以来,取得了优异的研发成绩,截至目前,已经完成和正在完成的项目近三百多个,为苏州诺华在全球范围内赢得了广泛赞誉。

二、企业核心竞争力

(一)创新三大支柱——人才、资金、多样性

人口老龄化与新兴市场医药健康服务获取途径的不断增加,以及科学的进步,为提高患者的生活质量创造了机会。诺华自成立以来一直致力于为人类的健康服务。投入大量子资金用于创新,建立了人才、资金投入、多

样性与包容性理念三大支柱。苏州诺华研发中心拥有人员180人，其中实验研发团队95人，团队中博士、博士后占39%，硕士占42%。在创新资金投入上，诺华是国际上唯一一家拿出销售额的20%用于研发的公司。多样性与包容性是苏州诺华一直信守的理念，很多医药公司的研发中心会把研究不同疾病的科学家分开来，但在苏州诺华看来，只有通过不断的思维碰撞才能保持创新。在诺华的核心实验室大楼里，不同的研究部门、不同专业的研究人员是"混合"在一起的。诺华认为，必须让所有的学科融会贯通，让不同学科进行交流互动，才能研发出领先的产品。

（二）推崇"绿色化学"的研发理念

"绿色化学"是指能够保护环境的化学技术，它可通过使用自然能源，避免给环境造成负担、避免排放有害物质，其核心是利用化学原理从源头上减少和消除工业生产对环境的污染，使反应物的原子全部转化为期望的最终产物。世界上很多国家已把"化学的绿色化"作为新世纪化学进展的主要方向之一。苏州诺华在新药工艺研发过程中，始终贯彻"绿色化学"的初衷，在研发最初期就采用预防污染的科学手段，以保证研发的过程和终端均为零排放或零污染。

（三）安全性至上

新药工艺研发的关键在于对安全性、经济性、环保性的把握。在安全性上，苏州诺华化学工艺及分析研发中心通过使用"连续反应"、"生物催化"、建设世界一流的安全实验室等来保障新药工艺研发的安全。

连续反应，是反应矿物和生成矿物的化学成分可发生连续变化的一种变质反应。通过连续反应，将大的反应分解为小的、连续的、可循环的反应，不仅可以提高反应的安全性，还可以有效控制反应堆的效率。用生物酶催化取代传统的重金属催化是苏州诺华对新药工艺研发的另外一个创新。传统的重金属催化容易使催化剂受到污染，活性降低，并进而对环境造成不必要的污染。生物催化剂能催化特定化学反应的蛋白质、RNA或它的复合体，能通过降低反应的活化能加快反应速率，具有催化效率高、专一性强、作用条件温和等特点。

三、发展展望

苏州诺华化学工艺及分析研发中心未来将增大建设幅度，将现有研发中心早日建成在研发能力和规模上并行于其在瑞士和美国的研发部门，成为中国顶尖创新型化学工艺研发中心、诺华内部创新高产领头团队，共同支持诺华全球发展战略。苏州诺华将全面加强与当地相关企业、科技院校的合作（共同开发项目、设立博士后站等），带动本行业的发展,将倾注热情和力量帮助本土人才快速成长,提升企业质量,提高研发能力。

卓越的电器检测技术，一流的公共服务平台
——苏州电器科学研究院股份有限公司

一、公司介绍

苏州电器科学研究院股份有限公司（以下简称为苏州电科院）始建于1965年,是我国电器检测条件最完备、检测能力最强、检测规模最大的第三方检测机构,也是目前我国唯一一家可同时从事高低压电器检测业务,可为客户提供包括电气性能试验、安全性能试验、环境试验、电磁兼容试验在内的一站式服务的独立第三方检测服务机构。

经过近50年的建设和发展,苏州电科院目前拥有员工1 200名,其中工程技术人员和各类专业人员800多名,并于2011年5月在深交所上市,2013年实现检测收入4.5亿元人民币。作为一家全国性的独立第三方综合电器科研院所,苏州电科院深耕行业多年,获得CNAS、CNCA、IECEE等大量国际国内认可的检测资质。苏州电科院多次获得国家级及省部级的技术奖项;2001年及2008年两次获得国务院颁发的国家科技进步二等奖;2008年获得中国机械工业联合会和中国机械工程学会联合颁发的中国机械工业科学技术三等奖;2008年获得中国质量认证中心国家"十五"攻关计划项目突出贡献奖;2010年和2011年两次获得江苏省机械工业科技进步二等奖,2012年获得江苏省机械工业科技进步一等奖。近年来,苏州电科院积极组织研发团队开展自主创新,获得了34项国家专利,制修订国家行业标准34项。

二、公司核心竞争力

（一）检测技术国际领先

苏州电科院是具有相当国际影响力的独立第三方科研检测机构,检测技术在行业中独占鳌头。其低压试验服务能力处于国际先进水平,高压试验服务能力处于国内先进水平;建立了世界突发短路试验能力最大的实验室,电力变压器的突发短路试验能力已达550kV/1 000MVA。苏州电科院风电试验站是国内唯一可以同时进行风力发电机和风电变流器试验的第三方检测机构;抗震试验室是目前国内最大的电器抗震性能专业实验室,可为

我国电器制造商提供国内一流的专业抗震性能检验服务,填补了我国高压及核电领域专业抗震试验系统的空白。

苏州电科院按照ISO/IEC 17025、ISO 9001的要求,建立和健全了质量管理体系。依靠优质的服务和强大的检测能力优势,在行业内树立了良好的品牌形象。拥有超过5 500家的庞大客户群,客户遍及大江南北及海外,这其中包括了ABB、西门子、阿海珐、施耐德、库柏、通用电气等世界著名电器制造商以及正泰、德力西、常熟开关、人民电器等国内一流电器制造商。

(二)不断完善创新体系

经过多年的经验累积,苏州电科院形成了完善的创新体系:积极跟踪国外先进技术,保持和巩固在行业中的优势地位;坚持自主研发和技术创新,形成有公司特色的领先技术。加强与大专院校和科研院所的技术交流和技术合作,不断提高检测技术的水平。充分发挥《电工电气》杂志这一技术交流的平台优势,汇聚行业研究成果,促进公司和行业技术的共同发展。

苏州电科院创办的《电工电气》杂志三十年来已发行150多万册,是CNKI中国期刊全文数据库、中国核心期刊(遴选)数据库、中文科技期刊数据库收录期刊,也是中国学术期刊综合评价数据库统计源期刊;被美国国会图书馆、法国国防部、日本国会图书馆、新加坡国家图书馆等收录,被中国国家图书馆、首都图书馆及清华大学、北京大学、浙江大学等收录。

(三)专业人才优势显著

多年来,苏州电科院十分重视科研队伍的建设和人才培养工作,造就了一大批优秀的专业研究人员和技术人员队伍。现有员工队伍中有高、中级技术人员近300名。在高低压电器、电气传动、智能控制、风能和太阳能光伏、电磁兼容、抗地震等各个领域均有以国内著名专家领衔,由博士、硕士人员组成的专业服务团队。苏州电科院通过不断聘用高层次、高学历的各种专业技术人才,提高公司各研究、检测领域服务团队的整体技术水平。

三、成功案例

(一)项目背景

苏州市吴江变压器有限公司通过自主创新,自主研发出了ODFS—334000/500kV单相自耦三绕组无励磁调压电力变压器,该变压器具有损耗低、噪声低、局放量小、温升低、短路承受能力强等特点。此变压器是制造难度最大、技术要求最高的一台高端变压器,该产品研发出来之后,中国机械工业联合会委托苏州电器科学研究院股份有限公司进行"500kV电力变压器耐受短路试验系统及配套装置"技术鉴定。

（二）项目实施

苏州电科院拥有2个经国家质检总局批准、国家认监委授权的国家产品质检中心，即国家电器产品质量监督检验中心、国家智能电网中高压成套设备质量监督检验中心，是国家工业和信息化部批准的国家工业电器产品质量控制和技术评价实验室，具有检验高难度电器的技术能力与资质经验。

苏州电科院在国内首次采用多组大容量冲击发电机和220kV高压网络试验专线的综合电源发生和调节系统，高压试验能力为直接试验40.5kV/50kA，合成试验1/2极550kV/63kA、整极363kV/63kA、三相252kV/63kA，容性电流开合试验能力为252kV/2 000A，电力变压器的突发短路试验能力达550kV/1 000MVA，解决了此次"500kV电力变压器耐受短路试验系统及配套装置"的试验。

（三）项目实施效果

苏州电科院提供的鉴定资料完整、规范，符合鉴定要求，公司在国内首次成功地进行了334MVA/500kV单相自耦无励磁调压电力变压器短路试验；试验系统及主要设备齐全，能够满足500kV大容量电力变压器短路承受能力试验的要求；试验程序符合相关标准规定，试验采集数据充分、准确。鉴定委员会认为，苏州电科院首次在国内成功进行了500kV电力变压器短路承受能力试验，填补了国内空白，技术水平和试验能力达到国际先进水平。

这次鉴定对提升国内电力变压器运行能力，帮助电力用户解决高电压、大容量电力变压器抗短路难题等具有重要意义，也为我国输变电领域产品质量提高提供了保障。

四、发展前景

苏州电科院将继续坚持"质量第一、用户第一、信誉第一、科学管理、测试公正、数据准确"的质量方针，在各级政府部门的监督管理下，与时俱进，致力于提高电器产品质量，努力为电力行业和机械制造业服务，不断增强自主创新能力和检测能力，进一步提升公司核心竞争优势。根据国内外市场需求和发展，继续扩大公司检测规模，不断填补我国在电器检测领域的技术空白，全面提升服务和管理水平，为将苏州电科院建设成国际优秀实验室而努力。

参考文献

[1] Doh, J. P. Offshore outsourcing: implications for international business and strategic manement theory and practice. Journal of Management Studies, 2005, 42(3).

[2] Feeny, D., Lacity, M., Willcocks, P. Taking the Measure of Outsourcing Providers: Sloan Management Review, 2005, 46(1).

[3] Grossman, G. M. and Helpman, E. Outsourcing in a Global Economy: Review of Economic Studies, 2005, 72(1).

[4] Jones, R., Kierzkowski, H. and Chen, L. What Does Evidence Tell Us about Fragmentation and Outsourcing: International Review of Economics and Finance, 2005, 14(3).

[5] Quinn, J. B. and Hilmer, F. F. (1994). Strategic Outsourcing: Sloan Management Review, 1994, 35(4).

[6] 郑雄伟.国际外包[M].北京:经济管理出版社,2008.

[7] 朱晓明.转移与承接——把握服务外包发展新机遇[J].上海企业,2007(12).

[8] 李志群.大力承接服务外包,促进大学生就业——商务部外资司李志群司长在江苏大学的演讲[J].中国大学生就业,2009(13).

[9] 李钢,李西林.服务外包产业:中国经济升级版的新动力[J].中国流通经济,2013,27(010).

[10] 华德亚.承接跨国公司服务外包 加速我国现代服务业发展[J].经济问题探索,2007(03).

[11] 沈鹏熠.中国企业承接离岸服务外包关键成功因素实证研究[J].国际经贸探索,2013(01).

[12] 原小能.国际服务外包与服务企业价值链升级研究[J].国际经贸探索,2010(10).

[13] 曾国军,杨学军.国际服务外包承接地区位优势研究[J].经济地理,2011(05).

[14] 翟高粤."十二五"时期苏州服务外包产业发展的新趋势[J].甘肃科技纵横,2013(7).

[15] 贾璐璐.服务外包企业融资难问题研究[J].国际商务财会,2011(4).

[16] 王彦.服务外包企业成本管理研究[J].国际商务财会,2010(12).

[17] 黄贵超,侯爱敏.苏州工业园区服务外包载体建设的经验、问题与对策研究[J].现代城市研究,2011,26(2).

[18] 高荣.苏州市服务外包产业现状及发展建议[J].商情,2010(33).

[19] 姜荣春.全球服务外包产业发展趋势及中国选择[J].太平洋学报,2010,18(8).

[20] 周向.中国承接服务外包发展现状及对策研究[J].现代商贸工业,2013,25(15).

[21] 张利娟.服务外包发展:机遇与挑战并存[J].中国经贸,2013(9).

[22] 杨频.浅析苏州服务外包产业发展与宁锡常发展模式比较[J].企业经济,2013(6).

[23] 张君.我国服务外包业发展迎来重要战略机遇期[J].中国经贸,2013(9).

[24] 中国服务外包产业发展报告(2008—2013).